百瑞文丛 BAIRUIWENCONG

苏小军 | 主编 |

U0959413

慈善信托的解释论与立法论

Interpretive Theory and Legislative Doctrine of Charitable Trust

张永 / 著

中国法制出版社
CHINA LEGAL PUBLISHING HOUSE

序言一

2016 年 9 月 1 日《慈善法》生效，开启了依法治“善”的新时代，有利于重塑社会对慈善组织、慈善事业的信任，有利于弘扬社会主义核心价值观，助推社会主义精神文明建设，让想做善事的人更方便，让能做善事的组织更积极。《慈善法》的突出特色是规定了慈善信托制度，简化了设立流程，统一了监管机构，明确了税后优惠原则，成为慈善捐赠以外从事慈善事业的新通道、新选择。

截至 2019 年 5 月 31 日，在民政部门备案的慈善信托项目有 186 单，慈善规模达 21.6 亿元，受托人涵盖了大多数信托公司，委托人包括爱心企业、人士、慈善组织、事业单位、工会、团委等，涉及的慈善目的包括扶贫、环保、大病救助、自闭症儿童关爱、退伍军人帮扶、科教文卫体等，方方面面、不一而足，可以说慈善信托初露锋芒。同时国家先后颁布民政部〔2016〕151 号文、《慈善信托管理办法》等，北京、广东等地也出台了相关的实施细则。好风凭借力，送我上青天，我相信作为慈善事业的新通道，慈善信托的独特优势会被更多人理解，慈善信托的发展也一定会越来越好。

但另一方面由于起步晚、经验少、底子薄，加上慈善信托本来就是舶来品，整体上还是一个新事物，依然有不少问题有待进一步研究，例如慈善信托与捐赠，慈善信托与慈善组织，慈善财产的登记、税收，慈善信托的监管、终止和清算、情事变更和近似原则的适用，公益与私益的混合等。九层之台起于垒土，千里之堤毁于蚁穴，目前急需从基本法理上进行梳理，从比较方上予以借鉴，夯实理论基础，为慈善信托未来的立法、修法及业务实践提供坚实理论依据，保证慈善信托在中国的发展不走样、不变形、不跑偏，踏踏实实地为公益慈善闯出一条新路子，真真切切地为中国公益事业的发展做出贡献。

闻道有先后，术业有专攻。张永博士曾主持完成多个相关课题，并牵头落地多单慈善信托及公益类信托，专业基础扎实，学科背景多元，实操经验丰富。工欲善其事，必先利其器，这本书集中体现了张永博士近年来的经验、知识、理论、智慧，对启航不久的慈善信托理论与实践都有着积极意义。更多的细节我且不妄加评论，毕竟见仁见智，还是留给读者自己去品鉴。

是为序。

蔡概还

2019 年 5 月 31 日

序言二

前几天张永博士拿来书稿让我看，请我写个序。张永博士作为清华大学的法学博士和对外经贸大学的经济学博士后，专业知识扎实，学科背景多元，又亲自操刀多单慈善类信托，理论修养与实战经验兼备。通过阅读，我发现这本书有理论，有实操；有现实，有历史；有反思，有批判；既谈中国，又谈欧美，可以说是张永博士近几年来经验、知识、理论、智慧的集中体现，必将对起步不久的慈善信托的理论研究与业务实践产生积极作用。

慈善信托作为舶来品，在西方国家历史悠久、影响深远，是将慈善资金做大做强的重要抓手，是社会公益事业发展壮大的重要路径，是社会财富传承和二次分配的重要方式，也是我国目前信托行业转型升级和积极回归信托本源的题中之意。

作为国家电力投资集团公司控股的信托公司，多年来公司坚守国企本色，牢记企业使命，履行社会责任，主动参与公益，慈善共济、守望互助的文化基因始终薪火相传、历久弥新。自 2008 年起公司就落地全国首批公益信托——“百瑞信托·郑州慈善公益信托”。《慈善法》生效前，公司落地多单有公益属性的信托项目，包括“百瑞仁爱·瑞祥基金集合资金信托计划”“百瑞仁爱·天使基金 1 号集合资金信托计划”“百瑞安鑫·信托金融基础理论集合资金信托计划”，这些项目的收益全部用于公益事业。《慈善法》生效后至今，公司又备案了七单慈善信托，包括“百瑞仁爱·映山红慈善信托”“百瑞仁爱·甘霖慈善信托”“百瑞仁爱·金庚慈善信托”“百瑞仁爱·黄河爱心基金慈善信托”“百瑞仁爱·沃特节能慈善信托”“百瑞仁爱·春晖慈善信托”“百瑞仁爱·百年慈善信托”，资助范围涉及扶贫、环保、教育、贫困儿童救助、留守儿童关爱、脑瘫患儿救治、自闭症儿童治疗、公益事业支持等。

2018 年 3 月，公司设立了家族与慈善办公室，将慈善类信托作为公司重要战略转型方向，由张永博士牵头。作为公司总裁，同时是张永博士的分管领导，我很高兴看到他在积极拓展业务的同时，还能笔耕不辍，写出这本理论与实务俱佳的力作。

是为序。

苏小军
2019 年 5 月 24 日

序言三

信托法是我国民法的组成部分，慈善信托又是其中重要一环。但是整体来讲在我国私法领域，信托法的研究还没引起充分的重视，信托法作为英美法的产物，与大陆民法的关系还没有打理清楚，很多基础问题尚需花费时日认真探索，逐渐解决。尤其在2001年《中华人民共和国信托法》颁布以来的这十八年，商事信托一片繁荣，民事信托凤毛麟角，公益信托、慈善信托刚刚起步，可以说我国信托的发展依然不充分、不均衡、不协调，在这个大背景下，沉下心来做些基础性的研究就非常可贵。

作为张永博士的博士指导老师，在收到书稿时，我还是感到一点意外的。张永博士毕业后没有去高校或研究机构继续从事法学研究，而是去了信托公司从事实务工作，估计要整天忙于各种业务甚至应酬，学术研究的“痼疾”应该早就痊愈了，没想到他却突然又送来厚厚的一本书稿，看来虽然不在高校，但是爱思考、爱钻研、爱探寻的“毛病”尚在。

想来这个“病根”有可能是在清华种下的，当时张永博士选了很多老师的课，善于发现问题，并围绕辩证思维、论证说理，毕业时已在《政治与法律》《清华法律评论》《郑州大学学报》等刊物上发表了多篇论文。从这本书里也可以看到，张永博士立足解释论，兼顾立法论，从立法文本出发，运用文义解释、目的解释、历史解释、比较法解释、类推适用、目的性限缩、目的性扩张等多种方法论手段，充分挖掘现有立法的解释空间，同时在必要时予以质疑，并提出立法上的建议，可见张永博士已掌握法学方法论的基本工具，而且运用日益灵活练达。考虑到张永博士工作在信托业务一线，经手多个慈善信托业务，其拥有的实践经验更是难能可贵。这本书集理论与实践于一体，相信它对于慈善信托的基础研究与实践操作都具有借鉴意义。

张永2011年至2015年在清华大学法学院攻读博士学位，他是我指导过的优秀博士之一。无论是做学术，还是做实务，他总是踏踏实实、兢兢业业、不遗余力，并且在两方面都取得了不错的成绩。作为他的老师，我希望他百尺竿头更进一步，预祝他取得更大的成绩！

是为序。

韩世远

2019 年 6 月 8 日

目　录

第一章　慈善信托基础研究

第一节　慈善信托的概念

一、立法与概念界定

（一）《信托法》与《慈善法》的规定

《信托法》第 60 条规定，为了下列公益目的之一而设立的信托，属于公益信托：（一）救济贫困；（二）救助灾民；（三）扶助残疾人；（四）发展教育、科技、文化、艺术、体育事业；（五）发展医疗卫生事业；（六）发展环境保护事业，维护生态环境；（七）发展其他社会公益事业。可以说《信托法》并没有给公益信托的概念予以制定法上的定义，而《慈善法》第 44 条则规定："本法所称慈善信托属于公益信托，是指委托人基于慈善目的，依法将其财产委托给受托人，由受托人按照委托人意愿以受托人名义进行管理和处分，开展慈善活动的行为。"《慈善法》第 3 条也明确规定：本法所称慈善活动，是指自然人、法人和其他组织以捐赠财产或者提供服务等方式，自愿开展的下列公益活动：（一）扶贫、济困；（二）扶老、救孤、恤病、助残、优抚；（三）救助自然灾害、事故灾难和公共卫生事件等突发自然事件造成的损害；（四）促进教育、科学、文化、卫生、体育等事业的发展；（五）防止污染和其他公害，保护和改善生态环境；（六）符合本法规定的其他公益活动。

结合两部法律的规定，可以认为只要委托人把自己的财产转移给受托人，受托人管理和运用信托财产，遵循委托人确定的公益目的，把信托财产用于该公益目的的信托，即为慈善信托。

（二）慈善信托的基本结构

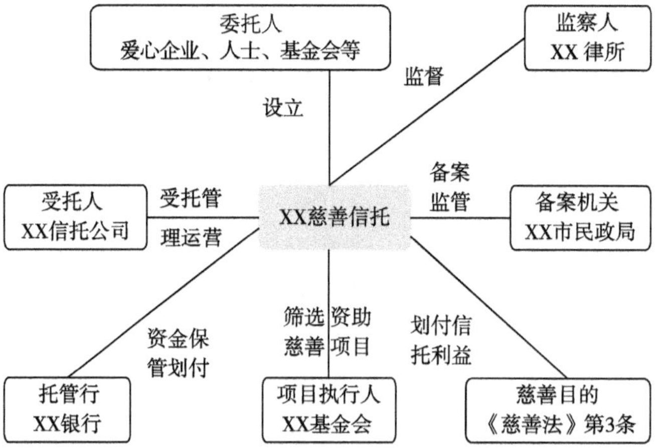

图 1.1 慈善信托的基本结构

（三）慈善信托与私益信托

由于慈善信托的根本目的是向不特定社会公众提供慈善资助，尽管有些具体的个人可能会从信托中取得某些财产利益，但是慈善信托设立的根本目的不在于增进该特定个体的利益，而是为了不特定社会公众的福祉，并且往往并不是以物质上的增益作为表现形式，而是精神上、心理上或者生理上的呈现方式往往更重要。比如以环境保护为目的的慈善信托，其根本目的是创造令人心情愉悦的生活环境，满足社会公众的精神需求，甚至很难说哪些特定的个人从中获得什么样的财产利益，但实际上几乎每个人都能从优美、舒适的自然环境、社会环境中获益，因此慈善信托的根本属性在于其公益性，其不存在法律意义上的受益人，这也是慈善信托与私益信托的根本区别。①

---

① 这里可能涉及"目的信托"的问题，狭义的目的信托是指没有受益人（没有任何现存的人能够享受到信托利益），为了某种特殊的目的而设置的信托，这些特殊的目的可能在私益与公益之间的模糊地点，或者说其公益性不那么充分，对此应当如何定性，直接决定了信托规则的运作。但是社会的需求确实是多样的，比如法人除了公益法人与私益法人之间还存在着中间法人，那么同理在信托中就不仅仅存在公益信托与私益信托，也可能存在中间状态的"目的信托"，例如以保护某名人故居为目的设立的信托，严格来讲确实没有任何现存的人可以哪怕是信托的"反射利益"，但是似乎可以勉强将此种情形纳入《慈善法》第 3 条第（六）规定的其他情形，但是如果以维护某非名人的墓地为目的设立的信托可否纳入就在两可之间了，正因为如此，当年修订信托法时争议很大。但最终日本在新信托法第 258 条目的信托中规定了"受益人不能确定的信托之特例"，原则上允许目的信托，即该类信托没有特定的受益人，只是为了实现一定的目的。关于目的信托的讨论以及在日本信托法上的体现可以参考赵廉慧的《信托法解释论》（中国法制出版社 2015 年版）第 576－586 页以及日本能见善久教授所著的《现代信托法》（中国法制出版社 2011 年版，赵廉慧译）第 303－305 页。

（四）慈善信托与公益信托

此外，需要注意的是，在中国法语境下，同时存在着“慈善信托”与“公益信托”的称呼，大致来说《信托法》使用的字眼是“公益信托”，而《慈善法》使用的字眼是“慈善信托”，虽然《慈善法》第 44 条说慈善信托属于公益信托，但是从实质意义上来看两者几乎可以等同。因此《慈善法》第 50 条明确规定：慈善信托的设立、信托财产的管理、信托当事人、信托的终止和清算等事项，本章未规定的，适用本法其他有关规定；本法未规定的，适用《中华人民共和国信托法》的有关规定。① 尽管如此，由于《慈善法》在立法上相对于《信托法》进行了不少立法调整，在不少形式要件的要求上，慈善信托具有了一些不同于公益信托的特点。

这里一个值得关注的问题是现在是否依然可以设立公益信托？理论上应该是可以的。首先，目前《慈善法》《信托法》都是有效的法律，《慈善法》没有明确规定《信托法》关于公益信托的规定失效，《信托法》关于第六章关于公益信托的规定也依然有效；其次，从《慈善法》第 44 条规定来看，慈善信托属于公益信托，因此起码从字面上看公益信托的范围大于慈善信托，因此在这个“大于”的范围内也只能设立公益信托，而无法设立慈善信托，当然这个多出来的一块到底是什么目前还不清楚；第三，《民政部、银行业监督管理委员会关于做好慈善信托备案有关工作的通知》（以下简称“民发〔2016〕151 号文”）三、（四）中规定：除依法设立的信托公司或依法登记（认定）的慈善组织外，其他单位和个人不得以“慈善信托”“公益信托”等名义开展活动，意味着目前信托公司、慈善组织依然可以设立公益信托，值得关注的是公益信托的受托人也仅仅局限于慈善组织和信托公司了，考虑到民发〔2016〕151 号文充其量只是部门规章，而《信托法》是全国人大常委会颁布的法律，在位阶上前者要更低，因此这种改动在合法性上存在质疑的空间。但是考虑到实际情况，由于《慈善法》对于慈善信托的设立给予更多便利、支持，相关配套的顶层设计也在逐步完善，实践中大概率很少会有信托公司、慈善组织再考虑去新设公益信托了。

最后一个小问题是现在存续的公益信托将何以自处？自《信托法》生效后多家信托公司经过诸多曲折设立了几单标准的公益信托，完全符合《信托

---

① 为行文方便，本文统一称为“慈善信托”，但在提及《信托法》相关规定与实践时，仍称之为“公益信托”。

法》的诸多要求，比如百瑞信托 2008 年设立的“郑州慈善公益信托计划”、长安信托 2008 年设立的“5. 12 抗震救灾公益信托计划”、重庆信托 2009 年设立的“金色盾牌·重庆人民警察英烈救助基金公益信托”、紫金信托于 2011－2015 年设立的“紫金·厚德系列公益信托计划”、长安信托 2013 年设立的“长安信托奖学金公益信托”、国元信托 2014 年设立的“国元爱心慈善公益信托”、陕国投信托 2014 年设立的“陕国投·贫困地区教育援助公益信托”、国民信托 2014 年设立的“爱心久久·贵州黔西南州贞丰‘四在小学’公益信托计划”、湖南信托 2014 年设立的“湘信·善达农村医疗援助公益信托计划”、万向信托 2014 年设立的“万向信托·中国自然保护公益信托”、长安信托 2015 年设立的“大爱长安·陕西银行业普惠金融扶贫公益信托”、中原信托 2015 年设立的“乐善 1 期公益信托计划”、厦门信托 2015 年设立的“‘乐善有恒’公益信托”等。有些公益信托已经于 2016 年《慈善法》颁布之前终止了，有些于《慈善法》颁布之后依然存续，从“法不溯及既往”的原则考虑，已经设立并在持续运营的公益信托应该依然适用《信托法》关于公益信托的规定来管理，而不宜适用《慈善法》关于慈善信托的规定，因为两者之间尚有诸多不同，非要张冠李戴可能会引发不良反应，尤其在监察人、清算、终止、变更受托人、监管机构等问题上要格外注意。

第二节　慈善信托的特征

一、信托目的的公益性

慈善信托必须以慈善公益为目的，所有的信托财产都要用于此公益目的，满足完全公益性的要求。《慈善信托管理办法》第 23 条规定：慈善信托财产及其收益，应当全部用于慈善目的。根据公益目的的明确程度，理论上可以将慈善信托划分为特定目的的慈善信托和一般目的的慈善信托。对于后者来说，公益目的往往是不确定或者不明确的，即有关公益目的的表述往往是笼统的、概括性的，但不能由此认为其无效。[①] 比如英国法也不要求公益目的必

① 张军建：《信托法基础理论研究》，中国财政经济出版社 2009 年版，第 239 页。

须要明确确定，只需要确定是为了公益目的即可，大大放松了私益信托中的“目的明确性”的要求。[①] 2017 年 7 月 26 日银监会、民政部联合颁发的《慈善信托管理办法》第 7 条规定设立慈善信托，必须有合法的慈善信托目的。至于哪些目的属于慈善信托目的，该条认为以开展以下慈善活动为目的而设立的信托属于慈善信托：（一）扶贫、济困；（二）扶老、救孤、恤病、助残、优抚；（三）救助自然灾害、事故灾难和公共卫生事件等突发事件造成的损害；（四）促进教育、科学、文化、卫生、体育等事业的发展；（五）防止污染和其他公害，保护和改善生态环境；（六）符合《慈善法》规定的其他公益活动。整体来看，这一规定与《信托法》第 60 条、《慈善法》第 3 条大同小异。

二、设立条件严格，由专门机构监管

私益信托的设立，遵循受益人利益最大化原则，因此受益人必须特定或者可特定，[②] 不能确定受益人的私益信托被认为是无效的（《信托法》第 11 条第 5 项）。慈善信托则与此截然不同，因为慈善信托既然是为了公益目的而设立，不存在特定的受益人或受益人范围，从慈善信托中实际获得利益的人，也不是慈善信托的受益人，其不能强制执行慈善信托，因此在操作层面就缺乏能够强制执行慈善信托的人。英国法以前由检察总长负责监管公益信托，现在则是由慈善委员会负责强制执行信托。我国《信托法》第 64、65 条规定信托监察人为公益信托必设机构，信托监察人担负起强制执行信托和监督信托实施的功能。此外，《信托法》第 62 条明确要求公益信托的设立、确定受托人等应当经公益事业管理机构的批准。与私益信托相比，公益信托更广泛地服从主管机关的监督，不仅在设立阶段需要主管机关的许可，在其后期运作阶段也同样需要主管机关的监督。不过，值得注意的是，《慈善法》在很多方面放松了对慈善信托从设立到管理整个过程的监管，似乎体现了不同的立法逻辑，如慈善信托的设立不需要事先审批，只需要事后备案，慈善信托可以设置监察人，也可以不设置监察人，这些都改变了之前《信托法》的要求。不过由于《慈善法》确定了慈善组织和信托公司都可以作为慈善信托的受托人，因此原则上慈善信托有两个监管机构。《慈善信托管理办法》第 47 条规定，银行业监督管理机构负责信托公司慈善信托业务和商业银行慈善信托账

---

① 何宝玉：《信托法原理与判例》，中国法制出版社 2013 年版，第 312 - 331 页。

② J. E. Penner, The Law of Trusts, fourth edition, Oxford University Press, 2005, p492.

户资金保管业务的监督管理工作。县级以上人民政府民政部门负责慈善信托备案和相关监督管理工作。第49条明确民政部门和银行业监督管理机构根据各自法定管理职责，对慈善信托的受托人应当履行的受托职责、管理慈善信托财产及其收益的情况、履行信息公开和告知义务以及其他与慈善信托相关的活动进行监督检查。民发〔2016〕151号文在“三、依法管理和监督”部分规定“民政部门依法履行受理慈善信托受托人关于信托事务处理情况及财务状况报告、公开慈善信托有关信息、对慈善信托监督检查及对受托人进行行政处罚等管理职责。银行业监督管理机构依法履行对信托公司慈善信托业务和商业银行慈善信托账户资金保管业务监督管理职责。民政部门和银行业监督管理机构根据各自法定管理职责，对慈善信托受托人应当履行的受托职责、管理慈善信托及其收益的情况、履行的信息公开和告知义务以及其他与慈善信托相关的活动进行监督检查”，该规定可以理解为尽管在设立环节的严格性得以缓解，但是事后的监管却更加严格了。

三、慈善信托的变更和终止有其特殊性

私益信托因情事变更而需要作出的调整，被限定在信托财产管理方法的变更（《信托法》第21条），而在慈善信托中，则允许“信托条款的变更”，变更的范围更广，不仅仅限于管理方法的变更。《信托法》第69条即明确公益信托成立后，发生设立信托时不能预见的情形，公益事业管理机构可根据信托目的，变更信托文件中的有关条款。根据《信托法》第72条在公益信托终止的时候，信托财产有剩余时，能够“以类似的目的使信托继续存在”，即公益信托终止时的信托财产有适用近似原则的可能。其法律逻辑是尽量使慈善信托得以继续存在对社会公益是有利的，这样可不考虑私益信托中通常要考虑的“反永久原则”①，即原则上公益信托是可以永久存续的。② 考虑到慈

① “反永久规则”（Rule Against Perpetuities），源自1682年英国衡平法判例 Duke of Norfolk's Case。该规则要求预期未来权益欲有效，该权益就必须在一定的期间内确定地成就，意味着各种受益人已经确定，信托利益的归属也应已经确定，信托财产的受益权完全归属于活着的人名下。信托利益不得无限期存续。该规则的首要目的就是避免死手（Dead Hand）控制，避免某人在其身后的很长一段时间还能指示其财产的运用，从而不利于财产的转让。反永久规则的理由一般有两个：第一，置财产于公开市场之中，通过金融企业等实现更大的公共利益；第二，防止或者限制财富随着时间的进程积累于少数家族或者其他私人机构之手。该规则包括下面三个内容：1. 反永久归属规则（Rule Against Remoteness of Vesting），2. 反转移限制规则（Rule Against Inalienability），3. 反累积原则（Rule Against Accumulations）。

② Jill E. Martin, Modern Equity, 17th edition, Sweet &Maxwell Ltd, 2005, p402 – 403.

善信托属于公益信托，结合《慈善法》第 50 条规定，《信托法》第 69、72 条的规定对慈善信托依然适用。

四、慈善信托享受税收优惠

慈善信托与私益信托的一个重要不同在于两者有不同的税收地位。慈善信托因其促进公益事业发展的功效，无论在信托设立阶段还是管理阶段都享有税收减免的优惠地位。在慈善信托的设立阶段，可以减免信托财产相关的赠与税与遗产税；在慈善信托的管理阶段，可以减免信托财产的所得税等，这也是不少国家慈善信托极其发达的一个重要原因。《信托法》第 61 条规定国家鼓励公益信托的发展，《慈善法》第 45 条第 2 款规定慈善信托在民政部门备案的，享受税收优惠，第 80 条规定自然人、法人和其他组织捐赠财产用于慈善活动的，依法享受税收优惠；第 81 条明确受益人接受慈善捐赠，依法享受税收优惠。2017 年 7 月 26 日银监会、民政部联合颁发的《慈善信托管理办法》第 44 条进一步明确，慈善信托的委托人、受托人和受益人按照国家有关规定享受税收优惠。由于关于慈善信托税收优惠的“国家有关规定”事实上并不存在，而慈善信托税收优惠又关系巨大，期待不久民政部、银保监会、国税总局会出台《慈善信托税收管理办法》或者类似的部门规章，以使得慈善信托的税收优惠政策尽快落到实处。目前情况下，虽然慈善信托和慈善捐赠有所不同，但二者都是为了促进慈善事业，具有完全相同的公益目的（《慈善法》第 3 条），在税收优惠方面针对慈善捐赠的税收优惠应当可以类推适用到慈善信托，① 也可以将《慈善法》第 50 条作为准用的法律依据。另外一个理由在于《慈善法》第 46 条明确慈善组织和信托公司都可以作为慈善信托的受托人，如果慈善组织（多表现为基金会）基于现有法律规定可以享受税收优惠，能够开具税收抵扣票据，而信托公司却不行，明显属于制度设计的偏差，违背了“相同事物相同对待”的基本法理，对信托公司开展慈善信托非常不利。

---

① 所谓类推适用，系指将法律明文之规定，适用到该法律规定所未直接加以规定，但其规范上之重要特征与该规定所明文规定者相同之案型。在类推适用上，最引起争执之问题为：如何认定拟处理之案型与法律明文规定之案型，分别所具之规范上意义的特征为相同，为认识法律所规定之案件的特征中，哪些具有规范上之评价的意义，以及为何具有意义，必须求助于该法律规定之立法目的，亦即其规范意旨。类推适用是法律漏洞填补的常用工具。详细论述可参考黄茂荣：《法学方法与现代民法》，法律出版社 2007 年版，第 492 – 505 页。

五、慈善信托的受托人受到较多监管

与私益信托不同，慈善信托的受托人受到更加严格的监管。《信托法》第62条规定确定公益信托的受托人应经过公益事业管理机构批准，受托人辞职也要经过公益事业管理机构批准（第66条），信息披露需要经过公益事业管理机构核准（第67条），公益事业管理机构有权变更受托人（第68条），受托人的清算报告要经过公益事业管理机构核准（第71条）等。需要注意的是，《慈善法》对受托人所受的监管有松绑的趋势，其通过一些规定弱化了官方机构的监管权力，甚至取消了“公益事业管理机构”的提法。但是另一方面，民发〔2016〕151号文又对慈善信托的备案、报备、管理、监督、信息披露、组织保障等进行了更加详细的规范。此外，民发〔2016〕151号文明确规定民政部门依法履行受理慈善信托受托人关于信托事务处理情况及财务状况报告、公开慈善信托有关信息、对慈善信托监督检查及对受托人进行行政处罚等管理职责。银行业监督管理机构依法履行对信托公司慈善信托业务和商业银行慈善信托账户资金保管业务监督管理职责。民政部门和银行业监督管理机构根据各自法定管理职责，对慈善信托受托人应当履行的受托职责、管理信托财产及其收益的情况、履行的信息公开和告知义务以及其他与慈善信托相关的活动进行监督检查，具体包括受托人履行的受托职责、受托人管理慈善信托财产及其收益的情况、受托人履行的信息公开和告知义务，而且每年3月31日前，慈善信托的受托人应当向备案的民政部门报告上一年度信托事务处理情况及财务状况，具体包括但不限于上述四项内容。对受托人将信托财产及其收益用于非慈善目的的，或未按照规定将信托事务处理情况及财务状况向民政部门报告或者向社会公开的，依法予以行政处罚。因此总的来看，慈善信托受托人受到严格监管的格局没有改变。《慈善信托管理办法》的65个条文大部分也都是围绕受托人监管设计的。

第三节　慈善信托的公益性

一、比较法分析

慈善信托所有的特殊性都源于其“公益性”，而如何理解公益性也是判断一个信托是不是慈善信托的实质标准，也是慈善信托与私益信托的区别核心所在。

英国制定法很早就对此进行了指引，英国《1601 年慈善用益法》在其著名的序言中明确列举了一些慈善目的，包括：救济老弱贫困的人，救护伤病残废的士兵和海员，资助学术机构，兴办义学和大专院校，修筑桥梁、港口、避风港、行人道、教室、防洪堤和公路，养育孤儿，援助和提供资金资助惩教所，资助贫困的未婚女子结婚，支持、援助和帮助年轻的商人、手工艺人和老弱人士，援助和救济囚犯或俘虏，援助贫民以减轻其负担。

而英国司法实践中经常参考的却是 Lord Macnaghten 提出的四分法，即其在 Commissioners of Income Tax v Pemsel（1891）案中提出的，将法律意义上的慈善目的分为四个组成部分：（1）救济贫困的信托；（2）促进教育的信托；（3）倡导宗教的信托；（4）其他有益于社会、但又不能列入前三类的信托。[①]这个分类简明扼要，对因果司法实践产生重大影响，英国法官、律师、法学教授通常就按照这个分类对慈善信托案件进行分类。

为进一步明确和规范慈善目的，英国《2006 年慈善法》具体列举了主要的慈善目的：（1）防止或救济贫困；（2）促进教育；（3）促进宗教；（4）促进健康或者拯救生命；（5）促进公民意识或社区发展；（6）促进科学、文化、艺术与历史遗产保护；（7）促进业余体育活动；（8）促进人权、解决冲突或和解，以及增进宗教、种族和谐、平等与多样化；（9）促进环境保护或改善；（10）救济因年青、年老、患病、残疾、经济困难等需要帮助的人；（11）促进动物福利；（12）增进皇家军队或者警察、消防急救人员的效率；（13）已依法确认的慈善目的，或者可以合理地认为与已承认的慈善目的相类

---

① 何宝玉：《信托法原理与判例》，中国法制出版社 2013 年版，第 312 页。

似的其他目的。这部法律虽然重新列举了慈善目的，但是原来的慈善目的也都包括进去了，既有的判例规则也并未失效。此外《2006 年慈善法》授权英国慈善委员会制定关于公共利益的指南，帮助公众更好地认识和理解公共利益的要求，慈善受托人行使相关权力时必须考虑慈善委员会的指南。

2008 年初英国慈善委员会正式发布公共利益指南文件《慈善与公共利益》，提出了界定公共利益的两个基本原则：其一，必须有可确认的利益，具体包括：1. 利益必须是清楚的；2. 利益必须与慈善目的有关；3. 利益必须大于损害（如果同时带来损害的话）。其二，利益必须是为社会公众或者社会公众的一部分服务。具体来说包括四项具体原则：1. 受益人必须适合于慈善目的；2. 利益如果是为社会公众的一部分，受益的机会不得受到诸如地域、民族、支付费用的能力等方面不合理的限制；① 3. 穷人不得陪排除受益的机会；4. 任何私人利益都必须是附带的。该指南还具体说明了各种现实情形是否符合公共利益要求，具有很强的可操作性。

我国《信托法》第 60 条也规定为了下列公共利益目的之一而设立的信托，属于公益信托：（一）救济贫困；（二）救助灾民；（三）扶助残疾人；（四）发展教育、科技、文化、艺术、体育事业；（五）发展医疗卫生事业；（六）发展环境保护事业，维护生态环境；（七）发展其他社会公益事业。而《慈善法》第 3 条也有类似的规定，其认为慈善活动，是指自然人、法人和其他组织以捐赠财产或者提供服务等方式，自愿开展的下列公益活动：（一）扶贫、济困；（二）扶老、救孤、恤病、助残、优抚；（三）救助自然灾害、事故灾难和公共卫生等突发事件造成的损害；（四）促进教育、科学、文化、卫生、体育等事业的发展；（五）防止污染和其他公害，保护和改善生态环境；（六）符合本法规定的其他公益活动。

二、目的公益性

整体上看，《慈善法》与《信托法》在公益目的、公益活动方面的规定是大体一致的，基本上如果某个信托以上述所列事项为信托目的，人们大致就可以断定该信托属于慈善信托，即所有的慈善信托其目的都必须属于上述

---

① “支付费用的能力”，这个表述后来因为收费高昂的私立学校的坚决反对被删去。

公益事业范围之内。[①] 其中《信托法》第60条第（七）项和《慈善法》第3条第（六）项作为兜底条款，目的是适应社会的发展而将未来可能出现的新型公益事业纳入其中，从而保持制定法和社会发展同步。但至于某信托目的是否属于“其他社会公益事业”或者“符合本法规定的公益活动”，还需要慈善信托管理机构个案判断。在信托实践中，公益目的的表述可能是“概括”性的，如信托文件的表述可能是“本信托为了公益事业而设立”；也可能指向非常明确，如“本信托目的在于资助自闭症儿童完成治疗、康复、生活、教育等”。不管哪种表述，实际上都不影响慈善信托的设立，只不过在“概括性”表述公益目的时，需要受托人在具体运用信托财产时在上述法定公益事业范围内再次确定具体的运用领域和运用比例。这是对公益性的第一个方面的理解，即目的公益性。[②]

三、效果公益性

除了目的公益性以外，慈善信托还要满足效果公益性，即该信托应该能产生有利于公共利益的效果。在信托实践中，某些信托可能仅仅具有“公益性”的外观，但其实施可能并不能产生有利于公益性的效果。例如某富翁斥巨资资助某科学家的研究，该信托当然具有促进学术研究的公益目的，但其实施的效果只有一个特定的个人直接获益，社会并未从中获益，该信托只能是一个私益信托，欠缺公共利益效果，不能被认定为慈善信托。

多数情况下信托是否具有“效果公益性”不难判断，但个别情况也很难判断。对于事业型的公益活动，如创办学校、医院、图书馆、博物馆等，受益的对象一般是社会全体成员，或者是社会公众的一部分，因此这类慈善信

---

① 与英国、日本、我国台湾地区的公益目的相比较，《信托法》《慈善法》对于公益目的、公益活动的列举都没有提宗教事业，虽然《信托法》第60条第7项、《慈善法》第3条第6项理论上都存在解释空间，考虑到现实的复杂性，实务中尚没有明确以支持宗教为目的的慈善信托备案落地。而在英国倡导宗教的慈善信托是慈善信托的一个重要类型，法院对宗教的基本态度是中立，即在不同的宗教之间，法院居于中立地位，法院不愿意判断不同宗教的相对价值、孰是孰非。而且法院非常注意区分宗教与伦理，认为前者处理人与上帝的关系，宗教就意味着信仰上帝、崇拜上帝，而后者处理的是人与人的关系。此外，宗教以为着广泛推进人们心灵的教化，它必须直接或者间接地倡导某些宗教学说，倡导宗教必须采取某种积极的措施或步骤，而不仅仅是树立某种信念就足够了，倡导宗教就必须要促进它，更广泛地传播它的教义，采取某些积极的步骤维护并增强它的信仰。

② 周小明：《信托制度：法理与实务》，中国法制出版社2014年版，第352－355页。

托的效果公益性比较容易判断。但是对于资助型公益活动，比如提供助学金、科研基金等，直接受益的多是构成社会一个重要组成部分的社会成员，此时，效果公益性的判断可能会非常纠结。一般来说，可以从实质和形式两个方面来判断一个信托是否满足“效果的公益性”。

（一）效果公益性的实质判断

从实质层面来说，就是从实质上判断某具体的公益行为是否会给社会带来实在的利益。事实上，不少信托仅仅在外观上具有公益性，其具体实施并不会产生社会利益，此时该信托不能认定为慈善信托。

比如某“慈善信托”的目的是保护动物，坚决反对用动物进行活体实验，表面上看，该信托确实对动物保护有促进作用，但是一概反对用动物做医学实验必将阻碍医学事业的进步，进而不会对社会产生实质性的社会利益。

再如，英国著名剧作家萧伯纳曾设立遗嘱信托，指定该笔财产用于创造新的英文字母。法院认为创造新的英文字母对教学科研并没有实质意义，因此不承认其慈善信托地位。①

但是萧伯纳去世后，他的遗孀用她的剩余遗产设立的信托却被认为是慈善信托，该信托的目的是资助特定的基金会，这些基金会的主要工作应该是收集艺术杰作……在爱尔兰鼓励和促进自律克制的品德，推广演讲艺术，鼓励优良品行，发展良好的人际关系和社交艺术，以及其他在公共生活或私人生活、职业生涯或商业活动中的艺术。法院判决这是一项慈善信托，因为法官认为教育不仅仅限于教学，而且包括促进或者鼓励生活中的艺术和美德，这些是人类文明进程中十分重要的组成部分，而且或许是最重要、最美好的组成部分。②

还有某人曾设立遗嘱，将其工作室以及室内陈设作为信托财产，指定受

---

① 这方面的另一典型案例是 Gilmour v Coats（1949）案，委托人指示将信托基金的收入用于凯麦尔派女修道院，修道院建立一个社区专门收容隐居的修女，这些修女们终日祈祷、冥想，不从事任何与外界相关的活动。而罗马天主教认为，祈祷、冥想会引起上帝的注意，因而有利于整个世俗社会，因此该信托具有公共利益属性，因为任何一位妇女只要愿意都可以成为社区成员，而且祈祷也会给外界带来好处，官司打到上议院，上议院最终判决该项信托不成立慈善信托，根本的论据是一个隐居的群体进行的祈祷、冥想并不能实际上促进社会公共利益，法院必须依据证据而不是信仰作出判决。但另一方面，如果在公众场合或者公开进行宗教仪式，通常会被认为具有公共属性，除非明确排除公众参与的可能，典型的是 Re Hetheringtong 案。

② 英国慈善委员会 1992 年在年度工作报告明确指出：委员会认为，“促进艺术”本身就是慈善性的，不应该纳入教育的范畴。《2006 年慈善法》将此明确规定于第（6）项慈善目的之中。

托人必须原封不动地保护这些信托财产并开放给公众参观，该信托表面上看似乎具有普及科学、教育公众的外观，但是专家调查后认定该工作室及内部陈设毫无科学价值，完全是一堆废品，法院以不具有“实质的公益性”作为理由，判定慈善信托不成立。[①]

再比如在英国的著名案例 Re Hummeltenberg（1923）案中，立遗嘱人指示用遗产设立一所学校，专门训练所谓的通灵人，他认为这构成慈善信托，应当享受税收优惠。但是法院判决这不是慈善信托，因为不能给社会带来实在的利益。[②]

而另外一个英国的经典案例 Scottish Burial Reform and Gremation Society v Glasgow Corporation（1968）则被认为实际上会造福社会、促进公共利益，该案中立遗嘱人将遗产用于设立一家非营利公司，公司的一般目的是改进尸体处理方法，使费用更低，也更加清洁卫生，鼓励民众使用火葬，并对使用火葬设施的人收取少许的费用。公司请求认定自己运营的是一个慈善项目，应享受慈善优惠，官司打到上议院，上议院认为对《1601 年慈善用益法》序言的认知不能仅仅局限于字面的含义，而必须考虑到序言的意图和精神，不能因为某慈善目的不在序言内就认定其不具有慈善性质。最终上议院判决：公司的运营确实有利于社会，符合《1601 年慈善用益法》序言的精神和意图，具有公益性。[③]

（二）效果公益性的形式判断

形式方面的判断则是审查慈善信托的受益人是否特定。慈善信托的目的既然是实现公共利益，即为了使整个社会从中受益，那么慈善信托的受益人就不应该是特定的个别人或者某些人，而只能是不特定的社会全体或者不特定的社会公众，因此受益人不特定是慈善信托成立的法定条件，是其公共利益实质在形式上的体现。与此相反，受益人特定化则是私益信托的必备条件。信托设立时，如果受益人已被明确指定，则享受信托利益的只是被指定的受益人，不能认为社会已经从中受益。只有受益人不特定，即谁都有机会从该

---

① Re Pinion（1965），转引自何宝玉：《信托法原理与判例》，中国法制出版社 2013 年版，第 344 页。这里需要注意的是，如果这是一个著名画家的工作室，且收藏的画作很优秀，可能会另当别论，法院很可能会认为这有利于社会公共利益，从而构成慈善信托。这里是否有利于公共利益，需要个案衡量，英国法院经常会为此征求专家的意见。

② 何宝玉：《信托法原理与判例》，中国法制出版社 2013 年版，第 306 页。

③ 何宝玉：《信托法原理与判例》，中国法制出版社 2013 年版，第 313 页。

信托中受益，才可以认为信托具有实质性公共利益，从而成立慈善信托。当然受益人不特定并不意味着不可以对受益人或受益人范围设置条件限制，只要这种条件限制没有达到使受益人特定化的程度即可。

如何判断是否构成“社会公众的一部分”是个重要问题，如果构成则就可能被认为定位具有公益性，构成慈善信托，否则就不是。这方面英国司法确立的 Re Compton（1945）① 规则具有鲜明的可借鉴性，该规则要求构成社会公众的一部分必须要满足一个基本条件，即可能实际受益的人之间不能因为某种私人关系而成为一个很特定、封闭的群体，比如受益人有一个共同祖先或存在其他血缘关系，受益人都属于某个雇主等，如果一个信托围绕私人关系展开，它就不是公益信托，而很可能构成私益信托。②

在 1951 年的著名案例 Oppenheim v Tobacco Securities Trust Co（1951）案中，英国法院又重申了 Re Compton 规则，在该案中被告公司将一定的财产纳入信托，将信托收入用于为英国烟草公司或其子公司的雇员以及前雇员的子女提供教育支持。当时公司雇员及前雇员总计超过 11 万人，子女数更多，这些人是否构成社会公众的一部分从而使得该项信托构成慈善信托？初审法官 Roxburhg J 判决，该信托不是慈善性的，因为缺乏公共利益，这些实际受益的人不属于社会公众的一部分，被告上诉，上诉法院维持原判，被告继续上诉到上议院，上议院继续维持原判。因此慈善信托的受益人必须具有某些共通的特点或满足特定的条件，这些特点或条件使得他们与社会其他成员相区分，而且这种特点或条件不能依赖于他们与特定个人的私人关系。③ 譬如为一个山村修一座联通外界的桥，任何人都可能从上面通行，受益人就不特定，具有公益性。如果限制只有某家人可以通行，则没有公益性。

事实上早在 1815 年 Mills v Farmer（1815）案中，Lord Eldon 就指出立遗

---

① 该案中委托人设立一个教育信托，目的是为三个家庭的合法后代提供教育福利，由于后代可能会很多，委托人要求认定这个信托是公益信托，应享受税收优惠。上诉法院认定三个家庭的后代不属于社会公众的一部分，该信托不是为了公共利益，即使一群人可能数量很大，但是如果他们之间的联结点是他们与一个或者几个共同祖先的私人关系，那么他们不构成社会公众的一部分，该信托业不是公益信托。

② 当然在英国对 Re Compton 的质疑也没有停止过，因为有时候什么是私人关系，什么是非私人关系的判断可能出现模糊地带，比如一个大学的所有在读学生可能会被认为是非私人关系，那么一个大型上市公司的成千上万的股东之间是不是私人关系呢？该公司成千上万的、遍布全球的员工之间是不是私人关系呢？而且似乎不同类型、不同慈善目的的慈善信托对“社会公众的一部分”的要求似乎也不一样。

③ 何宝玉：《信托法原理与判例》，中国法制出版社 2013 年版，第 306 页。

嘱人没有指定受益人，也没有指定遗嘱执行人等并不能使慈善意图失效，一项赠给“穷人”的慈善捐赠，并不会因为赠与人没有确定谁是穷人而无效，受托人或者法院会确定谁是受益人，[①] 理论上讲任何穷人都有可能从中受益。《信托法》《慈善法》都没有明确“效果公益性”的要求，但该要求是慈善信托的本质使然，在民政部门备案时也是一个核心的考量因素。

有时由于条件限制非常严格，导致可能获益的人数非常少，但是只要这部分人是不特定的，就仍应被认定为慈善信托。在英国法有一个典型案例，即委托人设立信托，以信托基金的孳息设立奖学金，每年对高中成绩最优秀的一名学生给予奖励。虽然每年都只有一个名额，但是因为信托目的持续地执行，受资助的总人数非常之多；关键是理论上任何学生只要努力学习都可以成为受益人，因此该信托的受益人构成社会的一部分，法院判定成立慈善信托。[②]

四、完全公益性

对公益性的第三个要求是完全公益性，即慈善信托的每个信托目的都必须具有公益性。因为某些慈善信托可能仅仅以非常笼统的方式加以设立，或者通过罗列一张有关特定目的的清单设立，所以一项慈善信托允许出于很多不同目的而利用信托财产。任何一个有效的慈善信托，其每一个目的或者意图都必须具有公益性，只要信托目的中含有非公益性质，即有可能不成立慈善信托。《信托法》第 63 条事实上也确立了“完全公益性”的要求，其规定“公益信托的信托财产及其收益，不得用于非公益目的。”民发〔2016〕151 号文也明确“对受托人将信托财产及其收益用于非慈善目的……依法予以行政处罚”。《慈善信托管理办法》第 23 条再次重申慈善信托财产及其收益，应当全部用于慈善目的。另外《慈善法》第 105 条规定受托人如果将信托财产及其收益用于非慈善目的，则由民政部门予以警告，责令限期改正；有违法所得的，由民政部门予以没收；对直接负责的主管人员和其他直接责任人员处二万元以上二十万元以下的返款。

如此规定的根本目的是防止误用或者滥用慈善信托制度，将具有税收优惠等措施的慈善信托财产用于非公益的情形。但需要注意的是“完全公益性”

---

① 何宝玉：《信托法原理与判例》，中国法制出版社 2013 年版，第 307 页。

② 周小明：《信托制度：法理与实务》，中国法制出版社 2014 年版，第 354 页。

并不排除慈善信托实施过程中受托人将信托财产用于附属产生的非公益目的。比如为了更好地管理慈善信托，有效达成公益目的，慈善信托的信托财产可以支付包括受托人报酬在内的有关管理费用。而事业型慈善信托可以收取合理的经营收入，用于支付该事业管理人员和员工的薪酬福利。当然，慈善信托实施过程中附属产生的非公益目的，必须具有附属性，不能喧宾夺主，即必须附属于公益目的而不具有独立性，且有助于主要公益目的的实现，否则该信托有可能不构成慈善信托。英国法在这方面极为严格，要求关于慈善目的表述要非常规范，尤其在适用“和（and）”“或（or）”这样的字眼时，必须每个慈善目的都具有慈善性、公益性，如果任何一个慈善目的，或者慈善目的的组成部分不具有公益性，则该信托就不具有公益性、慈善性，不能成立慈善信托，比如委托人将信托财产用于“慈善或者仁慈的目的”“受托人认为合适的慈善目的或者公共目的”等，都曾经被法院判决属于非慈善目的，因为受托人将信托财产用于慈善或者非慈善目的都是正当的。①

五、慈善信托中的政治因素

在英国司法实践中经常引起争议的是带有政治因素的信托，这些信托能不能确认为慈善信托？英国司法实践对此保持高度的警惕，纯粹基于政治考量的信托不能成为慈善信托，而如果政治属性仅仅带有附属性，则可能被认为成立慈善信托。比如在 National Anti-Vivisection v IRC（1948）案中，英国上议院就认为原告协会的目的相当于要改变英国法律，这是显然的政治目的，法院不能说自己为了公共利益就必须改变法律本身，相反，法院必须基于“法律规定是正确的”这一前提来作出判断，否则的话，即使法院基于充分证据建议改变法律，这将篡夺立法机关的职责，损害司法机关政治中立的声誉。在 Webb v O’Doherty（1991）案中，法院认为某大学学生会考虑用慈善资金支持反对海湾战争的运动，法院颁布禁令，明确区分了对于政治问题的研究讨论与政治活动，前者是慈善性的，后者则不是。目前英国的主要司法经验认

① 这方面的典型案例是 Chichester Dioceasan Fund v Simpson（1944）案，立遗嘱人将剩余遗产用于“遗嘱执行人绝对自由裁量地选择的慈善组织，或者其他慈善目的或仁慈目的”。这里的“其他仁慈目的”带来质疑，因为它允许遗嘱执行人选择某些仁慈目的，而这些仁慈目的未必是慈善目的。英国上议院强调“慈善”有其非常技术性的法律含义，而“仁慈”的意义则过于广泛而模糊，与慈善不同。立遗嘱人用“仁慈”一词表明他打算将遗产用于通常意义的慈善，而不是严格的法律意义上的慈善，因此该赠与不具有彻底的、完全的慈善目的。

为以下目的属于政治目的，相关的信托不能成立慈善信托：1. 促进特定政党的利益，不管是工党还是保守党；2. 推动改变英国或者其他国家的法律；3. 推动推翻英国政府或者外国政府的政策，或者推翻英国或者外国当局做出的某项具体决定。披着教育或者宗教外衣，实质在于追求特定政治目的的信托同样不能被认为是为了公共利益，因而不是慈善信托。[①]

第四节　公益信托的事前审批与慈善信托的事后备案

慈善信托的不仅要满足公益性这一实质要求，同时还要满足特定的形式要求。因为慈善信托涉及社会公众利益，而且一般会享受税收等方面的优惠，因此对其设立和运作都有比私益信托更加严格的监管体系，国家公权力从慈善信托的设立到慈善信托的终止、清算全程介入其中。《信托法》第 62 条就明确规定，公益信托的设立和确定其受托人应当经有关公益事业的主管机构批准。未经公益事业管理机构批准，不得以公益信托的名义进行活动。因此，经过特定的公益事业管理机构批准是我国设立公益信托必备的形式要件，不经过公益机构的审批，不能设立公益信托。但值得注意的是，《慈善法》第 45 条对慈善信托的设立采取了不同于“事前审批制”的“事后备案制”，而且对主管机关的表述也有所调整，这主要是因为《信托法》对公益信托的个别规定存在问题，不利于公益信托的开展。

一、《信托法》第 62 条中的“有关公益事业管理机构”所指为何？

根据《信托法》，我国公益信托的审批机构不是专门设立的对公益信托进行审批的机构，而是“有关公益事业的管理机构”。而“有关公益事业”一般根据该公益信托涉及的公益目的来判断，即是指公益目的所涉及的公益事业，因此，设立救济贫困、救助灾民、救助残疾人的公益信托，其审批机构应当是民政部门；设立发展教育事业的公益信托，其审批机构应当是教育行政部门；设立发展文化、艺术事业的公益信托，其审批机构应当是文化管理行政部门；设立发展体育事业的公益信托，其审批机构应当是体育行政部门；

① 何宝玉：《信托法原理与判例》，中国法制出版社 2013 年版，第 345－361 页。

设立发展医疗卫生事业的公益事业，其审批机构应当是卫生行政部门；设立发展环境保护事业的公益信托，其审批机构应当是环境管理行政部门，以此类推。

二、“有关公益事业的管理机构”的审批内容

根据《信托法》第62条的规定，设立公益信托，公益事业管理机构应当审批的内容有两项，一是公益信托的设立事项，主要是审查公益信托的设立是否符合《信托法》第二章关于信托设立的一般规定以及第六章关于设立公益信托的特别规定。二是受托人事项，主要审查受托人是否具备《信托法》规定的受托人资格以及是否具备管理公益信托财产的能力和条件。《信托法》要求对受托人事项进行审批，目的是从公益信托受托人这一环节从严把关，以确保公益信托目的的实现。毕竟受托人在公益信托活动中的地位举足轻重，信托目的是通过受托人管理、处分信托财产来实现的，受托人是否能够胜任受托人职责，直接关系到公益信托目的能否实现以及实现的程度。

三、《信托法》第62条的操作难题

自2001年《信托法》生效以来，多年来我国大陆地区真正意义上的公益信托极少，很多只能以“准公益信托”“类公益信托”称之，并不是民间没有公益热情，事实上恰恰相反，社会公众有非常强烈的公益热情，也有巨大的公益需求，但是公益信托却发展极其缓慢、踟蹰不前，这其中的一个重要原因就是《信托法》第62条的规定，正是这一严重缺乏操作性的规定极大地阻滞了中国公益信托事业的发展、繁荣。

首先，按照《信托法》的规定，公益信托设立的审批机构是有关公益事业的管理机构，即公益事业的目的主管机关。也就是说，不同的公益信托，有不同的公益目的，从而也有不同的审批机构。在公益目的单一且性质比较确定的场合，审批机构并不难确定。但是，很多公益信托的目的可能是非常概括性的，或者可能具有多个公益目的，比如资助贫困中小学生接受体育训练的公益信托，其信托目的就涉及教育部门、体育部门、民政部门等。如果各个机构相互推诿，设立公益信托的难度就更大，即使同一公益目的的公益信托，有时要确定其性质也会发生困难。例如，上述资助贫困中小学生接受

体育训练的公益信托，该公益目的是救助贫困，还是发展教育抑或发展体育事业，可能存在争议。由此导致主管机关难以确定，或者必须经过民政部门、教育部门、体育部门三个部门的审批，或者三个部门根本不愿意审批而是互相踢皮球。

其次，有些公益目的在现实中并没有对应的公益事业管理机构，比如一些新型公益目的，如某公益信托的信托财产用于资助流浪猫狗的收容救治，就很难说该公益信托的主管机构是哪个单位。可见虽然《信托法》第 60 条和《慈善法》第 3 条规定了几个大类的公益目的，但是由于现实中未必都有一一对应的部门，而且有些公益信托可能同时涉及多个信托目的，如此一来大大阻碍了公益信托的设立，而我国多年来的公益信托实践也证实了这一点。

再次，按照《信托法》的审批制度，至今为止也没有出台具体的审批规则，更没有相关的审批流程。信托实践中，有关公益事业管理机构因为无章可循，往往也无据可批，导致实践中想设立公益信托，但是审批无门，极其困难，国家虽然鼓励发展公益信托，但是却没有建立起配套的公益信托审批制度。虽然《信托法》第 3 条规定“委托人、受托人、受益人在中华人民共和国境内进行民事、营业、公益信托活动，适用本法”，但实际情况是商事信托业务蓬勃发展、如日中天，公益信托却举步维艰、处境尴尬，信托业成了畸形发展的跛脚鸭，《信托法》第 62 条难辞其咎。

四、《慈善法》的遗留问题

针对《信托法》第 62 条的规定，《慈善法》立法时进行了大刀阔斧地改进，于第 45 条规定“设立慈善信托、确定受托人和监察人，应当采用书面形式。受托人应当在慈善文件签订之日期七日内，将有关文件向受托人所在地县级以上人民政府民政部门备案。未按照前款规定将相关文件报民政部门备案的，不享受税收优惠。”起码从文义解释来看，《慈善法》第 45 条与《信托法》第 62 条相比有重大的立法突破。

首先，《信托法》第 62 条对公益信托的设立采取的是事前审批制，即不经过公益事业管理机构批准，就不得以公益信托的名义进行活动。而《慈善法》第 45 条则采取了事后备案制，即受托人在慈善信托文件签订之日起七日内将有关文件向受托人所在地县级以上人民政府民政部门备案即可。起码从字面上，简化了慈善信托的设立流程，由事前审批制的实质审查变为事后备案制的形式审查，而且备案是在所有信托文件签订之后进行的，如此处理必将大大方便更多慈善信托的设立。

其次，《信托法》第 62 条规定的公益信托的监管机构是“有关的公益事业管理机构”，如上所述，该类机构指代不明，有些公益目的根本就没有主管机构，有些信托目的则涉及多个主管机构，况且有些公益目的可能还会中途变更，而实践中不少管理机构互相推诿，使得设立公益信托难于登天。而《慈善法》第 45 条则明确慈善信托的主管机构是受托人所在地县级以上人民政府的民政部门，其管理方式是进行备案式的事后监管，最大限度地避免了《信托法》第 62 条规定带来的相互扯皮、难于设立的情况发生。

再次，《信托法》第 62 条仅仅规定了设立公益信托应当经“有关的公益事业管理机构”审批，但是没有明确审批的实际好处。而《慈善法》第 45 条则规定经过民政部门备案的慈善信托，可以享受税收优惠。该规定第一次明确了慈善信托的税收优惠地位，必将刺激慈善信托的快速发展。

与此同时也应当看到，《慈善法》第 45 条的规定过于原则，线条很粗，仍然遗留有不少问题亟须明确。

首先，《信托法》充分考虑到公益信托的公益性质，由于该类信托涉及社会公共利益，其受益人为不特定的社会公众，而委托人的目的根本不在于投资而在于奉献社会，为此一定要有专门的监管机构把关，以确保公益信托运作规范、透明，确保公益信托财产的管理、使用、处分符合公益目的，坚决杜绝挂羊头、卖狗肉，以公益信托之名谋个人利益之实，所以《信托法》规定公益信托的设立必须经过审批，否则不得设立公益信托是有现实意义的。而日本、韩国以及我国台湾地区也对公益信托的设立采取了严格监管的立法政策，后文有详细介绍。而依《慈善法》第 45 条规定，仅仅由民政部门事后备案即可，如果仅仅是形式审查，则在事前设立环节显然就没有监管的存在，而事后的形式审查实际上远远达不到实质监管的要求，如何处理简化设立流程与慈善信托监管的难题亟须明确。根据民发〔2016〕151 号文第二部分（明确程序和要求）的规定，备案环节实际上也要进行一定程度的实质审查，即通过备案前的沟通，确保待备案的慈善信托项目完全满足备案的需求，如此其实和实质审查几乎没有差别了。

其次，虽然慈善信托事后需要向受托人所在地县级以上人民政府的民政部门备案，但是实际上《慈善法》本身对备案的基本规则没有明确，需要提供哪些材料，备案的基本程序如何，民政部门能否拒绝备案，受托人对拒绝备案不服怎么处理，甚至备案公文的制作等都需要尽快付诸规定。但值得注意的是，民发〔2016〕151号文及《慈善信托管理办法》对慈善信托备案进行了进一步详细的规定，使得上述问题部分得到了解决。

最后，《慈善法》第45条第2款规定未按照第1款规定将相关文件报民政部门备案的，不享受税收优惠。从反面推论，已经备案的信托应当享受税收优惠，但是享受哪些税收优惠，幅度如何，是不是委托人、受托人和实际受益人都可以享受税收优惠均没有明确的规定。此外，第45条第2款只规定没有备案的，不享受税收优惠，能否推论出即使没有备案，不享受税收优惠该信托却依然是慈善信托。这里的核心问题是备案是不是慈善信托成立的必备要件，如果是的话，就意味着某信托必须经过备案才能被称之为“慈善信托”，并享受税收优惠；如果不是的话，则没有备案的该信托仅仅是不能享受税收优惠，但依然是“慈善信托”。由于这一问题涉及慈善信托成立与否这一核心问题，而《慈善法》第45条可以作不同解释，因此在未来立法中亟须明确这一核心问题。

第五节 慈善信托的委托人

《慈善法》对于慈善信托的委托人并没有规定，基于该法第50条规定，《信托法》关于委托人的规定都应该可以适用，即具有完全民事行为能力的自然人、法人或者依法成立的其他组织都应该可以成为慈善信托的委托人。《慈善信托管理办法》第8条也重申慈善信托的委托人应当是具有完全民事行为能力的自然人、法人或者依法成立的其他组织。目前已经在民政部门备案的慈善信托的委托人大多是爱心企业、自然人、慈善组织（基金会）等，但也有工会组织、团委组织甚至信托公司作为委托人的慈善信托。

实践中存在一个问题，即《慈善信托管理办法》第18条规定受托人向民政部门申请备案时，应当提交以下书面材料……（二）委托人身份证明（复印件）和关于信托财产合法性的声明。而且民发〔2016〕151号文后作为附件三的《慈善信托备案申请书》中也要求填写“委托人身份证明号码”等信息，实践中无论是公司、合伙企业、自然人等做委托人时都没有问题，但是在有些单位团委、工会做委托人时，可能没有明确的身份证明号码，在单位团委、工会接受员工捐赠形成一笔资金时，这笔财产的合法性声明如何撰写也成了问题。

另外，某些合伙企业、分公司、设立中之公司并不具有完全行为能力是否就不能设立慈善信托，如此处理是否与鼓励慈善信托的宗旨相违背值得思考。

此外，如果由企业员工都来直接作为慈善信托的委托人时，可能会由于委托人太多，既定格式的《慈善信托备案申请书》完全无法满足填写需要。实践中也出现了有的爱心人士不愿意暴露个人信息，就要做“无名英雄”，无法采集到其个人信息，从而在备案时可能会被认为委托人信息不周全，不能完全满足“反洗钱”的要求。

还有一个问题是《信托法》第 8 条明确规定“设立信托，应当采取书面形式”，慈善信托也是信托的一种，同样也应该采取书面形式，否则会影响信托的设立，但是实践中会出现有些委托人由于各种原因不愿意签订书面的信托合同，尤其是当其在某慈善信托成立后追加小部分资金进来的时候，更是如此，在委托人是自然人时有些信托公司要求要“双录”，更使得一些委托人觉得手续繁琐，要求麻烦。

最后一个问题是，限制行为能力人、无行为能力人在法理上也完全可以设立慈善信托，只需要根据《民法总则》第 19－22 条经过其法定代理人事先同意或者事后追认即可，《慈善信托管理办法》严格限制慈善信托委托人必须具有完全民事行为能力并没有坚实的逻辑基础。

根据《慈善信托管理办法》第 4 条规定，国家鼓励发展慈善信托，支持自然法、法人和其他组织践行社会主义核心价值观，弘扬中华民族传统美德，依法开展慈善活动。基于此立法目的和价值追求，原则上慈善信托的委托人不应该设置任何门槛，不要求其为合格投资者，相关的配套设计也应该尽量方便慈善信托的设立和运行，不合理的规定应该尽快调整和完善。

第六节　慈善信托的受托人

一、受托人资格限制

《信托法》第 62、66 条规定，公益信托受托人的任职和辞职都需要得到公益事业管理机构的批准，但是《信托法》并没有明确规定公益信托受托人的任职资格，则根据第 59 条的指引，公益信托的受托人资格应当参照第 24 条来确定，即受托人应当是具有完全民事行为能力的自然人、法人。法律、行政法规对受托人的条件另有规定的，从其规定。照此推理，任何自然人、法人，只要具有完全的民事行为能力就可以作为公益信托的受托人。

在比较法上，为了防止受托人的欺诈和不当管理，英国 1993 年的《慈善法》排除了某些类型的人担任慈善信托的受托人资格，包括：（1）犯有涉及不诚实或欺诈的违法行为；（2）被宣告破产或者财产被扣押，尚未解除责任；（3）与债权人达成和解，重新安排债务的协议或者为债权人授予信托契据，尚未解除责任；（4）在管理慈善事务的过程中出现行为不当或者管理不当，他对这种行为不当或者管理不当负有责任或是当事人，或者由于其行为导致或助长了这种错误，慈善委员会或高等法院发布命令撤销其慈善受托人职务；（5）根据《1986 年公司董事资格法》《1986 年破产法》，受到一项无资格令的约束。[①] 而根据英国《1906 年公共受托人法》成立的公共受托人是不能接手慈善信托的。台湾也有学者认为，行政机关不可以成为慈善信托的受托人。[②]

二、信托公司作为慈善信托受托人的合理性

《慈善法》颁布之前，有观点就明确反对信托公司可以成为慈善信托的受益人，认为信托公司本质上为营利机构，有为股东利益最大化而负责的压力，即使是从践行社会责任的角度使其成为公益信托的受托人，其参与公益信托也并不积极，也非常态，不具有可持续性，而且信托公司作为盈利机构与慈善信托的公益性质格格不入，在《慈善法》立法过程中，这种声音一直如影随形、伴随始终，直到《慈善法》第 46 条生效。笔者认为，信托公司作为慈善信托的受托人完全正当合理，有充分的理由支持。

首先，目前中国大陆开展的公益信托、准公益信托、类公益信托的受托人几乎都是信托公司，说信托公司缺乏开展慈善信托的热情不符合实际情况。而至 2019 年 5 月 22 日，在民政部官方网站“慈善中国”公示的已经备案的慈善信托共 184 个，信托规模 21.53 亿元，其中大部分的慈善信托的受托人

---

① 何宝玉：《信托法原理与判例》，中国法制出版社 2013 年版，第 309 页。

② 赖源河、王志诚：《现代信托法论》，中国政法大学出版社 2002 年版，第 226 页。

都是信托公司。

其次，信托公司作为营利机构固然要为股东利益服务，不过更要坚持受益人利益最大化的原则，《信托法》《信托公司管理办法》《信托公司集合资金信托计划管理办法》均明确规定了此原则。只不过慈善信托不存在明确的受益人，可以类推理解为一切为了公益事业利益的最大化，最大限度地实现慈善目的。

再次，信托公司不是洪水猛兽，实施上信托公司作为慈善信托的受托人有自己的明显优势。信托公司运作比较规范、透明，大多数信托公司都建立了比较合规的公司治理机制，严格遵守了各种信息披露义务；信托公司是典型的金融机构，有非常丰富的理财经验，有利于慈善信托财产的保值增值；信托公司有较为广泛的投资渠道，可以投资股市、实业、货币市场等。目前信托公司有 68 家，都持有金融牌照，受到银监会的严格监管。事实上如百瑞信托、长安信托、紫金信托、中信信托等都曾经并正在管理和运作一些慈善信托产品，效果良好。当然慈善组织也有自己的独特优势，如在遴选慈善项目、遴选具体受益人、对具体慈善项目的运作、监督等。因此笔者认为信托公司和慈善组织完全可以各取所长、互相合作，如可以通过信托公司 + 基金会的模式来管理、运作慈善信托，或者两者作为共同受托人；或者信托公司作为受托人而基金会作为慈善信托组织实施机构；或者基金会作为委托人而信托公司作为受托人，同时由基金会作为顾问机构；或者基金会作为形式受益人等均无不可。

从次，事实上慈善信托在运作过程中会出现沉淀资金，由此产生如何进行资产配置的问题，慈善信托虽然不属于营业信托，但其在运用和管理环节具有鲜明的金融属性，慈善募集环节可以多渠道、多主体、多方面进行，全民参与；但慈善款项的运用和管理，既包括简单的转移、支付、分配，也有资产的保值、增值、配资需要。这些都是信托公司的强项。而且慈善信托对于受托人的受信义务要求较高，将募集资金交由谁来管理、运用事关重大，如果将来明确允许公开募集资金，对于受托人的范围更要严格限制，信托公司面临多方面的严格监管，是慈善信托的理想受托人。如果对慈善信托的金融属性重视不够，严格的监管机制缺位，慈善信托可能会被不法分子滥用，打着慈善信托之名，行非法集资之实，因此明确信托公司作为慈善信托的受托人是非常必要的。

最后，由于信托公司和慈善组织的组织以及人员结构的不同，实际上信托公司开展慈善信托业务的资金成本较低。这是因为慈善组织必须要有自己的一套人马、组织机构等，这些人都需要发工资、福利以及各种活动费用开支，因此《慈善法》第60条规定慈善组织中具有公开募捐资格的基金会开展慈善活动的年度管理费不得超过当年总支出的10%，具有公开募捐资格的基金会以外的慈善组织开展慈善活动的年度支持和管理费用的标准，由国务院民政部门会同国务院财政、税务等部门依照前款规定的原则制定。在目前这一新标准尚未制定的情况下，应依照《基金会管理条例》执行，《基金会管理条例》第29条规定“基金会工作人员福利和行政办公支出不得超过当年总支出的10%”，不区分公募基金会还是私募基金会。相比之下，行业内信托公司开展慈善信托的受托人报酬一般不超过0.5%。

三、反对对《慈善法》第46条扩大解释的几点理由

目前《慈善法》第46条则对慈善信托的受托人有了比较明确的规定，即：“慈善信托的受托人，可以由委托人确定其信赖的慈善组织或者信托公司担任。”有观点认为为了促进公益信托，应尽量扩大公益信托的受托人范围。因为实践中，公益信托的受托人多为信托公司等经营信托业务的法人机构。实际上基金会、非营利机构等法人组织在接受资金从事公益事业的时候也应当适用信托法理，成为信托受托人。此外，《信托法》也没有排除律师、自然人成为公益信托受托人的资格，但是缺乏具体操作的规定。信托机制既可以公募的方式从事公益事业，也可以私募的方式从事公益事业；既可以实现大规模公益基金的募集，也可为小额的公益基金的参与提供平台，因此在探讨信托公司等参与公益信托的模式同时，更应积极考虑为其他主体充任公益信托受托人提供制度空间。而且既然《慈善法》用的词是“可以”而不是“应当”，那么慈善信托的受托人就不应当有所限制，即其受托人完全可以是除慈善组织和信托公司以外的其他人，如律师等。

对此观点，笔者持明确反对意见，理由如下。

第一，法律解释固然要以文字规定抑或文义解释为起点，但是法律解释又不能囿于文义解释，而是应当综合多种解释手段，如历史解释、体系解释、目的解释、比较法解释等，就像解释合同条款一样，[①] 来发现法律的真正意

① 《合同法》第125条：当事人对合同条款的理解有争议的，应当按照合同所使用的词句、合同的有关条款、合同的目的、交易习惯以及诚实信用原则，确定该条款的真实意思。

旨，如果仅仅局限于《慈善法》第46条中的“可以”就可能只见树木不见森林。①

第二，从历史解释来看，《慈善法》在简化慈善信托设立流程的同时，在立法过程中特别关注了受托人的资格问题，立法草案曾经一度仅仅规定了受托人只能是慈善组织，立法者的考虑显然是要严格限制受托人资格，以确保由合格的受托人来确保慈善信托的规范运行，确保信托财产的安全和透明，上述观点与此立法史严重不符。②

第三，从体系解释来看，《信托法》对公益信托受托人的资格没有明确限制，或者说按照《信托法》第59、24条公益信托的受托人没有资格限制，如果按照该学者的观点，《慈善法》第46条只是一个例示性规定，则《慈善法》第46条完全是多此一举，若要该条发挥意义则唯一的解释是《慈善法》采取了与《信托法》完全不同的立法政策，即《信托法》对公益信托的受托人资格是完全开放的，而《慈善法》对慈善信托的受托人资格是完全封闭的。

第四，从目的解释来看，《慈善法》之所以要限制慈善信托受托人资格，其基本的考虑是我国慈善信托还刚刚起步，实际操作经验不足，而慈善信托又涉及不特定社会公众的利益，必须确保慈善信托规范、透明，信托财产安全、用得其所，若一下子全部放开可能会引发大面积的不良反应，不如先严格限制一下，等摸索出经验再逐步放开。而目前最有公益运作经验积累的是慈善组织，而信托公司在资产管理经验、运作规范透明方面具有优势，其他的自然人和机构目前来看显然没有足够能力担任慈善信托的受托人。所以将《慈善法》第46条的规定解释为开放性规定显然与立法目的背道而驰。

第五，从比较法来看，正如上文所言，事实上不少国家都对慈善信托的受托人资格采取了严格限制的立法态度。

第六，民发〔2016〕151号文在三（四）中明确规定“除依法设立的信托公司或依法登记（认定）的慈善组织，其他单位和个人不得以‘慈善信

---

① 通常认为法律解释的因素包括文义因素、历史因素、体系因素、目的因素、“合宪性”因素，其他应当考虑的因素大致都可以划归至目的因素。关于法律解释的经典论述可参考黄茂荣：《法学方法与现代民法》，法律出版社2007年版，第332－369页。

② 《北京市慈善信托管理办法》（京民慈发〔385〕号）第39条：民政部门应当建立受托人信用记录，将违规受托人列入不良记录名单，予以公示；进入名单者，两年内不得担任新慈善信托的受托人。

托’‘公益信托’等名义开展活动”，《慈善信托管理办法》第 52 条也重申“除依法设立的信托公司或依法予以登记或认定的慈善组织外，任何单位和个人不得以‘慈善信托’等名义开展活动”,① 所以目前官方的态度已经十分明确，即慈善信托的受托人只能是信托公司和慈善组织。

根据《慈善法》第 46 条规定慈善组织或者信托公司可以作为受托人，但是不是所有的慈善组织和信托公司都可以作为受托人？这反而是目前应该考虑的问题，笔者以为，考虑到慈善信托刚刚起步，为了谨慎起见，可以先适当作出一些门槛限制。信托公司由于数量较少，且运作规范、有较强的资产管理能力，都应当有受托人资格。但是由于慈善组织数量众多，有大有小，有新成立不久的，也有运作不良、账目不清、不透明的，对于慈善组织有必要通过部门规章规定一些必要的资格限制，只有满足这些条件方有资格作为慈善信托的受托人。

总之，慈善信托的受托人应当仅限于慈善组织和信托公司，这是目前法律的强制性规定，不应当随意进行扩大解释或所谓的“目的性扩张”。而 2016 年 8 月 25 日民发〔2016〕151 号文第三（四）也明确规定“除依法设立的信托公司或依法登记（认定）的慈善组织外，其他单位和个人不得以‘慈善信托’‘公益信托’等名义开展活动”。《慈善信托管理办法》第 52 条重申了这一规定。可见，主管部门确实要严格限制受托人资格，该部门规章也应该使得关于受托人资格扩大解释的争论告一段落。

第七节　慈善信托的监察人

监察人是公益信托、慈善信托的特有制度，为了保护受托人利益，《信托法》第 64 条第 1 款规定：“公益信托应当设置信托监察人。信托监察人由信托文件规定。信托文件未规定的，由公益事业管理机构指定。”第 65 条规定：“信托监察人有权以自己的名义，为维护受益人的利益，提起诉讼或者实施其他法律行为。”《慈善法》第 49 条也规定：“慈善信托的委托人根据需要，可以确定信托监察人。信托监察人对受托人的行为进行监督，依法维护委托人

① 《广东省民政厅　中国银行保险监督管理委员会公洞监管局关于慈善信托管理工作的实施细则》（粤民规字〔2019〕2 号）第 61 条也规定：除依法设立的信托公司或依法予以登记或认定的慈善组织外，任何单位和个人不得以“慈善信托”等名义开展活动。

和受益人的权益。信托监察人发现受托人违反信托义务或者难以履行职责的，应当向委托人报告，并有权以自己的名义向人民法院提起诉讼。"

之所以在公益信托、慈善信托中设置信托监察人这一信托当事人而在私益信托中却没有是因为两种信托的利益结构有根本不同。在私益信托中，受益人有权了解信托财产的管理运用、处分及收支情况，并有权要求受托人作出说明；有权查阅、抄录或者复制与信托财产有关的信托账目以及处理信托事务的其他文件；有权依法要求受托人调整信托财产的管理方法；有权依法申请撤销受托人违反信托目的处分信托财产的行为；有权依法请求受托人管理信托事务不当时恢复信托财产原状和赔偿信托财产损失。所以在私益信托中，受益人有各种途径来维护自己的信托利益，无需法律对受益人提供额外的特别保护。但是在慈善信托中情形与此不同，因为慈善信托的受益人是不特定的社会公众，让不确定的广大受益人直接行使《信托法》赋予受益人监督信托的权利，缺乏操作性；而慈善信托的委托人由于各种原因，对受托人管理信托事务也可能无法实施有效监督，如果仅仅依赖委托人的监督来保护所谓慈善信托受益人的利益，在法律上也是不够的。所以，《信托法》针对公益信托的特点对公益信托中的受益人提供了额外的特殊保护——设置信托监察人。

值得注意的是，《慈善法》与《信托法》虽然在信托监察人职责上的规定大致相同，但是对于是否必须设置信托监察人采取了不同的立法政策，《信托法》第 64 条规定公益信托是必须设置信托监察人的，否则不能成立公益信托。公益信托存续期间，若发生信托监察人辞职、被解任或因其他原因不能履职时，也应当由公益事业管理机构选任新的信托监察人。但是《慈善法》改变了这种立场，该法第 49 条授权委托人来决定是否设置信托监察人，即慈善信托的委托人可以根据实际需要决定是否设置信托监察人。在笔者看来，这种立法转变可能会对慈善信托实践带来深远的影响。

至于哪些人可以作为信托监察人，《信托法》《慈善法》都没有规定，但从法律地位来看，因为信托监察人需要代表受益人进行诉讼或者实施其他法律行为，所以信托监察人必须是具有完全民事行为能力的人，自然人、法人均可。从我国目前的慈善信托实践来看，信托监察人多是律师事务所、会计师事务所、慈善组织等，不过也有委托人为了节约监察费用支出，不设监察人或者由委托人内部的员工或公司法务人员充当监察人。

信托监察人作为公益事业的利益代表，有独特的法律地位，也有广泛的监督职权。

首先，根据公益信托、慈善信托的性质，信托监察人有权监督受托人依照信托文件的规定将信托财产运用于具体的公益目的，一旦受托人违反信托文件的规定，没有将信托财产运用于公益目的或者运用于公益目的的财产不充分，信托监察人可以代表受益人，或直接请求受托人履行职责，或请求公益事业管理机构责令受托人履行职责，或向法院提起诉讼，要求受托人履行职责。

其次，既然信托监察人是受益人的利益代表，原则上受益人享有的信托监督权，监察人都应当享有。包括：1. 信托管理知情权，即信托监察人有权了解信托财产的管理运用、处分及收支情况，并有权要求受托人作出说明；有权查阅、抄录或者复制与慈善信托财产有关的信托账目及处理信托事务的其他文件（《信托法》第 20 条）；2. 信托财产管理方法调整请求权，因慈善信托设立时未能预见的特别事由，致使信托财产的管理方法不利于实现信托目的或者不符合受益人的利益，则监察人有权要求受托人调整该信托财产的管理方法（《信托法》第 21 条）；3. 信托财产处分行为撤销申请权，即受托人违反信托目的处分信托财产时，监察人有权申请人民法院撤销该处分行为（《信托法》第 22 条）；4. 恢复信托财产原状或者赔偿信托财产损失请求权，即受托人违反信托目的处分信托财产或者违背管理职责、处理信托事务不当致使信托财产受到损失时，监察人有权请求受托人恢复信托财产的原状或者予以赔偿（《信托法》第 22 条）。

再次，依《信托法》由监察人直接享有的信托监督权。我国《信托法》直接赋予信托监察人两项公益信托的监督权：一是对公益信托管理报告的认可权，第 67 条规定，公益信托受托人应当至少每年一次作出信托处理情况及财产状况报告，报信托监察人认可。监察人通过行使该认可权，对公益信托进行定期监督。二是对公益信托清算报告的认可权，第 71 条规定，公益信托终止时，受托人作出的信托事务清算报告，应当报信托监察人认可。监察人通过行使该认可权，对公益信托进行存续期间的总体管理情况进行监督。

《慈善法》虽然没有对监察人的职权进行非常具体明确的列举性规定，但是根据该法第 50 条，上述《信托法》中监察人享有的职权，慈善信托的信托监察人也一律享有。但是值得注意的是，由于该法第 49 条规定慈善信托的委托人可以根据实际情况决定不设置信托监察人。那么在信托监察人缺位时，上述职权应当由谁行使，《慈善信托管理办法》目前也没有明确的规定，这确实是一个值得深思的问题。

当然信托监察人既然可以通过信托文件确定，也可以通过信托文件来约定信托监察人的职权，比如信托文件可以约定信托监察人监督的范围、频率、方式，只要该类约定不违反法律的禁止性规定、不违背公序良俗，就完全有效。因此在公益信托、慈善信托中，只要委托人、受托人、监察人三方一致同意，就可以在信托文件中约定监察人除法定权利之外的其他权利。

值得注意的是，目前备案的慈善信托中也出现了双监察人的设置，对于每个监察人的职责也有明确规定，彼此配合，更好地实现监督职责，达到慈善信托目的。双监察人慈善信托的典型是中信信托于 2019 年 3 月 29 日设立的"中信信托 2019 江平法学教育慈善信托"。

第八节　慈善信托的公募问题

慈善信托能否公募？特别是在信托公司担任受托人时，能否公开宣传？资金门槛是否应该有所限制？这些问题在《慈善法》起草、讨论过程中就存在争议，而《慈善法》的审议通过并没有使这一争论降温，因为《慈善法》乃至《信托法》本身都没有对慈善信托能否公募进行明确规定，民发〔2016〕151 号文也没有相关规定。尽管不少人认为慈善信托不应当公募，在信托公司作为受托人时尤其应当如此，笔者依然坚持认为应当允许慈善信托公募，严格限制慈善信托的募集没有道理。

首先，坚持非公开募集的观点依据的多是《信托公司集合资金信托计划管理办法》，认为信托公司做受托人时允许慈善信托公募违反了该管理办法的规定。笔者认为这种观点乃风马牛不相及，事实上《中国银监会办公厅关于鼓励信托公司开展公益信托支持灾后重建工作的通知》（银监办发〔2008〕93 号）第 4 条规定，"信托公司设立公益信托，可以通过媒体等方式公开进行推介宣传。公益信托的委托人可以是自然人、机构或者依法成立的其他组织，其数量及交付信托的金额不受限制"，明显允许设立公益信托的时候进行媒体宣传，而且募集不限制金额。这表明公益信托可以是公募的。对于该通知和《信托公司集合资金信托计划管理办法》的适用关系，可以说该通知只是对《信托法》中关于公益信托的细化规定，而《集合资金信托计划管理办法》的规范对象是营业信托中的集合资金信托计划，后者属于典型的私益信托，二者有着根本不同的属性，当然应当适用完全不同的规则，也不会产生适用上的矛盾。因此2008年银监会（93号文）中的规则并不构成对《信托公司集合资金信托计划管理办法》的突破，而只是针对不同的调整对象而制定并适用不同的规则。①

其次，《慈善法》对委托人没有作专门的规定，委托人可以是具有完全民事行为能力的自然人、法人或者依法设立的其他组织，对于委托人人数并没有限制性规定，不能认定慈善信托不可以公开募集善款，更不能把慈善信托和营业信托的私募业务联系起来。慈善信托严格来说没有法律意义上的受益人，《信托公司结合资金信托计划管理办法》第5条、第6条并不能适用于慈善信托。因为在慈善信托中，委托人并不为自己谋利益，其目的也不在于投资，而在于回馈社会、造福公众，并不需要具有"识别、判断和承担投资风险"的能力，即委托人并不需要是上述管理办法第6条中的"合格投资者"。

再次，《慈善法》第22条明确规定，慈善组织满足特定条件可以取得公开募捐资格，在慈善组织担任慈善信托受托人时按照该规定，慈善组织公开募集是完全没有障碍的，但既然该法第46条规定慈善组织和信托公司都可以担任慈善信托的受托人，若只允许慈善组织公开募集，却禁止信托公司公开募集，显然违反了相似事物相似处理的基本原则，并没有充分的说服力。

从次，从立法目的上讲，无论是《慈善法》还是《信托法》，其根本目的均在于在规范中促进慈善信托的发展，《慈善法》的各种简化的程序性规定的目的也在于方便慈善信托的设立，实现人人皆可做慈善的目标追求，充分调动全社会做慈善的积极性，《信托法》第61条明确"国家鼓励发展公益信托"，《慈善法》第45条也明确经过备案的慈善信托享受税收优惠。《慈善信托管理办法》第4条也明确国家鼓励发展慈善信托，支持自然人、法人和其他组织践行社会主义核心价值观，弘扬中华民族传统美德，依法开展慈善活动。若禁止慈善信托公募，则显然与此立法目的背道而驰、南辕北辙。

最后，《慈善信托管理办法》第52条规定除依法设立的信托公司或依法予以登记或认定的慈善组织外，任何单位和个人不得以"慈善信托"等名义开展活动，反面解释就是信托公司、慈善组织是完全可以以"慈善信托"的名义开展活动的，这里的"活动"在解释上应该包括公开募集活动。部分省市也出台了规范性文件，明确支持允许慈善信托公开募集，如《北京市慈善

① 赵廉慧：《信托法解释论》，中国法制出版社2015年版，第525页。

信托管理办法》（京民慈发〔385〕号）第32条就规定：除设立并依法备案，任何单位和个人不得以“慈善信托”名义公开募集资金，反面解释就是如果依法设立并依法备案的慈善信托，是可以公开募集资金的。

第九节 慈善信托被撤销的特殊情形

慈善信托的设立使得委托人投入的财产及其收益都不能回流，必须全部用于公益事业，《信托法》第63条、《慈善信托管理办法》第23条均对此予以明确。因此，从本质上讲慈善信托类似于赠与或捐赠，只不过增加了更多的金融属性。由此决定了赠与或捐赠撤销的某些情形可能会类推适用于慈善信托。

一、《信托法》第12条与《合同法》第75条的适用

如果委托人设立慈善信托致使其责任财产不足，无法满足债权人的债权，从而使得债权人的利益受损，则根据《信托法》第12条规定，委托人设立信托损害其债权人利益的，债权人有权申请人民法院撤销该信托。但是人民法院撤销该信托的，不影响善意受益人已经取得的信托利益。此处的申请权，自债权人知道或者应当知道撤销原因之日起一年内不行使的，归于消灭。因此如果委托人为了逃避债务而设立慈善信托，则该慈善信托有可能会被其债权人撤销，信托财产回流至委托人的责任财产用以清偿债权人的债权。这里的一个小问题是如果其债权人不知道也不应当知道撤销原因的，是否意味着债权人可以一直保留该撤销权？答案应该是否定的，因为如此一来慈善信托就会处于随时可能会被撤销的不稳定状态，对慈善信托的管理运营产生极大的不利影响。此时应当适用《合同法》第75条之规定，即撤销权自债权人知道或者应当知道撤销事由之日起一年内行驶。自债务人的行为发生之日起五年内没有行使撤销权的，该撤销权消灭。大致可以理解为自信托成立之日起逾五年，即使债权人不知道也不应当知道撤销事由，该慈善信托的效力完全确定，不再受《信托法》第12条的影响。

二、《合同法》第 186、188 条的类推适用

《合同法》第 186 条规定，赠与人在赠与财产的权利转移之前可以撤销赠与。具有救灾、扶贫等社会公德、道德义务性质的赠与合同或者经过公证的赠与合同，不适用前款规定。第 188 条规定具有救灾、扶贫等社会公益、道德义务性质的赠与合同或者经过公证的赠与合同，赠与人不交付赠与的财产的，受赠人可以要求交付。由于慈善信托本质上也是一种赠与，而且目前备案的慈善信托的慈善目的主要是围绕《慈善法》第 3 条，所以几乎所有的慈善信托都具有社会公益属性。从这个角度来看，委托人设立慈善信托与捐赠人将财产捐赠给慈善组织本质上具有相似性，基于相似事物相似处理的考虑。凡是已经签订过慈善信托合同的委托人原则上不能主张撤销该信托，受托人甚至可以类推适用《合同法》第 188 条要求委托人交付信托财产。但从实践来看，这种看法似乎过于激进，可能会招致委托人的反感，有强捐的嫌疑，但是基于两者之间实质上的相似性，如此处理在法理上完全没有障碍。当然，实践中尚没有受托人主张适用《合同法》第 188 条来要求委托人交付信托财产，从法理上可以解释为受托人放弃了相关权利。

三、《合同法》第 195 条的类推适用

《合同法》第 195 条规定：赠与人的经济状况显著恶化，严重影响其生产经营或者家庭生活的，可以不再履行赠与义务。基于同样的原因，如果慈善信托的委托人因为经济状况恶化，继续履行信托合同，交付信托资金将严重影响其生产经营或家庭生活的，应当可以不再履行慈善信托合同。如此，该信托合同可以被协议解除，或者该委托人可以不再追加信托资金并无需承担违约责任。

第十节　慈善信托的书面形式与备案问题

《信托法》第 8 条规定，设立信托应当采用书面形式。书面形式包括信托合同、遗嘱或者法律、行政法规规定的其他书面文件等。采取信托合同

形式设立信托的，信托合同签订时，信托成立。慈善信托作为信托的一种，也要求必须采用书面形式，《慈善法》第45条规定，设立慈善信托、确定受托人和监察人，应当采用书面形式。受托人应当在慈善信托文件签订之日起七日内，将相关文件向受托人所在地县级以上人民政府部门备案。未按照前款规定将相关文件报民政部门备案的，不享受税收优惠。《慈善信托管理办法》第13条重申，设立慈善信托、确定受托人和监察人，应当采取书面形式。书面形式包括信托合同、遗嘱或者法律、行政法规规定的其他书面文件等。

可见，整体来看对于慈善信托的形式要求有两项，一是书面，二是备案，可以说慈善信托本身属于要式法律行为。

关于书面，《信托法》第8条规定信托合同签订时，信托成立。能否由此反推如果慈善信托合同没有采用书面形式信托就不能成立生效？或者信托合同可否做相反的约定，比如约定信托合同签订时，信托并不成立，而要等到信托资金打入信托专户的时候信托方成立，或者约定民政部门备案后信托方宣告成立。

对于第二个问题，首先应当明确的是《信托法》第8条、《慈善法》第45条关于信托合同签订时信托成立的规定应当属于任意性规定，而不是强制性规定，也就是说如果当事人在信托合同中有相反约定或其他约定，则合同约定有效。在当事人约定信托在委托人打款时成立或者备案时成立时，则信托的成立要件就变成了“书面签字+打款”或者“书面签字+打款+备案”，其实质是使得信托成立的要件更加严格了，并不违反慈善信托成立的立法目的。

对于第一个问题，即如果当事人没有采用书面形式，即没有书面的信托合同，可是委托人已经将款项打入慈善信托专户，此时信托是否成立？严格来讲，《慈善法》要求慈善信托必须采用书面形式，是考虑到慈善信托的信托财产本金及收益都不能回流，而且慈善信托一定程度上涉及公众利益，因此是非常重要的合同，另外一个是出于固定证据的需要，当事人应当慎重行事，因此《慈善法》要求采用书面形式。[①] 但是没有采用书面形式却已经打款的，慈善信托能否成立？大致来看，有两种可能的解释。一种可能的解释认为，这时信托照样能够成立生效，因为《合同法》第36条规定法律、行政法规或

① 韩世远：《合同法总论》（第4版），法律出版社2018年版，第86页。

者当事人约定采用书面形式订立合同，当事人未采用书面形式但一方已经履行主要义务，对方接受的，该合同成立。而且如果委托人资金来源合法，且确实愿意设立慈善信托，则在我国慈善信托刚刚起步的大背景下，应该积极鼓励支持慈善信托的设立，不应该仅仅因为其形式要件的不符合就否定信托的成立。还有一个可能的理由是《慈善法》关于书面形式的规定虽然是强制性规定，但不是"效力性强制性规定"，而仅仅是管理性的强制性规定，是出于方便民政部门、银保监部门对慈善信托的业务管理，根据《最高人民法院关于适用〈中华人民共和国合同法〉若干问题的解释（二）》第 14 条规定，《合同法》第 52 条①第（五）项规定的"强制性规定"是指效力性强制性规定，若非如此则不应当影响合同的成立生效。另一种可能解释则认为，如果没有书面的信托合同，则慈善信托不能成立生效。否则《信托法》《慈善法》《慈善信托管理办法》的相关规定将成为一纸具文，另外慈善信托在我国刚刚起步不久，应当从严把握，不能把步子迈得太大，避免从一开始就走歪路，所以在形式要件上要从严掌握，口头形式不能设立慈善信托。再则，慈善信托涉及公共利益，实行民政部门、银保监部门双重监管，信托的备案、重新备案、信息披露、报告、投资、终止、清算等都需要书面文件方可，如果没有最重要的慈善信托书面文件——信托合同，则慈善信托的后续监督管理将无从谈起。而且慈善资金的来源合法性也是一个重要问题，通过要求签订书面合同，可以更充分地调研委托人的情况，最大限度地确保信托资金的来源合法性，避免慈善信托成为洗钱的通道，满足反洗钱制度的各项要求，避免信托因为财产来源不合法而被宣布无效。从整体上看，第二种看法更符合我国慈善信托的发展现状，更具有可操作性，实践中尽管出现了没签书面合同就打款的情况，但民政部门均要求写出情况说明，或者考虑作为赠与处理。

---

① 《合同法》第 52 条：有下列情形之一的，合同无效：（一）一方以欺诈、胁迫的手段订立合同，损害国家利益；（二）恶意串通，损害国家、集体或者第三人利益；（三）以合法形式掩盖非法目的；（四）损害社会公共利益；（五）违反法律、行政法规的强制性规定。

第十一节　慈善信托的优势

一、合法慈善，国家鼓励——慈善信托有明确法律依据

慈善信托是委托人基于慈善目的依法将其财产委托给受托人，由受托人按照委托人的意愿以受托人名义进行管理和处分，开展慈善活动的行为。国家已颁布《信托法》《慈善法》《慈善信托管理办法》、民发〔2016〕151 号文等鼓励慈善信托发展。而且 2018 年 10 月 25 日民政部也颁布《慈善组织保值增值投资活动管理暂行办法》，该办法第 4 条明确支持慈善组织投资信托，而且可以将慈善财产委托给受金融监督管理部门监管的机构进行投资。预计在不久的将来，针对慈善信托税收减免、慈善财产登记、股权、不动产纳入慈善信托等问题将会出台更加具有操作性的规范性文件。

二、持久慈善——慈善信托具有造血功能，诺贝尔基金就是典型

诺贝尔奖成立于 1900 年，至今已经颁发了 100 多年，每年每项奖金都在 100 万美元左右。如此粗略计算一下诺贝尔奖至少发了几亿美元了，实际上诺贝尔奖成立之初只有 3100 万瑞典克朗，但 2016 年诺贝尔基金会资产高达 42 亿元。国内以 2017 年 6 月国家电力投资集团团委设立的“百瑞仁爱 · 映山红慈善信托”为例，累计接受捐赠近 400 万元人民币，已产生收益约 30 万元。这里的关键是信托公司作为专业的金融机构，可以为慈善资金的保值增值贡献自己的专业智慧，甚至在本金规模一定的情况下，每年产生的收益就能覆盖本年度的慈善支出，从而实现细水长流，避免焚林而猎、竭泽而渔，从而实现对特定慈善目的的持久资助。①

---

① 张永：《为精准扶贫涵养源头活水》，载《人民日报》2018 年 2 月 28 日 05 版。

三、规范慈善——慈善信托受民政部门和银监部门双重监管

由于信托公司作为金融机构，其作为受托人的慈善信托要受到银保监会及各地银保监局的监管。同时由于慈善信托本身又属于慈善项目，管理的是慈善资金，当然也受到民政部门的监管。因此民发〔2016〕151号文明确规定民政部门依法履行受理慈善信托受托人关于信托事务处理情况及财务状况报告、公开慈善信托有关信息、对慈善信托监督检查及对受托人进行行政处罚等管理职责。银行业监督管理机构依法履行对信托公司慈善信托业务和商业银行慈善信托账户资金保管业务监督管理职责。民政部门和银行业监督管理机构根据给法定管理职责，对慈善信托受托人应当履行的受托职责、管理慈善信托财产及其收益的情况、履行的信息公开和告知义务以及其他与慈善信托相关的活动进行监督检查。

四、透明慈善——慈善信托有严格信息披露要求

按照民发〔2016〕151号文规定，接受备案的民政部门应当在统一的信息平台上，及时向社会公开慈善信托的下列信息：（一）慈善信托备案事项；（二）对慈善信托检查、评估的结果；（三）对慈善信托受托人的行政处罚决定；（四）慈善信托终止事由和终止日期；（五）其他需要依法公开的信息。而且每年3月31日前，慈善信托的受托人应当向备案的民政部门报告上一年度信托事务处理情况及财务状况，具体包括但不限于受托人履行的受托职责、管理信托财产及其收益的情况、受托人履行的信息公开和告知义务等。受托人未按照规定将信托事务处理情况及财务状况向民政部门报告或者向社会公开的，依法予以行政处罚。《慈善法》第105条规定，如果受托人未按照规定将信托事务处理情况及财务状况向民政部门报告或者向社会公开，则由民政部门予以警告，责令限期改正；有违法所得的，由民政部门予以没收；对直接负责的主管人员和其他直接责任人员处2万元以上20万元以下罚款。

五、灵活慈善

委托人可以在法律允许的慈善公益事业范围内选择适当的公益事业作为

慈善目的，委托人也可以通过充当慈善信托理事会理事参与具体慈善项目的资助，信托财产投向上也可以灵活设计，对于需要频繁支出的慈善信托，可以将信托资金投资一些 T+1 的货币性基金产品，对于可以长期投资的慈善信托则可以选择一些集合资金信托计划，或者进行适当的比例分隔，以满足不同类型的慈善项目的资助需要。另外慈善支出的时间安排也很灵活，可以是固定的时间点，也可以是事件触发的不特定时间点。

此外，慈善信托的慈善支出没有比例限制，《慈善信托管理办法》第 14 条仅规定慈善信托文件应当载明下列事项：……（六）年度慈善支出的比例或数额……所以每年慈善信托慈善支出的比例或者数额可以由委托人、受托人通过信托文件自由约定，允许委托人根据慈善目的的需要、慈善资金规模等进行更加个性化的条款设计。以信托本金 1000 万为例，如果约定每年信托支出不超过本金规模的 5%，则实际上由于目前的投资收益在 8% 左右，可以确保本金不损耗，而且会逐年增加。《慈善法》第 60 条则规定慈善组织中具有公开募捐资格的基金会开展慈善活动的年度支出，不得低于上一年度总收入的 70% 或者前三年平均数额的 70%，相比之下在慈善资金支出方面慈善信托无疑更加灵活。

六、安全慈善——严格筛选底层资产，稳健投资

由于是慈善资金，信托公司作为受托人坚持安全第一，对投资标的的安全性执行最严格的风控标准，将可能的风险降到最低。实践中，一般慈善资金很少投资二级市场，最受青睐的可能是一些优质的市政类信托产品以及一些可以实时净值化管理的货币性基金产品，对于长期的股权类产品，甚至是一些地产类的项目，也未必是慈善信托的理想投资标的。

七、专业慈善

信托公司是专业的金融机构，设立信托公司必须经过中国银行业监督管理委员会批准，并领取金融许可证。信托公司具有较强的资金管理能力和投资能力，其投资范围包括标准化产品和非标转化产品，无论是企业贷款、市政平台、开发商的资金需求，无论是股还是债，信托都可以参与，另外信托公司对产品合规、风控的要求较高，受到银保监会的严格监管。事实上，目

前备案的慈善信托大多数都是由信托公司充当受托人。

八、影响力慈善——民政部官网公示，彰显企业社会责任

此前已有多家企业设立慈善信托，如国家电力投资集团全体员工设立的“百瑞仁爱·春晖慈善信托”，国家开发投资公司以3，000万元设立“国投泰康信托2016国投慈善1号慈善信托”，中国信达资产管理股份有限公司设立“金谷信托2017信达2号（扶贫及教育）慈善信托”，中航通用飞机有限公司设立“中航信托·天启977号慈善信托”等，通过公开宣传、报道，极好地彰显了企业社会责任。此外多位爱心人士以家庭为单位设立了多单慈善信托，并鼓励家庭成员亲自参与慈善项目，塑造良好家风、传承无形财富。而且委托人可以自己的名称、姓名等来冠名慈善信托，[①] 考虑到慈善信托的持久性，而且慈善信托的相关信息长期在民政部指定官方网站上公布，这种冠名的长期影响力会逐渐显现。[②]

---

① 《广东省民政厅　中国银行保险监督管理委员会广东省建管局关于慈善信托管理工作的实施细则》（粤民规字〔2019〕2号）第54条：在不违背第17条规定的基础上，设立慈善信托可以按照委托人意愿冠名纪念。

② 当然《慈善信托管理办法》第57条的规定也要注意，该条规定涉及国家秘密、商业秘密、个人隐私的信息以及慈善信托的委托人不同意公开的姓名、名称、住所、通讯方式等信息，不得公开。

第二章　慈善信托的比较法研究

第一节　英国法上的公益信托

一、英国公益信托概况

“信托”起源于英国，公益信托是英国早期最重要的公益方式之一，是为了使整个社会或社会公众的一部分受益而设立的信托。英国公益信托在社会生活中通常体现为：由委托人捐献或提供一定的财产作为信托财产，由受托人管理该项财产，并按照有关信托协议的规定，将信托财产用于信托文件指定的公益目的。关于公益信托的定义，英国的信托法曾对公益信托的含义进行界定，《2000 年受托人法》第 39 条规定，公益信托是为了公益目的而持有财产的信托。

从英国公益信托起源和发展历程来看，英国在 13 世纪颁布了《没收法》，虔诚的教徒采取信托方式取代捐赠，委托他人经营管理土地，并将取得的收益全部交给教会用于宗教事业，从而形成了公益信托的早期雏形。

随着英国的宗教改革以及经济、社会的进步，现代意义上的公益信托最终以立法的形式在都铎王朝末期建立起来，到 1601 年英国议会制定了《慈善用益法》后，公益信托的法律地位正式确立，该法的序言列举的慈善目的分为救济贫困以及建立、完善公共设施，还有一些诸如以维护感化院、帮助贫穷的少女结婚以及重新安置犯人等为目的的信托也被该法赋予了公益性，这表明该法试图协调慈善事务和政府关系。直到今天，一个慈善信托目的如果明确属于序言所列范围，法院几乎总是把其解释为具有慈善性质。

经过 17、18 世纪的缓慢向前发展，公益信托制度在 19 世纪有了重大突破。这一时期，英国的公益信托监管体系建立起来，颁布了《1853 年公益信托法》，历经200多年的司法实践，英国法院对公益信托的分类也进一步合理化。

此外，19世纪英国还出台了多项成文法，包括《1812年慈善捐赠法》《1834年新济贫法》《1853年慈善信托法》及其1955年、1860年对这部法律的修订，此外还有1888年《永久营业权与慈善信托法》。该部法律的出台废止了《1736年永久营业权与慈善信托法》，该法的立法旨意仍然是不允许以慈善的名义随意剥夺立遗嘱人继承人的权利，不过这部法律最重要的是它明确重申了1601年法律的序言。

另外，英国在19世纪积极推动教育改革，为了发展各个阶段的教育，先后颁布了《1854年牛津大学法》《1856年剑桥大学法》《1868年公立学校法》和《1870年教育法》。这些法律对推动发展教育目的的公益信托意义重大。

1891年马克莱顿（Lord MacNathten）在“帕姆赛尔案”（Commissioners of Income Tax v Pemsel（1891））对慈善目的进行了四重分类：即救济贫困、促进教育发展、发展宗教以及其他有利于社会的目的。[①] 英国公益信托即从早期以宗教目的、救济扶贫为主要目的，而后扩展至发展教育、医疗等其他慈善领域，成为具有现代意义、承担福利国家公共服务职能的公益信托，在随后的司法实践中获得了广泛的认同。虽然这种分类的体系并不完善，某个慈善目的可能同属于两个或者两个以上的种类之内，如为教育贫困孤儿设立的信托。但是，这并不影响其作为随后许多案例审判的依据，不过也绝对不能将其视作对1601年《慈善用益法》的替代。

20世纪，英国在现有法律体系基础上，进一步完善公益信托制度，于1925年颁布了新的《受托人法》，该法主要针对受托人如何处分转移信托财产的技术细节加以规范，就信托中的基本法律关系作了比较全面的规定。但是该法对信托设立的要件、信托资产的管理等没有作出规定，这些规范仍然存在于衡平法的判例当中。针对慈善信托，该法第52条规定了慈善财产的财产自由转移令。该法授予的有关财产自由转移令的权力，可用于将任何土地上的权益、股票或拆取财产授予慈善受托人或协会。

《1954年慈善信托确认法》中将既可能用于慈善目的的赠与和也可能被用于私益目的的信托条款称之为“非完美信托条款”，同时该法规定在1952年12月16日之前依据非完美条款成立的信托，如果该信托财产被用于慈善

---

① 何宝玉：《信托法原理与判例》，中国法制出版社2013年版，第305页。

目的，那么该信托在本法生效之前被认为具有“绝对的慈善性质”，而在该法生效之后信托财产只有为了法律意义上的慈善目的才能成为一个有效的慈善信托。

随后《1960 年英国慈善法》的颁布和多次修改，明确了慈善委员会为公益信托的监督机关地位，同时设立了公营公益受托保管人，明确规定了作为慈善组织的公益信托的登记制度和公益信托受托人的权利义务等问题。

《2006 年慈善法》在总结判例法规则的基础上，以成文法的形式进一步确认了该原则的适用方法，将公共利益的要求扩大至所有慈善信托的形式，救济贫困的信托不再是公共利益要求的例外。该法的第 3 条和第 4 条强调了所有慈善信托的存在必须满足公共利益的要求。依据《2006 年慈善法》第 3 条第 1、2、3 款的规定，如果一个信托属于该法列举的慈善目的，那么还必须要符合公共利益的要求。也就是说，所有该法列举的慈善目的种类都要符合公共利益的要求，当然这也包括为防灾和救济贫困的信托在内，即使在判例法中救济贫困的信托并不需要满足公共利益的要求。《2006 年慈善法》第 4 条对慈善信托的“公共利益”也作出了相应规定，赋予了慈善委员会对英格兰和威尔士的公共利益有发表指导性意见的权力，目的在于促进对公共利益要求的理解及认识和扩大公共利益的适用范围。

英国公益信托影响深远，伴随着 19 世纪英国的殖民扩张，公益信托开始走向世界，英国的公益信托在其殖民地的影响也越来越大，随着社会对慈善信托的需求逐渐增加，促使他们逐渐接受了这种有效的制度。以美国为例，慈善信托制度最初并不为美国人所接受，美国大部分州的法院由于对英国慈善信托组织存在敌意、对英国的衡平法院支持慈善信托的权限存在疑问以及对力求近似原则的误解而不肯接受慈善信托制度。从 20 世纪中叶开始，反英思潮渐息，美国人开始重新审视慈善信托对社会发展的作用，逐渐开始接受这种制度。不仅如此，从 19 世纪末期开始，英国的宗教组织对非洲等其他殖民地开始进行慈善援助。这些对慈善信托的传播起到了积极的推动作用。

二、英国公益信托制度借鉴

（一）监管体系的借鉴

《慈善用益法》最早提出了建立 5 名慈善专员组成的地方性慈善委员会，

1853年《慈善法》提出正式成立全国性的慈善委员会，并逐渐赋予其公益信托的核心监管法律地位。根据《慈善法》规定，慈善委员会的经费全额由英国财政拨款，属于公务员体制，其主席由英女王任命，相当政府阁僚，但其运作管理独立于政府机构和议会之外，是一个依法设立、依法行使职能的独立机构。其主要职能包括：

1. 登记注册

慈善委员会负责英格兰和威尔士地区各级各类民间公益组织的登记注册，其中包括新注册组织和已注册组织的更新。在英国，可以向设在伦敦的慈善委员会总部或者设在利物浦、纽波特等地的慈善委员会工作办公室申请登记。英国法规定慈善信托的登记包括设立登记和变更登记。慈善信托设立登记的实质是慈善委员会对慈善组织的慈善地位进行认定。也就是说，登记之前确定信托的性质是摆在慈善委员会面前的必须解决的问题，只有委员会认可了登记的信托具有慈善性质才能对其进行登记。当慈善信托的当事人对慈善委员会的决定不服时，可以向高等法院进行申诉。

2. 咨询监督

慈善委员会负责向民间公益组织提供如何在法定框架下进行运作的咨询并进行监督管理。慈善信托的受托人在信托管理的过程中有义务对影响信托运行的行为向慈善委员会提出自己的书面意见和建议。慈善委员会对此类意见应当进行答复。慈善信托的受托人根据慈善委员会答复采取的任何行动都应当被视为有效的行动。除此之外，慈善委员会还可以主动对慈善信托的受托人提出建议。

3. 财务监督

尽管慈善委员会不能对慈善信托进行直接地管理，但是可以对其财务状况进行监督。《1960年慈善法》仅规定慈善信托的受托人有义务保管财务，并不需要对这些财产账目进行审计或者将其提交给慈善委员会。对此，《1992年慈善修正法》作了修改，要求慈善信托的受托人以一种特定的形式保管财务账目，准备年度报告并将其递交慈善委员会。该报告将提供给公众进行查阅。这项规定后被纳入《1993年慈善法》并于1996年生效。《2006年慈善法》对此也没有作出实质性的修订。除此之外，慈善委员会还有权要求已经登记的慈善信托提交每年的利润报告，并且有权要求将该报告提交给一个专业的会计师事务所进行审计，除非该慈善组织每年的收入和支出不超过1万英镑。对每年收支较少的慈善信托免于提交财务报告是因为受到慈善委员会财力和人力的限制。

4. 调查执法

依法对民间组织存在的问题进行必要的调查并加以查处。慈善委员会自成立以来就对慈善信托享有调查权，并且随着慈善委员会制度的完善逐渐扩大。目前，慈善委员会行使调查权的形式不仅多样，而且调查的内容也很广泛。在行使调查的过程中，慈善委员会获取信息的权力很大，可以直接要求任何人提供账目、书面陈述以及回答问题，并且通过法定的声明证实其有效。慈善委员会有权决定是否公开调查报告或者调查结果以及公开的方式。慈善组织登记后，慈善委员会可以随时对慈善信托进行调查。调查权可以由慈善委员会的委员直接行使，也可以由其任命的其他人行使，然后再向慈善委员会进行报告。

5. 与法院共同行使监督权

慈善委员会如果发现慈善信托有任何变更的必要，尽管其没有权力直接管理慈善组织，然而却有权适用力求近似原则并设计一个变更后信托的运行"方案"，或者撤销及重新任命新的受托人来维护慈善信托财产的有效利用。慈善委员会与高等法院共同行使这两项权力。此外，慈善委员会遇到不属于其职权范围的情形，则只能由高等法院行使权力。（1）力求近似原则的适用及制定运行方案，慈善委员会和法院并不能随意地改变慈善信托的目的，必须在力求近似原则的规则之下适用。力求近似原则早期的适用范围比较狭窄，英国通过法院一系列的判决和成文法扩大了对该原则的适用，慈善委员会只能依照这些法律来适用该原则。在决定适用力求近似原则对慈善信托的目的作出变更后，慈善委员会还有权制定一个新的管理方案，即为了更好地管理慈善信托而制定的与原有慈善信托有所不同的新的管理方案。《1993 年慈善法》首次指明了高等法院和慈善委员会对于确定慈善信托管理的"方案"具有相同的权力。"方案"一词涵盖了对慈善信托的安排和修正，可以从改变它的名称到资金重组，甚至是改变慈善信托的目的。（2）撤销及任命新的受托人，慈善委员会撤销或中止慈善信托的受托人可以基于受托人本身的原因，例如，受托人的人数不够或者没有、受托人破产或者正在被清算，或者依据《1959 年精神健康法》，受托人不具有民事行为能力，受托人没有行使权利，或者不声明是否愿意行使权力，受托人在英格兰和威尔士之外的地方，无法找到受托人或受托人不能行使管理信托财产的权利等；也可以因为发现了受托人在信托财产管理方面存在滥用权利或不当管理的行为，出于保护慈善信托而作出的撤销和改变的决定。《1993 年慈善法》第 18 条授予慈善委员会免去受托人及其雇员的相关职责。《2006 年慈善法》第 19 条对此又作了补充，如果受托人或者其雇员行为不端、不称职，为了实现慈善目的和保护信托财产，慈善委员会可以中止和撤销上述人员的职务，并指定新的受托人。慈善委员会在依职权撤销慈善信托受托人之后还可以任命一个新的慈善受托人，并且重新确认慈善信托财产的归属。不过，在任命新的受托人时不能违反法律对慈善信托受托人资格的基本要求。此外，《2006 年慈善法》还规定了受托人个人责任的免除。该法颁布之前，如果原有的受托人担心滥用信托财产而被追究责任会增加新的受托人以减轻自己的责任，在这种情况下只有高等法院有权免除新增受托人的责任，而该法将法院的这项权力也赋予了慈善委员会。

总体来看，英国慈善委员会作为慈善组织与政府间的协调机构、资助机构、登机注册及监督部门发挥着重要的作用。慈善委员会的工作直接对英国议会负责，这也是英国政府公权力在民间慈善事务上的体现，旨在通过法制和机制来规范英国的慈善组织，探索建立英国慈善事业健康有序发展的长效机制。慈善委员会是嵌套在政府与民间之间的中间构件，也是政府对民间慈善行使监管职责的缓冲层。慈善委员会是一家非内阁部门，在履行职责和行使权力时独立于政府之外，既代表政府行使对慈善事业的监管，又保持慈善事业所需要的中立立场，很好地起到了政府与社会之间的边界联接和缓冲作用。

因此专门的慈善委员会是英国对慈善组织实施监管的一个重要特色。慈善委员会的监管职能是从英国皇家检察总长和法院的传统职能中分离出来的。尽管这样，高等法院和皇家检察总长仍然与慈善委员共同行使着对慈善组织的监管职能。除此之外，在英国还有其他的机构享有部分对慈善组织的监管权，包括高等法院、皇家检察总长、遗嘱事务署、国内税务署、地方政府等。所有这些机构共同作用，构成了一整套完整的慈善组织监管体系。

英国法在授予慈善委员会职权时并不倾向于解决管理过程中的细节问题，而是为慈善委员会职能划出一个清晰的轮廓。慈善委员会的工作成效也是检验近年来英国慈善法适用效果的重要标准。它的出现及其职权的扩张完全缓解了传统上由司法机关对慈善组织进行监管的职责，将原先需要逐个在法院解决的问题以一种更有效、更简化的方式解决。

总体而言，慈善委员会运用法律赋予的职权维护慈善组织的名誉和慈善信托法的可信度，有效地监督着慈善信托的良好运行，坚定了公众对慈善组织的信心。可以说经过长期的实践，英国建立了一个对慈善信托全方位监管的体系，这些经验对我国慈善信托监管机制的建立和完善具有重要的意义。

（二）英国公益信托成立的借鉴

英国公益信托的成立方式较为简便，准入门槛也比较低。一般情况下，公益信托的成立只要符合以下三个条件即可：信托目的必须是公益性的，必须具有公共利益，以及信托目的必须完全彻底地具有公益性。满足以上三个条件的组织可向慈善委员会提出申请，由慈善委员会决定其是否能够获得公益信托的地位，必要时慈善委员会要与税务部门商讨后再做出决定。

2006 年《慈善法》的条文对慈善目的的范围有所扩展，认可了以前一些判例中不被认为是慈善性的目的。该法规定“慈善目的”必须符合两个要求：其一，限于 1960 年《慈善法》中所列举的目的之一；其二，必须符合公共利益的要求。在该法列举的慈善目的中，有四类慈善目的来源于对判例的总结，其余各类都是该法首次列举的慈善目的。尽管该法划定了慈善目的的范围，但并未将慈善目的完全限定于这个范围内，凡是与所列举的目的相近似的目的，或者与该法的立法意旨相通的目的，均可以被视为慈善目的。

一项慈善信托的所有信托目的必须都具有慈善性质。若无法确定信托的各项目的都完全是慈善性的，不能将为了慈善目的的信托与非为慈善目的所设信托区分开来，整个信托也会因为不确定性而被宣告无效。当然，若一项信托由于具有慈善目的和非慈善目的双重性质而导致被宣告无效时，法院还需考察信托文件中所授权进行的非慈善性活动，是根本构成信托目的的一部分，还是只是慈善目的的附带行为。只有第一种情况时，即非慈善活动本身即是该信托目的的一部分，信托才因此不具备慈善性。若委托人用“或者”来阐述信托目的，如“用于慈善或者社会目的”，此时法院一般会解释为两种选择性的目的，受托人可以选择性地将信托财产用于二者之一。此时，但凡其中一项目的是非慈善性目的，信托就不能看成慈善性的，因为此处的信托目的并非完全和彻底地具有慈善性。

慈善信托委托人若想其设立的信托获得慈善信托的地位，必须表明它具有完全的公益性，即意味着不能将私益目的与慈善目的相混淆。为此，判例法采取了非常严格的认定方法。委托人在表明赠与目的时必须表明所有目的为公益性的，否则可能会导致该慈善信托的不成立。但在特殊情况下，无法完全排除私益目的而仅保留慈善目的，这时可以寻求适用近似原则来保证慈善信托的继续。因具有私益性目的而不符合慈善信托的情况包括：捐赠人在表述慈善目的时暗示了私益目的；表述的慈善目的中包含着其他的私益目的；慈善目的和私益目的被相互交替表述；财产被适用于慈善目的或者私益目的，这两种目的被分别表述；受托人被要求使用一部分财产为了一个慈善目的，剩余的财产用于一个私益目的；设立信托是为了一个私益目的，而剩余财产用于一个慈善目的。

此外，英国公益信托的设立与运作资金要求也远远低于某些慈善法人，组织者仅需支付较低的注册资本，公益信托即可成立。公益信托设立后，委托人仅需支付给受托人一定比例的事务费（即管理费），而没有任何其他金钱上的负担。受托人组织形式的选择也比较灵活，在公益信托法律关系中，受托人可以不是法人，也可以不是慈善组织，可以是营利机构也可以是非营利机构。公益信托一般适用于以下范围：救济贫困，救助灾民，扶助残疾人，发展教育、科技、文化、艺术、体育事业，发展医疗卫生事业，发展环境保护事业，维护生态环境，发展其他社会公益事业。

此外，英国公益信托成立包括合同、遗嘱和宣言信托三种形式，而我国暂时还未认可宣言信托，[①] 基于宣言信托在民事领域以及商事领域特有的优点，我国应从立法上认可宣言信托，可以在公益信托率先试点。同时，构建宣言信托制度时应注意其与我国现有信托法律体系的融合，并在不同适用情形下进行区分设置。

（三）近似原则的借鉴

近似原则，是英美慈善信托制度中一项重要的原则，如何适用近似原则也是其他国家或地区在移植英美慈善信托制度时必须要考虑的因素，大陆法系国家的信托法在总体上认可了近似原则。根据大陆法对近似原则的规定，大陆法和英美法在规定近似原则的适用时是有一定区别的，这主要表现在两个方面：一是近似原则的适用情形不同；二是对一般性慈善目的的要求不同。

在英美法中，慈善信托法中规定近似原则的目的，就是为了防止因初始

---

① 宣言信托，又称自己信托，是指特定的人作出意思表示，由其自身根据一定的目的从事对自己的一定财产进行管理、处分以及其他为了达成该目的所必要行为的信托。应为中创设信托的一种方式是“trust declaration”，就是这里的宣言信托。日本信托法中经常使用“自己信托”的表述，突出了宣言信托中委托人宣告自己为受托人的这一个特点。

公益目的不能实现而导致信托目的不能实现。由于在英美法中慈善信托本身并不存在严格意义上的终止或无效，因此，即便存在信托财产的权利归属人，信托财产也会被适用于另一近似的慈善目的，而不是移交给权利归属人。在大陆法中，适用近似原则时实际上是成立了一个新的慈善信托，而不仅仅是对旧的慈善信托的继续，因为旧的慈善信托已经终止。从我国信托法来看，与其规定信托终止而又无权利归属人才能适用近似原则，不如接受英美法中关于自始不能与嗣后不能的概念。①

事实上，保护公共利益向来是英国法官和立法者的核心考量，如何才能避免某些“公共”领域的财产回流到私人的腰包是英国司法机关一直以来都非常头疼的问题。而力求近似原则正好解决了这种问题。自该原则在英国法院中开始适用以来，经历了漫长的发展过程，逐渐形成了一套非常完整而且严密的认定及适用机制，这得益于英国法院在遵循严格的逻辑思维的同时，在“维护公共利益”的核心宗旨下，理由非常有限的自有裁量权对这一原则进行了非常谨慎且卓有成效的适用，并且立法者在面对日益复杂多变的案型时积极开动脑筋，发明了多种类型化的说理方法，千方百计地防止“公共”领域的财产回流到私人腰包。可以说力求近似原则的核心价值追求就是为了避免结束慈善信托的公益性，法律要求这笔财产必须继续履行并完成其公共使命……希望公众能够获得利益。② 从另一个角度讲，捐赠者的慈善意图有时会无法实现，并不是意味着赠与时的环境发生了改变，而仅仅是因为一个法律上的技术性规定，或者是慈善信托的架构不完整造成的。力求近似原则实际上也为法院提供了一个克服立法技术上问题的工具并且实现捐赠者通常的或者是极为有效的慈善意图。③

在英国，慈善捐赠最初具有宗教性质，因此捐赠者的意图在英国人看来非常神圣。尊重捐赠者的意图也就成了英国慈善法的重要传统，英国法院为了尊重立遗嘱人最终的意思表示，对依遗嘱方式设立的慈善信托进行从宽解释，从而确立弥补遗嘱内容欠缺的补充法则——力求近似原则，并将该原则用于挽救可能无效的慈善信托。这个原则的引入表达了英国法院“尽可能接

---

① 英国法上自始不能的主要案型是慈善目的最初失败和赠与从未存在的慈善组织，而嗣后不能的主要案型是慈善目的随后失败。

② Dennis R. Hower, Peter, T. Kahn, Will, Trust, and Administration, 6th ed., Thomson Delmar Learning, 2007, p. 273.

③ Kerry O' Hal, loran, Charity Law & Social Policy: National and International Perspectives on the Functions of the Law Relating to Charities, Dordrecht: Springer, 2008, p. 187.

近”委托人最初慈善意图的用意，但是，英国法律如此绞尽脑汁的最终目的是维护“公共利益”。

力求近似原则的巧妙之处就在于它借助对捐赠者意图的尊重来完成保护公共利益的使命。既要充分尊重捐赠者的个人意愿，又要适应不断变化的社会需求和价值观，在这两者之间必须把握好适度的平衡。从这个角度讲，力求近似原则可以被视为英国人尊重个人意愿和维护公共利益之间的平衡点。但是需要注意的是，力求近似原则作为一种弹性机制，表现出很强的灵活性。如果过度放宽这个原则的适用，有可能会损害捐赠者或其继承人的利益，从英国法适用该原则的漫长历史来看，无论是法官还是立法者在对这一原则进行扩张性解释或是目的性扩张的时候都是非常谨慎小心的，毕竟一方面私有财产神圣不可侵犯，另一方面公共利益至上。可是，如果对该原则适用时加上太多的限制性条件，则可能意味着又走向了另一个极端，使得该原则成为屠龙之技。因此，“力求近似原则本身非常简单，并且建立时也很容易，但是很难适用”。①

正所谓法律的生命不在于逻辑，而在于经验。因此力求近似原则的适用一直以来都是英国法院十分头疼的问题。尤其是遇到需要分辨清楚委托人“通常的慈善意图”到底为何时，问题就会变得更加复杂纠结。“通常”一词本来就存在着广阔的解释空间，即使是一个非常具体的慈善意图，如果英国法院愿意的话，也依然可以认为在这个具体的慈善意图背后存在着一个“通常的慈善意图”，从而为适用力求近似原则扫清障碍。另外“通常的慈善意图”和捐赠者对慈善信托变更权利之间的紧张关系也是一个麻烦，有学者就认为“通常的慈善意图”的要求和保证捐赠者对信托变更权利之间有更多的修辞色彩而不具有实质性。②

因此慎之又慎就成为英国人在立法和司法实践中适用该原则时的一个基本态度。尽管力求近似原则会被逐渐放宽，但是该原则的适用依然受到严格的限制。可以说，放宽适用力求近似原则事实上是法律通过慈善信托法来保护公共利益的一个关键，英国是通过立法的方式来放宽原则的适用。这样做似乎对英国来说非常必要。从力求近似原则在英国法院的发展来看，“不通过

① Hon. Mr. Justice, Commentaries on Equity Jurisprudence, vol5, London, Stevens and Haynes, Bell, Yard, Temple Bar., 1884, p. 734.

② Vanessa Laird, The Search for a General Charitable Intent in the Application of the Cy - Pres Doctrine, Stanford Law Review, April, 1988.

立法放松是不可能的”。[①] 因此，成文法一定程度上承担起了放松适用该原则的责任。

（四）激励机制的借鉴

公益信托的激励主要体现在税收的优惠上。在英国，公益信托的经营所得收入一般情况下都会免征公司所得税和个人所得税，公益信托牵涉的土地继承税减半征收，公益信托出卖捐赠物免缴增值税，单位或个人向公益组织捐出的财物免征继承税。公益信托设立之后，信托财产所产生的收益，不论什么来源，只要运用于公益目的，全额免征任何税费。可以看出这些措施已相当地优惠了，它可以使人们热心于公益事业，从而促进公益信托的发展。我国相关的税法，以及公益事业捐赠法等规定得都过于笼统，不利于现实中的运行，而且这些税收优惠多是围绕慈善组织、慈善捐赠设计的，针对慈善信托的规定基本上还是空白。因此，我们可以考虑采用优惠的税收措施来激励人们对公益信托的热忱，促进我国信托事业的发展。

（五）信息披露的借鉴

对于公益信托的监管，还应该对公益信托的内部运行加以了解，及时对公益信托相关的信息准确披露，这样才能让社会大众对信托不再抱有神秘感，感觉到慈善信托就在我们身边，对我们的生活、我们的社会都有很大的帮助。比如说，要求公益信托管理机构公布一些公益组织的信息以及公益信托的内部运行机制。这也是我们公众知情权的发展，同时也符合世界人权制度发展的趋势。这也与我国的《政府信息公开条例》相适应，使得我们的慈善信托既符合法理，又符合社会人的一般道德，从而就会促进慈善信托制度的健康、持续、有效地发展。

（六）慈善信托的司法救济

慈善信托的公益性决定了慈善信托受益人的不特定性，当该不特定的受益人利益受损时，在英国由皇家总检察长代表公众向法院提起诉讼，这是英国慈善信托独有的司法救济方式。法院依据衡平法对慈善信托的受益人提供司法救济，这也构成了英国法上慈善信托与私益信托的重要区别之一。当慈

---

① L. A Sheridan, Cy - Pres in the Sixties: Judicial Activity, 6Alberta Law Review 16, 20, 1968.

善信托因受托人违反信托义务对信托利益造成损害时，只能由皇家总检察长代表不特定的受益人向法院请求获得司法救济，而不应该由委托人或受益人代表提起诉讼。因为慈善信托的委托人没有资格管理及运行一个有效的慈善信托，当慈善信托设立时，委托人即丧失了对信托财产的任何权利，并从信托中退出，这一点与我国是非常不同的。这是因为尽管英国法的传统中受托人应当遵循委托人的意愿，但是为了避免慈善信托财产受到“死手”的控制进而影响公共利益，慈善信托的委托人捐赠财产后便不能对慈善信托指手画脚，即使在受托人违背信托义务时也不能要求返还信托财产。

本来受益人是一个信托的利益攸关者，但是慈善信托受益人请求司法救济的途径只能通过皇家检察总长，而不能由某个受益人单独提起诉讼。主要是因为慈善信托的最终受益人是“公众”，单个具体的受益人只是一个通道，通过这一通道信托利益最终流向社会公众，因此公众才是最终的受益人。[①] 这是慈善信托公益性的一个典型反应。

另一个原因是为了保证慈善信托的受托人能够有效、顺利地行使权力，免受不必要的诉讼干扰。慈善信托的受托人是不特定社会公众的组成部分，如果法律允许任何一个受益人都有资格对损害其利益的受托人或第三人进行诉讼，那么受托人可能经常受到不合理诉讼的困扰而无法专心信托财产的管理与运营。

此外，在英国检察总长地位超然，其是作为英国王室的代表人的身份而存在的，19 世纪开始检察总长结束了只为王室利益服务的职责，开始从国家利益乃至社会利益的角度行使职权。慈善信托是英国法律认可的一种信托类型，而且直接牵涉到公共利益，这种特性与皇家检察总长的地位和职责完全吻合。

当然，除了检察总长以外，英国的慈善委员会也可以就慈善信托的受托人违反信托的行为提起诉讼，但这仅仅是为了实践中更方便有效地操作而由其享有的，事实上并不是慈善委员会本身固有的权利。慈善委员会取得了对违反慈善信托行为的起诉权是对慈善信托监管结果的体现。慈善委员会与检察总长行使的救济请求权的大小随着慈善委员会职权在历史上的起落而此消彼长。

英国法院依据衡平法对慈善信托进行救济是由衡平法院对慈善信托进行

---

① 沈达明编著：《衡平法初论》，对外经贸大学出版社 1997 年版，第 157 页。

救济的历史以及信托受益人的权利性质决定的。慈善信托的受益人并不是普通法上的所有权人，当用益的受让人不依其承诺行使职权时，普通法完全无法保护受益人。并且在当时用益的受托人仅仅对受益人具有道德上的义务，因而无法获得普通法上的救济。[①] 在这种历史背景下，衡平法院依据“良心与正义”承担起保护信托受益人的使命，因为“衡平法不能容忍对侵害权利的行为没有救济”，凡是被告的侵权行为是普通法不承认的，法院即应当给予衡平法上的救济。对于慈善信托而言，尽管诉讼请求权是以皇家检察总长的名义提起的，但法院最终给予的衡平法上的救济却是通过保护不特定的受益人的利益而最终实现对公共利益的维护。

第二节　日本法上的公益信托

一、日本公益信托概况

在日本，公益信托是指由个人或企业等把自己的财产委托给信托银行，由信托银行按照一定的公益目的管理和运用受托财产、为公众利益服务的制度。而在日本著名信托法专家能见善久的《现代信托法》中[②]认为公益信托是以祭祀、宗教、慈善、学术、艺术以及其他的公益事业为目的的信托。委托人是为了公益活动拿出自己财产的任何人，自然人、法人、非法人组织均可，受托人以此作为信托财产，根据委托人确定的公益目的管理和运用该财产。比如，有志于将自己的个人财产用于疑难疾病治疗研究的人（委托人），把自己的财产转移给信托银行（受托人），受托人管理和运用信托财产，而且，遵循委托人确定的公益目的，把信托财产用于支持疑难疾病的研究，或者用于向医学院的学生支付奖学金等，这就是公益信托。某种程度上公益信托和公益财团法人发挥了同样的社会功能。不过，财团法人取得了独立的法人格，具有一定的组织机构，如理事会、秘书处、成员大会等。而在公益信托，信托本身并不具有人格，而是由受托人对信托财产进行管理和运用。如果要具备法人的组织，为了使这一组织得以维持和正常运行必然需要花费不

---

① 谢哲胜：《信托法总论》，台湾元照出版有限公司2004年版，第8－9页。

② ［日］能见善久：《现代信托法》，赵廉慧译，中国法制出版社2011年版，第292页。

小的成本（如租赁或购买办公场所、给工作人员发工资福利等），在公益信托中，为了履行信托事务，完全可以使用受托人（信托银行等）的办公场所及工作人员，即使需要向受托人支付一定的报酬，和公益财团法人相比较成本仍然非常低。能见善久教授认为在财产规模较小，没有较为充裕的财产来负担组织运用成本的时候，公益信托是一个好的选择。

日本作为大陆法系国家，是最早移植英美慈善信托的国家之一，但日本的有关信托的制度却并非移植自信托法的发源地——英国，而是移植自美国。移植信托制度之初，在日本几乎完全从商事领域运用信托，少有公益信托的存在，虽然日本1922年《信托法》中有公益信托的相关规定，但是直到20世纪70年代后期，公益信托才开始出现。产生这种情况的原因是，日本的公益组织一般都以公益法人的形式存在，日本对公益法人的设立有比较完整的制度设计，而《信托法》中的公益信托制度则没有发展的空间。

日本战败后，在短暂的经济低迷后迎来了经济的全面发展，社会财富急剧增加，个人手中的钱财也有大量剩余，所以很多人便有意愿投身公益事业，捐出自己多余的财产。但是，基于当时日本法律对公益法人的设计，成立一个公益法人对个人来说难度很大，人们便将目光转向了公益信托。经过日本的专家学者对公益信托的细致考量，认为公益信托这一法律设计符合日本社会的需要，其设立的灵活性、资助对象的广泛性，有助于发展日本民间公益事业。于是日本政府经过研究，向全国发布了公益信托的许可标准，由各地方政府机构负责对公益信托的管理。从此，公益信托事业在日本开始发展。

日本1923年《信托法》自颁布以来，被多次修改。日本《信托法》对公益信托的定义为“祭祀、宗教、慈善事业、学术、技艺以及其它公益为目的设立的信托”可见该定义仍然以体现“公益目的”为核心，尽管与英美国家对公益信托的定义有所差别，但也显示了公益信托追求的价值目标，即救危济困、乐善好施、促进公共利益。① 不过由于主管官厅的许可基准和监督体制的不完善等，同时也不具备相应的社会需求，所以在很长时间内并没有相关的实践。但是在1977年日本终于诞生了历史上第一单公益信托，之后数量逐渐增加，在2002年3月末的时候有571单，公益信托的信托财产之账面余额总计达7733亿日元。

日本2004年《信托法》对公益信托的监管制度也有明确规定。日本政府

---

① ［日］能见善久：《现代信托法》，赵廉慧译，中国法制出版社2011年版，第292页。

的相关部门负责对公益信托的监管，2006 年修订后的《信托法》规定特定的政府机构有权对公益信托进行监督管理，并且负责公益信托的登记。该机构有权对公益信托受托人的信托行为进行检查，在发现受托人违规处置信托财产时可以予以纠正。当出现不可抗力或难以预计的情况时，该机构可以在原公益信托宗旨下适当变更信托条款。当公益信托终止后又没有信托财产权利归属人的情况下，该机构可以将信托财产适用于与原信托目的最相近似的其他公益目的。可见，该政府机构的职权与英国慈善委员会相似，虽然该机构可以适用近似原则，但近似原则并未明确写入《信托法》中。

另外，日本《信托法》修订后还明确规定了公益信托受托人的责任。该法除了对一般信托受托人的基本责任进行规定外，又专门规定了公益信托受托人的责任，即报告制度与辞任制度。公益信托受托人每年都必须对处理信托事务的情况以及信托财产的盈余情况向主管机关做出报告，公益信托受托人的辞职，必须经主管机关批准，否则不得辞去职务。在受托人辞任的条件上，日本《信托法》的规定比英国《信托法》更为严格。

在 1998 年实施了《特定非营利活动促进法》以后，与公益信托制度设立初期相比，日本以社会福利、城市环保等为目的的公益信托在逐步增加。个人及企业对于公益活动的意识发生了转变，企业的宏观经营战略中对公益性的考虑和追求也变得越来越重要。特别是 1993 年以后，日本银行的信托子公司及地方金融机构也开始承办公益信托业务，日本公益信托制度显现出很强的生命力。

日本公益信托各参与方包括：（1）委托人：以公益为目的的财产捐助者，就财产权有民事行为能力的个人、法人、社团均可以作为委托者。信托设立后，委托者作为特别关系人，具有申请选择信托管理人（《信托法》第 123 条第 4 项）、申请解任信托管理人（《信托法》第 58 条第 4 项）的权利。（2）受托人：就委托人提出的财产，以实现公益为目的加以管理、运用。个人、法人和营利法人均可担当，受托人必须经主管机关许可（公益法人第 7 条）。（3）受益人：公益信托受益人为一般社会，而不是权利主体，原则上不存在受益人，但存在藉由公益信托之反射效果，现实上享有信托利益者。（4）信托监察人：根据新法第 123 条、《公益信托法》第 8 条，按利害关系人请求或主管机关依职权，均可选任信托监察人。《公益信托法》并未强制设置监察人，但是为了维护不特定多数人的利益，使公益信托得到妥善经营，一般都是通过信托契约设立信托监察人，从而成为公益信托的许可条件。（5）运营委员会：为实现信托目的，代受托人进行实际营运的委员会，一般由具有高度专业知识的营运委员会审议，可以协助公益信托适当经营。

公益信托与私益信托最重要的区别在于，公益信托委托人一旦将财产捐出成为信托财产，该财产不能复归于委托人。

二、日本公益信托的特征

第一，公益信托业务仅限于扶助捐赠，由信托银行负责向主管政府部门申请批准，不须法人登记。此外，因办理许可申请的工作是由作为受托人的信托银行向行政主管机关申办的，因此对出捐人而言非常简便。

第二，公益信托可以拆分信托财产，将其灵活地运用于公益活动，因此小规模的资金也能在适当的时机为公益活动发挥作用。

第三，信托银行作为善意的管理人，负有日本《信托法》规定的注意、忠实、分别管理的义务，并有责任针对信托事务或财产状况每年进行一次公告，因此能够确保其管理的信托财产的严肃性。此外，公益信托财产与信托银行的固有财产及其他信托财产分账管理，因此能够保持公益信托财产的独立性，从而保证了信托财产的安全。

第四，通过设定信托管理人来保护不特定多数受益人的利益。

第五，公益信托的名称中可载入财产捐赠企业或个人的名称，以永远赞颂其善意。

第六，税收方面日本对公益信托还有许多优惠，适用公益法人税收优惠规定，对个人与法人采取不同的办法，且税法上的优惠措施仅适用于金钱捐赠，其他如物质财产或不动产捐赠尚未被纳入此优惠范围。

第七，公益信托目的以教育交流为主。近年来，日本的公益信托得到了长足发展。截至 2015 年，日本公益信托受托件数为 479 件，信托财产余额 623.74 亿日元。此外，在日本还有大量的根据遗嘱设定的公益信托。根据信托目的的不同，奖学金公益信托数量约占比 32.6%，信托财产 228.98 亿日元，对自然科学研究的公益信托数量占 15.65%，信托财产 82.61 亿日元，教育经费类约占 13.15%、信托财产 23.94 亿日元，国际合作与交流约占 7.52%，信托财产 34.91 亿日元。

第八，公益信托更广泛地服从主管官厅的监督。监督的内容和基准等是由主管业务官厅共同制定的“接受公益信托所需的许可和审查基准等相关规则”类决定。在设立公益信托的时候需要主管业务官厅的许可。公益信托成立后一般也需要服从主管业务官厅的监督。而且一般的信托中需要法院监督的问题，在公益信托的场合则由主管业务官厅取代法院进行监督。

第九，必须设置信托管理人。从实定法解读来说，在公益信托中不存在特定的受益人。在一般的私益信托中，受益人的存在是必要的，即使在信托设立的时候不存在受益人，将来也必然要出现。受益人不能确定的信托被认为是无效的，这一点和公益信托大相径庭。不过日本也有学说认为即使在公益信托中也有受益人的存在。但是根据通说，公益信托中不存在受益人，即使有也是不特定的多数人。为了确保信托实施的公平、公正、公开，日本信托法要求公益信托必须设置信托管理人以及运营委员会，以确保公益目的最大限度地实现。这有些类似于之前《信托法》要求公益信托必须设置信托监察人。

第十，在信托变更和终止上公益信托有其自己的特征。一般的信托因情势变更而作出的信托变更，被限定在信托财产的管理方法的变更，而在公益信托，也允许“信托条款的变更”。而且在信托终止时，信托财产有所剩余的时候，能够“以类似的目的使信托继续存在”。后者和日本《民法》第 72 条第 2 项关于公益法人的规定是基于同样的思考，尽量使得对公益事业的支持得以存续。①

三、日本公益信托制度的借鉴

（一）公益信托审查基准的借鉴

2007 年 9 月日本《总务大臣管理所属之公益信托许可及监督事务处理纲要（总务省第 49 号令）》第 3 条第 2 项开始实行关于公益信托许可审查基准：

公益信托的信托目的：

第一，该目的必须符合《公益法》第 2 条所规定的学术、祭祀、宗教等公益目的，且该目的必须属于总务省所掌管事务范围。

第二，该信托参考《信托法》第 258 条第 1 项规定，未规定受益者，必须是以积极实现不特定多数人的利益为目的。因此，下列目的不予许可：同

① ［日］能见善久：《现代信托法》，赵廉慧译，中国法制出版社 2011 年版，第 294 页。

学会、同好会等构成成员间相互交谊、联络、意见交换为主要目的；团体成员或特定职业领域内成员相互福利照护、相互救济为目的；救援会等特定个人之精神的、经济的支援为目的。

由此审查基准可知公益信托以公益为目的，与私益信托有明显区别。

（二）监管的借鉴

日本公益信托的受托人以信托银行居多，若由信托银行担任受托人，则由信托银行负责向主管政府部门申请批准。日本公益信托的主管机关因公益信托的公益目的的不同而有所不同。比如，以向学生给付奖学金为目的的公益信托，主管机关是各级教育主管部门（文部科学省和地方教育委员会）。由于信托银行要受金融厅长官的监督，因此，在信托银行作为受托人的时候，由金融厅长官和该公益信托所属的主管机关两个机构进行监督。根据日本《公益信托法》第2条规定，公益信托的承受，其受托人必须取得政府主管机构的许可，否则不发生效力。日本主管机关的监管权限包括：批准公益信托的设立，主管机关随时都可以检查公益信托事务的处理情况，并且可命令寄存财产和其他必要的处理；当信托行为当时未能预见的特殊情况发生时，主管机关只要不违背公益信托宗旨，即可变更其条款。

我们看到，日本强化了公益信托监管。公益信托必须服从主管机关的监督，在设立阶段必须有主管机关许可，设立后预算、决算书应向主管机关提出报告，信托管理变更，可以如上所述由主管机关依职权加以变更，也可依职权解任受托人，选任新受托人（《公益信托法》第8条）。因此，主管机关不违反信托主旨时，可能全盘变更信托条项。主管机关也可以随时检查公益信托，公益信托受托人应每年一次定期公告信托事务及其财产状况（《公益信托法》第4条）。

（三）公益信托延续原则的借鉴

日本的一般私益信托，除新《信托法》91条后继遗赠型连续信托30年限制和第259条的信托20年限制外，虽无明文规定，但一般解释上认为私益信托禁止设为永久信托。但是公益信托如果期限过短则可能难以实现信托目的，因此有必要持续一定长的时期，日本认为基于公共利益功能的公益信托虽然长时间所有权的限制对于国民经济上有若干不利，但仍然承认永久信托的公益信托形态，这与承认财团法人基本财产的法理相同。所以在《信托法》

第2条第2项中规定公益信托不受《信托法》第259条的20年时间限制。

可及的近似原则是指当事人的意愿依照书面文字不可能实现或违法时，在尽可能实现当事者意愿限度内解释该书面意思，即采取所谓公平原则。在信托终止时，信托财产归属权利人不存在时，主管机关为谋公益，根据信托本旨为使信托存续，可使之从事与原信托目的相类似的信托行为。这样，基于永久信托禁止原则的排除，公益信托可以永久存续，而在近似原则下，即使公益信托的目的转换，仍可以存续。

（四）必须设置公益信托监察人

公益信托由于受益人为不特定多数人，《新信托法》和《公益信托法》中规定选任信托监察人需先于信托契约或遗嘱的制定，可以由主管机关选任。公益信托是以信托监察人或受托人咨询机关（营运委员会）的协助、建议，灵活运用资本与收益，为达成信托目的从事公益活动的信托。公益信托的监察人在旧信托法中虽不是必须项，但实操过程中，选任信托监察人成为主管机关许可申请的基准，设立时应指定监察人，因此目前日本公益信托必须设置信托监察人。

（五）税收优惠的借鉴

日本公益信托分级享受税收优惠，具有显著特点，公益信托分为一般公益信托、特定公益信托和认定特定公益信托。一般公益信托设立后，满足了受托人为信托银行、资产管理等一系列更为严格的要求后，方可被认定为特定公益信托。如果满足更进一步的公益目的的要求后，还可升级为认定特定公益信托。层级越高，税收优惠越多。

目前，日本公益信托适用公益法人税收优惠规定，在《视为公益法人案》中，公益信托在税法上视同公益法人，适用公益法人税制规定。1979年三井信托曾提出过《关于公益信托税制上措置纲要案》，1986年日本信托协会向大藏省主税局提出《公益信托试该案》。在《信托财产课税主体案》中，公益信托的信托财产被视为“非人格社团”，虽非法人，但作为一种课税主体，税法上视为公益法人。在《最小措置案中》，根据国税厅意见，没有修改税法的必要，公益信托免课所得税与法人税，受益人不特定或委托人发生继承时，确认免课遗产税。

1987年日本对公益信托税制进行大幅修改，所得税法与法人税法规定

(《所得税法》第 78 条第 3 项、第 217 条之 2 第 1 项、2 项,《法人税法》第 37 条第 6 项，77 条之 4 第 1 项、2 项)，受托人为信托银行等信托公司时，若信托终止时信托财产并不是该委托人，而归属于国家或地方公共团体，或为了使该公益信托以类似目的继续存在等符合一定要件条件下，称为“特定公益信托”。其目的与振兴教育、科学或提升文化，对社会福祉等公益有显著增进的贡献，经主管大臣认定后，成为“认定特定公益信托”(《所得税法》第 78 条第 3 项、217 条之 2 第 2 项、3 项，法人税法第 37 条第 6 项，77 条之 4 第 3 项)。依所得税法规定，认定为特定公益信托的信托金（作为信托财产所支出的金钱）的数额，作为特定捐款的捐款金额可扣除，免征所得税（《所得税法》第 78 条第 1、3 项)，依法人税法规定，认定特定公益信托的信托金数额，成为一般捐款金额列入损失金额计算（《法人税法》第 37 条第 1、6 项)，因继承、遗赠所取得金额成为特定公益信托支出时，该金额不算遗产税课税计算基础，免征遗产税。《所得税法》第 78 条捐款金额扣除是指纳税义务人支出 2000 日元以上特定捐款数额时，有一定扣除额度，最多为总所得金额 × 40%－2000。特定捐款金额是指对国家或地方自治团体的捐款金额、对公益法人的捐款、指定捐款金、对特定公益增进法人捐款和对特定政治团体的捐款。

日本对公益信托的税法规范，对个人与法人采取不同的办法，且税法上的优惠措施仅适用于金钱捐赠，其他如物质财产或不动产捐赠尚未被纳入此优惠范围。日本公益信托享有的税收优惠政策包括：

一是设立私人信托一般不征所得税。如果委托人是公司，则其信托财产转移均被视为在公平市场销售，应就其资本利得缴纳所得税。如果委托人是个人，信托财产的转移可视为特定捐赠支出，依据税法规定的扣除限额税前扣除。此外，受益人也要承担一定的纳税义务，具体情况因受益人、委托人的性质而不同。

二是信托财产从委托人到受托人的转移本身不征消费税。日本的消费税就是国际上通常意义上的增值税，由于信托财产被认为属于受益人所有，所以用实物方式收到的收益也无须缴税；支付给专职受托人的报酬应缴纳消费税。

三是信托终止时，信托各关系人均没有申报缴纳所得税的义务。

（六）公益信托制度改良的借鉴

日本公益信托制度的完善过程，是对英美法系制度的学习和再改进的过程。由于日本的非营利法人制度在2008年经历了声势浩大的改革，改革后非营利法人的设立更为简便，事前监管转变为事中事后监管，行政裁量得到有效限制，更尊重组织自治。在这种背景下，公益信托的比较优势开始消减，其数量近几年缓慢下滑。2015年初正式启动的公益信托改革，遵循先行改革的公益法人制度宗旨，将公益信托和公益法人制度进行整合，并对一些关键性的制度进行修正。日本立法改革组专家指出，日本公益信托下一步将朝着公益信托设立更加便捷发展，但是如要获得税收优惠，必须和其他非营利法人一样接受公益认定委员会的公益认定；鼓励信托银行和信托公司以外的公益组织担任受托人；公益信托从资助型扩展为运作型，项目的执行方式更为多元。

第三节　我国台湾地区的公益信托

一、台湾公益信托概况

我国台湾地区的“台湾信托法”（1996年）以日本和韩国信托法为蓝本，间接参考了英美信托法相关理论，配合台湾社会实际需求，设专章阐明了公益信托相关法规条文，“台湾信托法”第八章第69条规定，“称公益信托者，谓以慈善、文化、学术、技艺、宗教、祭祀或其他以公共利益为目的之信托”。因此，台湾公益信托一般被定义为：可一贯地为不确定的人的利益而运用的一种赠与，籍此使该不确定人的心灵受到教育或宗教的感化，使得他们的身体疾病、痛苦或拘束得以减轻，帮助他们确定自己的人生，或者用以建造及维持公共建筑或工作物，或其他足以减轻政府负担的目的。且公益信托必须是为公众或相当多数人的利益而创设，受托人创设信托有无个人动机并非关键，只要信托目的具有公益效果即可，但不得为委托人、受托人或其他个人的利益为目的。公益性判断标准包括：（1）必须有具体的利益存在；（2）该利益必须合法；（3）需满足“重大公共利益”；（4）对象为不确定多数。

根据“台湾信托法”第70条规定，设立公益信托，必须经目的事业主管机关的许可；第71条第2项规定宣言信托在对公众宣言前，应经目的事业主管机关的许可。这里目的事业主管机关根据公益信托性质而定，如果牵扯两个机关时，则均为主管机关。台湾公益信托成立方式大体可分为契约方式、遗嘱方式和法人经决议以宣言信托方式等三类。

在公益信托运行过程中，监管机关的权限包括：检查或其他相关处置的权利；变更信托条款的权利；撤销公益信托许可和其他相关处置的权利；拥有许可受托人将信托财产转为自有财产的权限（依据“信托法”第35条）；允许受托人辞任的权限；解任受托人和选任新受托人的权限；裁定酌情给信托监察人报酬的权限；许可监察人辞任、解任监察人和选任新监察人的权限。

二、我国台湾地区公益信托的借鉴

（一）建立较为全面的监管体系

台湾公益信托体系主要借鉴于日本法规体系，公益信托的设立也采取目的事业主管机关的审批许可制，目前“中央政府”已有“内政部冶”“金管会冶”“教育部冶”“体委会冶”“文建会冶”“法务部冶”“原能会冶”“环保署冶”与“消费者保护委员会冶”等九个部会依其主管业务制定不同公益目的之公益信托设立监督办法。台湾监管强调了主管机关的主动监管权力，并且要求公益信托应设置监察人，“共同信托基金管理办法”中对监察人资格设置了严格标准，标准中突出强调了监察人应具备较高的事务性和专业性，能够从专业角度监督公益信托的经营管理。但是监管机关对财务报表检查未设立统一标准，台湾公益信托也并未有明确的信息公开要求，导致社会公信力略显不足。

（二）监管法规的借鉴

台湾信托法对监管权力进行了细致描述。检查权方面：目的事业主管机关得随时检查信托事务及财产状况；必要时并得命受托人提供相当之担保或为其他处置。法条中“得随时”即指主管机关认为有必要时，任何时期都可以行使检查权利；法条中“必要时”则指如果受托人发生财务危机或出现违反义务情节重大，认为信托财产需保全行为时；法条中“其他处置”包括实施必要限制措施或解任受托人等。变更信托条款的权利：当公益信托实现遇到无法预料的妨碍时，主管机关根据公益信托目的，可以变更信托财产管理处分方法、信托事业经营范围等，以保证公益信托尽可能地存续。撤销公益信托的权利：公益信托如违反设立许可条件，违反主管机关监督命令，进行了其他有害的行为，或无正当理由连续三年不进行活动，主管机关可以撤销公益信托许可。公益信托主管机关的其他权限包括：拥有许可受托人将信托财产转为自有财产的权限；允许受托人辞任的权限；解任受托人和选任新受托人的权限；裁定酌情给信托监察人报酬的权限；许可监察人辞任、解任监察人和选任新监察人的权限（依据“信托法”第57条、58条、59条）。

（三）税收激励的借鉴

台湾公益信托享受多重税收优惠，包括：满足条件的公益信托受益人享有该信托利益的权利价值，免征所得税；个人和营利事业成立、捐赠或加入规定的公益信托财产，享受综合所得税扣除优惠，申报捐赠扣除享受最高抵扣额为总额的20%，但对政府的捐赠不受金额限制，除对各政府捐赠和经“财政部”专案核准的捐赠不受金额限制外，营利事业所得税的扣除上限为10%；除短期期票利息所得、政府举办的奖券中奖奖金外，公益信托信托财产发生的收入不需缴纳所得税；遗赠人、受遗赠人或继承人提供财产、捐赠或加入被继承人死亡时已成立的公益信托，财产不计入遗产总额，该笔财产享有免征遗产税优惠，委托人提供财产成立、捐赠或加入符合规定的公益信托，受益人享有信托利益，依法该笔赠与享受赠与税免除的优惠；经主管机关许可设立的公益信托，因该信托关系取得的房产，若直接供办理公益活动使用，可免征房产税；受托人因公益信托而出售或义卖的货物与举办义演，其收入除支付相关必要费用外，全部用于公益事业时免征营业税。

第三章　公益信托与慈善信托在我国的实践

第一节　公益信托实践现状及分析

一、公益信托现状概述

2001 年我国《信托法》颁布，其中专设“公益信托”一章，共计 15 条（第 59 - 73 条）对公益信托作出了框架性规定[①]。《信托法》的实施不仅表明国家鼓励发展公益信托的政策导向，而且为信托公司开展公益信托提供了基本的法律依据。《信托法》第 62 条、63 条、64 条规定：“公益信托的设立和确定其受托人，应当经有关公益事业的管理机构（以下简称公益事业管理机构）批准。未经公益事业管理机构的批准，不得以公益信托的名义进行活动。公益事业管理机构对于公益信托活动应当给予支持。”“公益信托的信托财产及其收益，不得用于非公益目的。”“公益信托应当设置信托监察人。”因此，必须严格满足经公益事业管理机构批准、信托财产完全用于公益目的、设置信托监察人三个条件，才能被认定为是公益信托。不满足上述三个条件，但是具备公益性质的信托不能使用公益信托的名义。

由于实践中缺乏配套细则的支持，中国的公益信托虽然经过多年的发展，仍未成为慈善公益事业一种主要形式。在实际操作当中，由于《信托法》并没有明确具体的公益事业管理机构，信托公司普遍面临公益信托设立审批难的问题，导致许多公益信托最终无法落地。历史上设立的公益信托财产渠道单一、规模有限，对持续开展公益信托项目的信托公司募集能力提出了很高的要求。部分信托公司通过信托计划的部分收益实施捐赠来参与公益事业。

① 《信托法》第 59 条：公司信托适用本章规定。本章未规定的，适用本法及其他相关法律的规定。

由此，出现了一批并不完全满足《信托法》规定的条件，但是具备公益性质的信托计划，称之为类公益信托或准公益信托。自《信托法》颁布至2008年第一款标准化公益信托产品诞生之前，据不完全统计，云南信托、平安信托、重庆信托、北京信托共四家信托公司发行了5款具备公益性质的信托产品。这些准公益信托基本未经公益事业管理机构批准，且将信托运作的收益部分或全部进行捐赠，虽不具备公益信托之名，但存在公益之实，实现了一定的公益目的。

2008年5月12日四川汶川等地区发生了严重的地震灾害，造成了巨大人员伤亡和财产损失。为帮助和支持灾区重建工作，银监会发布《中国银监会办公厅关于鼓励信托公司开展公益信托业务支持灾后重建工作的通知》（以下简称93号文），鼓励信托公司开展公益信托。93号文对《信托法》公益信托部分进行了补充性的规定，并明确指出了公益信托受托人和监察人的报酬标准①、公益信托的投资范围②以及公益信托可以进行公开宣传和公开募集③。因此，在《慈善法》出台之前，93号文和《信托法》成为信托公司开展公益信托的主要法律依据。

2008年6月6日，长安信托发行的“5·12抗震救灾公益信托计划”正式成立，成为全国首只标准公益信托。同年，百瑞信托发行标准公益信托“郑州慈善公益信托计划”，用于援助四川灾区。公益信托在抗震救灾中发挥的作用让这种新的公益形式走进了公众视野。两款标准公益信托产品的发行亦为后续信托公司开展标准公益信托提供了借鉴。

据不完全统计，2001年至2016年，包括长安信托、百瑞信托、云南信托、紫金信托等在内的24家信托公司共发行了29款公益信托，其中完全满足标准公益信托条件的仅15款。标准化的公益信托由于设立审批难、难以获得免税发票、信托财产不具备可持续性等原因而难以普及。准公益信托由于形式灵活并能实现明确的公益目的而成为不少信托公司开展公益信托业务的折中手段。现阶段，无论是准公益信托，还是标准化公益信托都难以为信托公司带来盈利。大部分信托公司不收取公益信托报酬，将其作为履行企业社

① 受托人管理费和信托监察人报酬，每年度合计不得高于公益信托财产总额的千分之八。

② 只能投资于流动性好、变现能力强的国债、政策性金融债及中国银监会允许投资的其他低风险金融产品。

③ 信托公司设立公益信托，可以通过媒体等方式公开进行推介宣传。公益信托的委托人可以是自然人、机构或者依法成立的其他组织，其数量及交付信托的金额不受限制。信托公司应当在商业银行开立公益信托财产专户，并可以向社会公布该专户账号。

会责任的方式。目前，公益信托主要依靠信托公司单方面的推动，造成公益信托数量少、规模小，没有发展成为社会开展公益事业的主要模式。

二、目前已设立公益信托的主要特征

通过收集、汇总公开资料，笔者者将 20 世纪 90 年代至今成立的公益信托和准公益信托进行了梳理和总结（参见表 3.1）。

从公益事业管理机构来看，虽然《信托法》并未规定具体的公益事业管理机构，但在实践中各级民政部门成为主要的审批机构。在一些特定的公益领域，公安部门、卫生部门、教育部门也曾担任辖域内公益信托审批机构。例如，重庆信托发行的“金色盾牌 · 重庆人民警察英烈救助基金公益信托”的审批机构为重庆市公安局；湖南信托发行的“湘信 · 善达农村医疗援助公益信托计划”的审批机构为湖南省卫生和计划生育委员会；国民信托发行的“爱心久久 - 贵州黔西南州贞丰‘四在小学’公益信托计划”的审批机构为贵州贞丰县民政局和教育局。

从信托规模来看，公益信托规模整体偏低，多数为几十万元至几百万元。公益信托普遍面临募资难的问题。准公益信托由于投资范围广、信托收益采取部分捐赠等原因一般规模大于标准公益信托。目前规模最大的标准公益信托为重庆信托发行的“金色盾牌 · 重庆人民警察英烈救助基金公益信托”，其规模达 1 亿元。

从信托期限来看，现有的公益信托期限跨度较大。有学者统计，近半数的公益信托期限为 1 ~ 3 年，有三分之一的公益信托期限为 10 年，还有个别为永续；也有一些公益信托采取分期成立、分期运作的方式。例如紫金信托的“厚德系列公益信托”于 2011 年成立，每年成立一期，目前已延续到“厚德五号”。

从运作模式来看，现有的公益信托基本采取的是“公益信托 + 慈善组织”模式，即信托公司成立公益信托，并负责资金的筹集与管理，然后委托相关领域慈善组织负责筛选项目、实施公益项目、开具捐赠发票等事项。慈善组织在公益信托中充当执行顾问和项目管理人等角色。还有一部分准公益信托采取的是“公益目的信托 + 慈善组织”模式。信托公司成立公益目的信托，信托公司对于信托财产进行管理运作，最后将投资收益的全部或部分分配给慈善组织。

从资助领域来看，现有的公益信托已经涵盖了救灾、扶贫、教育、医疗、环保等多个领域。部分信托公司在救助领域上具有一定的延续性，如紫金信托设立的紫金厚德系列均以救助困难家庭中罹患大病儿童为目的。

从信托资金的投资和管理来看，标准公益信托的财产受到93号文的规定，只能投资于流动性好、变现能力强的国债、政策性金融债及中国银监会允许投资的其他低风险金融产品，再加上标准公益信托规模较小，信托公司在资金投资管理上的优势难以发挥。目前的标准公益信托基本无法通过投资管理实现可持续运作。而一些准公益信托，利用本金投资，取得的收益用于投资，且投资方向不受93号文的限制，其可持续性优于标准公益信托。如平安信托新疆助学公益信托项目，受深圳市政府委托，对财政拨付的1亿元资金进行经营管理，产生的收益用于资助新疆部分家庭困难的学生上学。自2002年成立至今，平均年收益率达到10%左右，截至2015年，累计回报收益超过9000万元，全部收益用于支持新疆教育事业。

表3.1 （准）公益信托计划汇总表

序号	产品名称	成立时间	受托人	初始规模	公益运作模式	合作公益机构	监察人
1	宝恒组合投资信托计划	1999年	华宝信托	3500万元	信托收益捐赠发放教育奖学金和资助		
2	爱心成就未来——稳健收益型集合资金信托计划第一期	2004年	云南信托	536万元	信托收益超过预期收益率部分捐赠给云南青少年发展基金，用于援建云南的石屏县和大姚县两座希望小学		
3	新疆助学公益信托	2005年	平安信托	1亿元	信托收益全部捐赠给新疆教育厅资助当地贫困家庭		
4	爱心成就未来——稳健收益型集合资金信托计划第二期	2006年	云南信托		所得超额收益部分捐赠给云南省青少年发展基金会，用于援建腾冲县五河乡老寨村公益信托希望小学		
5	爱心满中华集合资金信托计划	2007年	重庆信托	10亿元	信托收益超过预期收益率部分捐赠给中国残疾人福利基金会		

续表

序号	产品名称	成立时间	受托人	初始规模	公益运作模式	合作公益机构	监察人
6	同心慈善1号新股申购集合资金信托计划	2007年	北京信托	4588万元	部分信托财产捐赠给中华慈善总会用于资助北京农民工子弟学校		
7	5·12抗震救灾公益信托计划	2008年	长安信托	1000万元	全部资金定向捐赠给陕西省民政厅，并通过陕西省民政厅向四川地震灾区的5所援建学校捐款		西安希格玛有限责任会计师事务所
8	郑州慈善公益信托计划	2008年	百瑞信托	159万元	全部资金用于四川灾区和其他贫困地区公益事业		郑州慈善总会
9	中信开行爱心信托	2008年	中信信托	10亿元	信托收益超过预期收益部分全部捐赠给宋庆龄基金会用于援建四川省绵阳市平武坝子乡中心小学和在四川省39个县（市、区）的50个中小学和50个安置点，捐建100所“宋庆龄爱心图书室”及捐赠2000余万册图书		
10	“衡平爱心系列”信托理财产品	2008年	中铁信托				
11	金管家——爱心传递集合资金信托计划	2009年	华润信托	不详	信托收益超过预期收益率部分的10%捐赠给“华润信托·爱心传递梦想中心”支持四川灾区重建		
12	金色盾牌·重庆人民警察英烈救助基金公益信托	2009年	重庆信托	1亿元	信托财产全部用于帮助重庆市范围内的特困、伤病、伤残、牺牲的公安干警及其家属和相关人员		

续表

序号	产品名称	成立时间	受托人	初始规模	公益运作模式	合作公益机构	监察人
13	紫金·厚德系列公益信托计划	2011年–2015年	紫金信托	累计341.90万元	全部资金用于救助困难家庭中罹患大病儿童		立信会计师事务所江苏分所
14	安信·关爱系列“阳光二号·颐养”集合资金信托计划	2012年	安信信托		信托财产的部分捐赠给上海市老年人基金会或受托人合理指定的其他对象	上海宋庆龄基金会	
15	长安信托奖学金公益信托	2013年	长安信托	16.35万元	信托资金全部用于奖励西安交通大学经济与金融学院优秀全日制在校研究生	西安交通大学教育基金会	陕西简能律师事务所
16	百瑞仁爱天使基金1号集合资金信托计划	2013年	百瑞信托	1100万元	用于河南金庚脑瘫儿童救助中心，专门用于对脑瘫实施康复治疗的医疗机构	北京市长江科技扶贫基金会	
17	华宝爱心信托	2013年	华宝信托	100万元	第一批项目计划将是雅安地震灾后重建工作和教育领域的公益项目，如地震灾区的孤残儿童康复救助、“双特”高中生（学业特优、家庭特困）资助项目等		

续表

序号	产品名称	成立时间	受托人	初始规模	公益运作模式	合作公益机构	监察人
18	“上善”系列云南地区教育助学信托计划	2014年	上海信托	500万元	用于云南贫困地区教师培训项目，最终受益人为受项目资助而受益的不特定中小学教师。信托项目计划每年组织两批培训，每批50名教师，计划5年内共计输送500名云南贫困地区骨干教师到沪学习交流，深入上海优秀中小学听课访问和挂职锻炼，将上海先进的基础教育理念带回云南。	上海师范大学教育发展基金会	
19	“上善”系列长江C8援建桃树完小信托计划	2014年	上海信托	350万元	信托财产定向捐赠用于大理市太邑乡桃树完小希望小学重建项目，支持云南省大理市政府改善贫困乡村办学条件，发展基础教育事业。	云南省青少年发展基金会	
20	紫金·厚德4号	2014年	紫金信托	70万元	信托财产通过南京市慈善总会、南京市儿童医院用于捐助困难家庭中罹患大病的儿童	南京儿童医院医学发展医疗救助基金会、南京市慈善总会	立信会计师事务所江苏分所
21	国元爱心慈善公益集合资金信托计划	2014年	国元信托	34.5万元	信托财产首期资金用于金寨县斑竹园镇沙堰希望小学的援建项目，主要用于该校的改水工程		安徽省天恒律师事务所
22	陕国投·贫困地区教育援助公益信托	2014年	陕国投		用于帮助陕西省内外贫困地区学校或在校学生		

续表

序号	产品名称	成立时间	受托人	初始规模	公益运作模式	合作公益机构	监察人
23	爱心久久——贵州黔西南州贞丰“四在小学”公益信托计划	2014 年	国民信托	20.15 万元	信托财产专项用于捐赠贵州省黔西南州贞丰县开展“四在小学”活动所需的软件和硬件设施建设，支持当地教育事业的发展		北京振兴联合会计师事务所
24	湘信·善达农村医疗援助公益信托计划	2014 年	湖南信托	1000 万元人	信托财产全部用于捐助湖南省武陵山片区、罗霄山片区等贫困地区乡镇卫生院及村级卫生室的基础建设和设备		天职国际会计师事务所
25	万向信托——中国自然保护公益信托	2014 年	万向信托	34.72 万元	信托财产全部用于无偿捐助受托人根据信托文件的规定筛选确定的、执行中国境内自然环境和生态保护公益项目的个人、组织或法人机构	大自然保护协会	德勤华永会计师事务所北京分所
26	百瑞仁爱·瑞祥基金集合资金信托计划	2014 年	百瑞信托		利用信托计划产生的收益分别在对外经济贸易大学、南开大学和北大汇丰商学院设立了可以持续 20 年的奖学金		
27	大爱长安·陕西银行业普惠金融扶贫慈善信托	2015 年	长安信托		陕西省各大金融机构、其他机构、个人作为委托人，委托长安信托设立“大爱长安·陕西银行业普惠金融扶贫慈善信托”，旨在发挥金融机构优势，支持陕西省相对贫困落后地区特别是革命老区的发展建设	陕西省慈善协会	北京康达律师事务所
28	乐善 1 期公益信托计划	2015 年	中原信托	50.68 万元	用于郑州慈善总会的社会公益慈善项目	郑州慈善总会	

续表

序号	产品名称	成立时间	受托人	初始规模	公益运作模式	合作公益机构	监察人
29	“乐善有恒”公益信托	2015年	厦门信托	100万元	用于厦门市慈善总会“雨露育青苗”等公益项目	厦门慈善总会	
30	百瑞安鑫·信托金融理论研究创新型公益信托计划	2016年	百瑞信托	2750万元	部分收益用于信托金融理论研究		
31	爱建信托——大慈爱心1号集合资金信托计划	2016年	爱建信托	3000万元	信托资金99%用于补充冉娟装潢工程有限公司流动资金；1%用于上海大慈公益会，向徐汇区1600户特困家庭儿童捐款	大慈公益会	

三、公益信托的要素

（一）设立形式

按照委托人来源，现阶段公益信托的设立形式可分为两种。一种是由一个或多个特定的委托人将拥有财产交付信托公司设立公益信托，信托公司按照委托人指定的公益目的及受益人范围，管理运用、处分信托财产，并向受益人分配信托利益。另一种则是由信托公司发起，通过募捐的方式向社会公众募集资金，成立公益信托，并对所募集资金进行投资管理，最后将募得资金与投资收益全部用于募捐时向社会公开披露公益目的。

第一种设立形式下，委托人的一个重要来源是慈善组织。由慈善组织接受捐赠，作为委托人将财产委托给信托公司，由信托公司进行专业化运作，促进资产保值增值，根据慈善组织的要求对特定公益项目进行支持。这种“慈善组织 + 公益信托”的模式在西方社会十分常见，典型的如，“盖茨基金会信托”和“盖茨基金会”。而在中国这种“慈善组织 + 公益信托”的模式比较少见。

在准公益信托的实践中，存在地方政府作为委托人，信托公司作为受托人的例子。例如平安信托 2002 年推出的新疆助学公益信托，其委托人为深圳市政府。深圳市政府从财政收入中划拨 1 亿元，将 1 亿资金委托平安信托经营和管理，本金不动，产生的收益用于资助新疆部分家庭困难的学生。

第二种设立形式则是当前中国公益信托实践的主流做法。这是由于目前设立公益信托还主要是信托公司履行社会责任的行为，尚未被社会接受为开展慈善公益事业的主要形式。按照银监会 93 号文的规定："信托公司设立公益信托，可以通过媒体等方式公开进行推介和宣传。"部分信托公司也开始探索采用互联网平台进行公开募集，以扩大资金的来源。例如紫金信托的"厚德系列"公益信托已经实现通过公司官方微信服务号中"紫金公益"模块进行网上捐赠。

（二）外部审批机构

《信托法》规定，设立公益信托必须经有关公益事业管理机构的批准。因此若以公益信托名义活动，即设立标准公益信托须经过外部机构审批。但因《信托法》未规定具体的公益事业管理机构，信托公司在外部审批流程中受到诸多阻碍，很多公益信托项目因找不到审批机构而无法落地，或是放弃公益信托之名，以准公益信托进行公益活动。在目前公益信托的实践中，常见民政部门为公益信托的审批机构，但在一些特定的公益领域，公安部门、卫生部门、教育部门也曾担任辖内公益事业的公益信托审批机构。

（三）受益人选定的程序和方法

公益信托受益人选定与信托的公益目的直接相关。我国《信托法》规定的公益目的范围包括："（一）救济贫困；（二）救助灾民；（三）扶助残疾人；（四）发展教育、科技、文化、艺术、体育事业；（五）发展医疗卫生事业；（六）发展环境保护事业，维护生态环境；（七）发展社会其他公益事业。"其中以第（三）、（四）、（五）项为目的设立的公益信托的受益人的选定相对容易，可事先确定好某个教育机构、科研单位、文艺创作团体、体育协会、医疗研究单位为受益人，因为它们从事的就是社会公益事业，资助它们即可使社会公众受益。而以（一）、（二）、（六）项为目的设立的公益信托，受益人的选定就相对而言更加复杂。

由于信托公司在特定公益领域开展公益活动的经验有限，资源不足，大部分信托公司寻求与基金会合作进行受益人的选定。一种方式是直接将公益信托本金及运作的收益捐赠给基金会，将基金会设定为公益信托的受益人，再由基金会将资金捐赠给需要资助的人群。这种方式下，信托参与公益活动的程度比较低，而且难以保证基金会对资金的公平使用。另一种方式是将基金会列为公益信托的项目管理人，由基金会按照一定的标准选定受益人，并经过信托公司的审核认定后进行资助。这种做法既能够发挥基金会在特定公益领域的经验优势，又能一定程度上防止资金使用的不透明，是目前受益人选定的主要方式。

（四）信托监察人的选定

《信托法》规定："信托监察人由信托文件规定。信托文件未规定的，由公益事业管理机构指定。"93 号文则将信托监察人的确定作为公益信托文件的必备内容。信托监察人的存在使得委托人的意愿得到充分尊重，能够保证公益资金用于公益目的。《信托法》和 93 号文并未规定具体选定哪一类机构作为监察人，在已有的公益信托实践中一般选定律师事务所、会计师事务所作为监察人，也有将地方民政局、慈善组织作为监察人的例子。选定监察人的关键在于监察人具备社会公信力且不易与信托公司产生关联关系。

（五）公益信托财产的管理

公益信托中，由信托公司进行公益信托财产的管理和投资运作。信托公司可利用其作为专业资产管理机构的经验和资源对信托财产进行保值、增值的投资。但 93 号文规定，"信托公司管理的公益信托财产及其收益，只能投资于流动性好、变现能力强的国债、政策性金融债及中国银监会允许投资的其他低风险金融产品。"从目前可供参考的各项法规中，公益信托的投资范围都比较模糊，难以界定其他低风险金融产品具体包括哪些品种，公益信托是否可以投资其他类固定收益类信托产品等。

实践中，因为标准公益信托规模一般不大，信托公司一般难以对信托财产进行投资运作，比较普遍的做法是基本不进行投资，仅存放银行，获得同期银行活期存款收益率。而准公益信托一般规模较大，不受投资范围的限制，且相当一部分是商事信托所取得的收益进行全部或部分捐赠，其投资范围较广，所取得收益率也明显高于标准公益信托。

（六）信息披露

信息披露对于公益信托，尤其是信托公司公募设立的公益信托尤其重要。这不仅体现了对捐赠者利益的维护，也体现了公益信托在发展公益事业方面的优势。目前公益信托的信息披露一般包括募集信息披露、定期信息披露和临时信息披露。信息披露内容须经过信托监察人的认可，公益信托财产每年还须经信托监察人审计并出具审计报告和监察报告，最大限度地保证了公益信托财产运作的透明性和使用的公正性。

（七）受托人和监察人的报酬

公益信托的公益性质决定了其不能像营业信托那样由受托人、监察人自主决定或由市场自主决定报酬，需要由国家或相关部门对其作出合理限定。93 号文规定，“受托人管理费和信托监察人报酬，每年度合计不得高于公益信托财产总额的千分之八”。千分之八的合计报酬在公益信托普遍规模较小的情况下基本难以覆盖成本。现在普遍的做法是，信托公司和监察人不收取报酬。

四、公益信托实践中存在的问题

2001 年颁布并实施的《信托法》明确表明国家鼓励发展公益信托，然而历经十九载，公益信托在中国并没有像预期的那样发展成熟，成为参与公益事业的主要方式。实践中面临的重重障碍使得信托公司开展公益信托的潜力未得到充分释放。公益信托面临的主要问题有以下几点。

（一）公益信托的设立审批难

《信托法》规定：“公益信托的设立和确定其受托人，应当经有关公益事业的管理机构批准。未经公益事业管理机构的批准，不得以公益信托的名义进行活动。”在《慈善法》出台之前，对于公益事业管理机构，在《信托法》及相关法律、法规中没有明确，导致审批环节遇阻，影响了信托公司开展公益信托的积极性，降低了公益信托的设立效率。现实中一般默认民政部门为公益事业管理机构，但有些民政部门认为没有明文规定公益信托归其管理，尤其是出现信托公司与基金会注册地不一致的情形时，民政部门往往存在顾虑，认为即使基金会在自身管辖权范围，但信托公司作为非本地金融机构，存在越权审批之嫌而不予审批。

（二）公益信托资金来源有限

目前公益信托的资金基本上来源于高净值客户、合作机构以及信托公司、公司员工的捐赠，资金来源渠道狭窄。公益信托与传统捐赠方式相比没有显著优势，社会公众对于公益信托的了解程度相较于基金会而言较低，信托公司又不能直接开具可抵税的捐赠票据，因此公益信托委托人的积极性不高。

（三）公益信托资金管理运用受限

根据《中国银监会办公厅关于鼓励信托公司开展公益信托业务》（以下简称“银监办 93 号文”）规定，公益信托财产只能投资于流动性好、变现能力强的国债、政策性金融债及中国银监会允许投资的其他低风险金融产品。公益信托财产管理运用方式单一，难以实现有效增值，也无法发挥信托公司资产管理的优势。

（四）公益信托管理费率偏低，缺乏有效激励

根据银监办 93 号文的规定，公益信托受托人管理费和信托监察人报酬，每年度合计不得高于公益信托财产总额的千分之八。由于公益信托规模较小，公益信托可列支的费用额度基本无法覆盖各类管理成本。大部分信托公司将开展公益信托当成企业履行社会责任的行为，基本不收管理费。信托公司开展公益信托业务缺乏有效激励，与银监会 99 号文提出的行业转型发展方向的要求有一定差距。

第二节　慈善信托的现状及特点分析

截至 2019 年 5 月 10 日，在民政部官网（http：//cishan. chinanpo. gov. cn/biz/ma/csmh/e/csmheindex. html）公示的全国范围内已经备案的慈善信托有 181 单，慈善资金规模共 21. 3035 亿元。其中，2016 年备案 22 单，2017 年备

案45单，2018年备案69单，2019年至今45单。①

表3.2　慈善信托备案汇总

（截至2019.5.10，信托规模单位：万元）

序号	名称	备案机构	信托规模	信托期限
1	杭工信·阳光2号母亲微笑行动慈善信托	杭州市民政局	63	2019年5月6日–2021年5月5日
2	厦门信托——临夏希望之旅慈善信托第三期	厦门市民政局	9	无固定期限
3	苏信·苏州致公慈善信托（善举4号）	苏州市民政局	180	10年
4	“上善”系列上信文化环境慈善信托	上海市民政局	300	10年
5	华信信托——六盘水市钟山区大湾镇海嘎小学教育专项基金公益信托	大连市民政局	50	12个月
6	重庆信托·隘口镇扶贫济困慈善信托	重庆市民政避	180	5年
7	新华信托·华恩8号重庆青年志愿服务组织精准帮扶慈善信托	重庆市民政局	10	10年
8	新华信托·华恩6号西部生态扶贫慈善信托	重庆市民政局	20	10年
9	中信信托2019江平法学教育慈善信托	北京市民政局	209	永久存续
10	恒大·中原信托·河南省扶贫基金会·慈善信托	郑州市民政局	9900	永续
11	千心千元意定监护慈善信托	杭州市民政局	0.5	永续
12	移投行慈善信托	杭州市民政局	10	永续
13	华润信托·壹基金雅安防灾减灾慈善信托	深圳市民政局	500	10年
14	五矿信托——三江源思源2号慈善信托	青海省民政厅	90	30

① 值得注意的是，目前《慈善法》《慈善信托管理办法》均没有对慈善信托应当如何命名的相关规定，所以各个慈善信托命名五花八门、个性十足，有些慈善信托从名称上无法看出其慈善目的，让人一头雾水，而且经常出现“中国”等字样，确有必要参考企业名称、商号等进行规范。目前《广东省民政厅　中国银行保险监督管理委员会广东监管局关于慈善信托管理工作的实施细则》（粤民字〔2019〕2号）第17条对此已经有了比较详细的规范。

续表

序号	名称	备案机构	信托规模	信托期限
15	中融信托·星月爱心天使慈善信托	哈尔滨市民政局	20	50 年
16	陕国投·信诚善达扶贫济困慈善信托	西安市民政局	20	5 年
17	天信世嘉·信德大通集团爱心助学慈善信托	天津市民政局	600	1 年
18	诺亚慈善信托	杭州市民政局	100	永续
19	紫金信托　小银星女童助学 2 号	南京市民政局	20	不短于 12 个月
20	吴毅文慈善信托	南京市民政局	904.84	永久存续
21	紫金信托·厚德 8 号	南京市民政局	100	不短于 12 个月
22	紫金信托　小银星女童助学慈善信托	南京市民政局	10	不短于 1 年
23	香媛慈善信托	杭州市民政局	20	永续
24	金诚慈善信托	杭州市民政局	20	永续
25	山东信托·大同 2 号慈善信托	济南市民政局	12.13	无固定存续期限
26	山东信托·招行私行·嘉和路慈善信托	济南市民政局	1000	无固定存续期限
27	陕国投·关爱抗美援朝困难退伍老兵公益慈善信托	西安市民政局	4	5 年
28	“上善”系列上信海亮中西部地区教育助学慈善信托	上海市民政局	600	5 年
29	中国建投帮扶慈善信托	杭州市民政局	6000	10 年
30	中航信托·华美绿色慈善信托	南昌市民政局	25	不固定
31	北京信托·2018 光彩扶贫慈善信托 001 号	北京市民政局	475	永续
32	苏信·源溶慈善信托（善举 3 号）	苏州市民政局	100	10 年

续表

序号	名称	备案机构	信托规模	信托期限
33	爱建信托——爱兮韶光·无锡向日葵慈善信托	上海市民政局	30	5年
34	雅安市雨城区慈善会	雨城区民政局	3	3
35	中诚信托·中国信托业保障基金公司·2018内蒙古察右后旗扶贫慈善信托	北京市民政局	50	3年
36	中诚信托·中国信托业保障基金公司·2018内蒙古察右中旗扶贫慈善信托	北京市民政局	50	3年
37	东莞信托·善信——莞慈1号慈善信托	东莞市民政局	200	五年
38	东莞信托·善信——丰泰慈善信托	东莞市民政局	200	五年
39	五矿信托——三江源精准扶贫9号慈善信托	青海省民政厅	37	2年
40	五矿信托——三江源精准扶贫10号慈善信托	青海省民政厅	33	2年
41	五矿信托——三江源精准扶贫11号慈善信托	青海省民政厅	30	2年
42	涓流慈善信托	杭州市民政局	101	永续
43	光大陇善行2号慈善信托计划	兰州市民政局	9.7	2年
44	光大信托——泰晤士教育慈善信托	兰州市民政局	100	永续
45	光大——振兴慈善信托	兰州市民政局	100	永续
46	光大信托上善若水慈善信托	兰州市民政局	2000	永续
47	华润信托·润心慈善信托计划	深圳市民政局	100	5年
48	华宝信托·农银2018纵联慈善信托	上海市民政局	50	5年
49	粤财信托·2018爱蕾慈善信托计划	广州市民政局	6	3年
50	粤财信托·2018扶贫济困慈善信托计划	广州市民政局	6	3年
51	陕国投·实地集团扶贫济困慈善信托	广州市民政局	2000	5年
52	百瑞仁爱·春晖慈善信托	郑州市民政局	73.34	10年

续表

序号	名称	备案机构	信托规模	信托期限
53	百瑞仁爱·沃特节能慈善信托	郑州市民政局	32	永续
54	川信——临洮定向扶贫慈善信托	成都市民政局	40	永续
55	中城银信·阿拉善生态保护慈善信托	内蒙古自治区民政厅	100	3 年
56	浙金·露笑科技——阿拉善生态保护慈善信托	内蒙古自治区民政厅	50	3 年
57	浙金·乌兰察布市察哈尔右翼后旗精准扶贫慈善信托	杭州市民政局	50	1 年
58	湖畔魔豆慈善信托	杭州市民政局	26600	永续
59	万向信托——公益金融联盟慈善信托	杭州市民政局	40	永续
60	绿芽乡村慈善信托	杭州市民政局	100	永续
61	陕国投·小小志愿者在行动慈善信托计划	西安市民政局	0.82	10 年
62	中航信托——青年返乡创业扶贫慈善信托	南昌市民政局	20	无
63	中航信托——中慈联科技扶贫慈善信托	南昌市民政局	34	不固定
64	中航信托——创青春扶贫慈善信托	南昌市民政局	50	不少于一年
65	粤财信托·2018 润泽慈善信托计划	广州市民政局	500	无固定期限
66	川信·尊悦豪生慈善信托 2 号	成都市民政局	100	2 年
67	中信登·长安慈·定点扶贫慈善信托	西安市民政局	30	3
68	五矿信托——三江源精准扶贫 6 号慈善信托	青海省民政厅	46.34	2 年
69	五矿信托——三江源精准扶贫 7 号慈善信托	青海省民政厅	46.34	2 年
70	五矿信托——三江源精准扶贫 8 号慈善信托	青海省民政厅	4.48	2 年

续表

序号	名称	备案机构	信托规模	信托期限
71	“上善”系列上信汉鸣中西部地区（贵州）教育助学慈善信托	上海市民政局	500	3年
72	厦门信托——临夏希望之旅第二期慈善信托	厦门市民政局	7.2	不设固定期限
73	厦门信托——临夏希望之旅第一期慈善信托	厦门市民政局	15.6	不设固定期限
74	百瑞仁爱·黄河爱心基金慈善信托	郑州市民政局	10	永续
75	长安慈——平安天年方舟慈善信托	西安市民政局	30	不设固定期限
76	北京联益慈善基金会2018年度益善1号——健康梦想慈善信托	北京市民政局	1000	20年
77	金谷信托2018信达大爱1号（扶贫及教育）慈善信托	北京市民政局	347	5年
78	五矿信托——三江源精准扶贫3号慈善信托计划	青海省民政厅	1000	3年
79	重庆信托·春蕾圆梦慈善信托	重庆市民政局	24	5年
80	新华信托·华恩5号西藏民族教育扶贫慈善信托	重庆市民政局	15	10年
81	中建投信托·银信封慈善信托1号	杭州市民政局	13.2	2年
82	绿色阳光慈善信托	杭州市民政局	1	永续
83	杭工信·之江1号生态保护慈善信托	杭州市民政局	75	3年
84	鲁冠球三农扶志基金慈善信托	杭州市民政局	60000	永续
85	天信世嘉·信德精准帮扶01期慈善信托	天津市民政局	40	1年
86	天信世嘉·信德精准帮扶02期慈善信托	天津市民政局	40	1年
87	天信世嘉·信德精准帮扶03期慈善信托	天津市民政局	40	1年

续表

序号	名称	备案机构	信托规模	信托期限
88	中信信托·农银2018玉爰慈善信托	广东省民政厅	3000	永久存续
89	上信上善慈善信托	上海市民政局	600.8	不设固定期限
90	陕西上市公司助力脱贫攻坚	西安市民政局	186.51	10
91	天信世嘉·信德扶老助困01期	天津市民政局	50	2年
92	西部信托·精准扶贫1号	西安市民政局	10	2年
93	中航信托·天顺2018 86号中扶贫临洮百合百家慈善信托	南昌市民政局	30	固定期限
94	中诚信托2018年度善爱扶贫慈善信托	北京市民政局	100	5年
95	中国民生信托2018甘肃临洮民生精准扶贫慈善信托	北京市民政局	100	5年
96	深圳壹基金公益基金会——林氏家族慈善信托	深圳市民政局	1500	10
97	万向信托——明月律师助学慈善信托	杭州市民政局	10	永续
98	华润信托·和园文化保育慈善信托计划	深圳市民政局	2000	永续型
99	山东信托　招行私行　彬彬慈善信托	济南市民政局	500	永久续存
100	中信信托2018光华科技基金会扶贫助困慈善信托	北京市民政局	124.26	永续
101	中融信托·花见爱心公益慈善信托	哈尔滨市民政局	50	50年
102	万向信托——艺酷慈善信托	杭州市民政局	10	永续
103	幸福传承慈善信托	杭州市民政局	1	永续
104	万向信托　中国水源地保护慈善信托	杭州市民政局	1000	永续
105	国资惠农　慈善信托	济南市民政局	2000	永久存续
106	厦门信托——重庆园林中国传统文化保护传承慈善信托	厦门市民政局	100	20
107	大鹏半岛生态文明建设慈善信托	广东省民政厅	1000	永久存续

续表

序号	名称	备案机构	信托规模	信托期限
108	兴辰慈善信托	广东省民政厅	10	永久存续
109	成都——壹基金青少年与未来防灾体验馆设备设施维护与更换基金慈善信托	深圳市民政局	1000	10 年
110	金谷信托 2018 丝绸之路（科研）1 号慈善信托	北京市民政局	600	10 年
111	国投泰康信托·2018 甘肃临洮产业扶贫慈善信托	北京市民政局	320	5 年
112	天信世嘉·信德大田集团见义勇为慈善信托	天津市民政局	20	5 年
113	天信世嘉·信德大田集团爱心助学慈善信托	天津市民政局	30	5 年
114	北京信托 2018 年度艺术梦想 001 号教育慈善信托	北京市民政局	100	10 年
115	中国信托业·长安慈·四川慈善总会·定点扶贫慈善信托	西安市民政局	90	5 年
116	弘毅 1 号——社区养老公益组织扶持慈善信托	海南省民政厅	100	10 年
117	中融信托·苏州高新区女企业家协会关爱妇女儿童慈善信托	苏州高新区（虎丘区）民政局	146.6	5 年
118	苏信·善举 1 号慈善信托	苏州市民政局	1	10 年
119	苏信·善举 2 号慈善信托	苏州市民政局	1	10 年
120	苏信·慈心 1 号慈善信托	苏州市民政局	1	10 年
121	四川信托——中民慈善信托	成都市民政局	350	10 年
122	中国平安教育发展慈善信托计划	深圳市民政局	1007.6	无限期
123	山西信托·晋善慈善信托	太原市民政局	100	不设固定期限
124	五矿信托——三江源精准扶贫 1 号慈善信托	青海省民政厅	100	3 年
125	五矿信托——三江源思源 1 号慈善信托	青海省民政厅	50	10 年

续表

序号	名称	备案机构	信托规模	信托期限
126	五矿信托——三江源精准扶贫 2 号慈善信托	青海省民政厅	50	2 年
127	百瑞仁爱·金庚慈善信托	郑州市民政局	294	30 年
128	长安慈——老牛基金会教育慈善信托	西安市民政局	100	长期
129	昆仑信托 2017 年·昆仑爱心一号助学慈善信托	宁波市民政局	81.22	10 年
130	昆仑信托 2017 年·昆仑爱心二号助困慈善信托	宁波市民政局	67.82	10 年
131	昆仑信托 2017 年·昆仑爱心三号助医慈善信托	宁波市民政局	36.77	10 年
132	中航信托·天启 2017 408 号爱飞客公益　集合信托计划二期	南昌市民政局	70	60 个月
133	全国金融青联东方爱心慈善信托计划	广州市民政局	10	10 年
134	广东省扶贫开发协会粤财扶贫慈善信托	广州市民政局	100	3 年
135	紫金信托·厚德 7 号慈善信托	南京市民政局	100	不少于 1 年
136	外贸信托 2017 年度·中国银行·满堂红教育慈善信托	北京市民政局	724.9	永续
137	新华信托·华恩 1 号教育扶贫慈善信托	重庆市民政局	20	十年
138	瑞华公益轮椅助你行慈善信托	江苏省民政厅	100	3 年
139	金谷信托 2017 信达大爱 2 号（扶贫及教育）慈善信托	北京市民政局	90	5 年
140	金谷信托 2017 信达大爱 1 号（扶贫及教育）慈善信托	北京市民政局	30	5 年
141	川信·尊悦豪生慈善信托计划 1 号	成都市民政局	190	2 年
142	中江国际·公益救助慈善 1 号集合资金信托计划	南昌市民政局	30	永续

续表

序号	名称	备案机构	信托规模	信托期限
143	中航信托·绿色生态慈善信托	南昌市民政局	50	不设固定存续期限
144	天信世嘉·信德黑大同窗互助慈善信托	天津市民政局	15.1	10 年
145	长安慈　杨凌精准扶贫慈善信托	西安市民政局	500	3 年
146	华能信托新风祥慈善信托计划	贵阳市民政局	1000	60 个月
147	华能信托尊承槿华慈善信托计划	贵阳市民政局	1000	不少于 12 个月
148	国投泰康信托 2017 年真爱梦想 2 号教育慈善信托	北京市民政局	48	5 年
149	北京信托 2017 年大病关爱慈善信托	北京市民政局	30	1 年
150	北京市企业家环保基金会 2016 阿拉善 SEE 公益金融班环保慈善信托	北京市民政局	100	10 年
151	中信·北京市企业家环保基金会 2016 阿拉善 SEE 华软资本环保慈善信托	北京市民政局	100	5 年
152	中信信托 2016 年航天科学慈善信托	北京市民政局	660	3 年
153	国投泰康信托 2016 年国投慈善 1 号慈善信托	北京市民政局	3000	5 年
154	国投泰康信托 2016 年真爱梦想 1 号教育慈善信托	北京市民政局	82	3 年
155	中诚信托 2016 年度博爱助学慈善信托	北京市民政局	33	5 年
156	中信·上海市慈善基金会 2017 蓝天至爱 2 号慧福慈善信托	上海市民政局	600	10 年
157	上善　系列浦发银行　放眼看世界　困难家庭儿童眼健康公益手术项目慈善信托	上海市民政局	100	10 年
158	蓝天至爱 1 号慈善信托	上海市民政局	10000	无限期
159	紫金信托·厚德 6 号慈善信托计划	南京市民政局	100	不短于 12 个月

续表

序号	名称	备案机构	信托规模	信托期限
160	万向信托　乐淳家族慈善信托	杭州市民政局	5000	永续
161	华龙慈善信托	宁波市民政局	200	5 年
162	国元慈善信托	合肥市民政局	1300	3 年
163	建信信托——微笑行动慈善信托	合肥市民政局	1000	5 年
164	兴业信托·幸福一期慈善信托	福建省民政厅	11	永续
165	天顺〔2016〕206 号中国扶贫慈善信托	南昌市民政局	100	本信托不设固定存续期限
166	中航信托·天启 977 号爱飞客公益慈善集合信托计划	南昌市民政局	100	5 年
167	刑白家族——慈善信托	山东省民政厅	1000	无期限
168	大同系列——同心扬梦慈善信托计划	山东省民政厅	1	无期限
169	百瑞仁爱·甘霖慈善信托	郑州市民政局	153	永续
170	百瑞仁爱·映山红　慈善信托	郑州市民政局	335. 14	20 年
171	中信·何享健慈善基金会 2017 顺德社区慈善信托	广东省民政厅	49200	永久
172	粤财信托·德睿慈善信托计划	广州市民政局	11	无固定期限
173	川信·帮一帮慈善信托	成都市民政局	100	永续
174	中铁信托·明德 1 号宜化环保慈善信托	成都市民政局	700	5 年
175	川信·锦绣未来慈善信托计划	成都市民政局	10	永续
176	陕国投·公益助学慈善信托	西安市民政局	1000	10 年
177	长安慈　民生 001 号慈善信托	西安市民政局	100	10 年
178	长安慈　未来创造力 1 号教育慈善信托	西安市民政局	100	10 年
179	长安慈　环境保护慈善信托	西安市民政局	100	10 年
180	长安慈　山间书香儿童阅读慈善信托	西安市民政局	26. 29	10 年
181	光大·陇善行慈善信托计划 1 号	兰州市民政局	110	1 年

整体来看，目前已备案的慈善信托项目呈现出以下几个特点。

一、信托资产规模分布不均，单笔规模仍然偏小

截至目前，单笔慈善信托规模最小的只有5000元，规模最大的“鲁冠球三农扶志基金慈善信托”信托资产规模达到6亿元。其中91只慈善信托规模都不超过100万元，即半数的慈善信托规模都低于100万元，100万至1000万之间的有83只，1000万至1亿的有23只，一亿元以上的有4只，而不足10万元的慈善信托项目居然达到16只。

二、受托财产类型更加丰富

目前虽然绝大多数慈善信托的信托财产都是现金，但是除此以外，股权、艺术品、金融产品等也逐渐被纳入信托财产的范围。比如，2017年4月备案的“国投太康信托2017年真爱梦想2号教育慈善信托”，该信托的信托财产就是非上市公司股权，是我国第一单股权类慈善信托。而2018年6月备案的“鲁冠球三农扶志基金慈善信托”的信托财产则是万向三农集团有限公司的100%股权（对应出资额6亿元），考虑到万向三农集团持有多家上市公司，也可以说这是我国第一只变相实现上市公司股票纳入慈善信托的慈善信托。而2017年9月备案的“万向信托艺酷慈善信托”的信托财产则包括了字画41幅。此外，2017年12月备案的“满堂红教育慈善信托”的信托财产则包括金融产品。

三、备案的区域更加广泛，过半数省份均有慈善信托落地

截至2019年1月31日，全国备案落地的慈善信托共涉及全国22个省、直辖市，主要分布在东南部沿海，其中北京、浙江、广东备案的慈善信托数目位居前列，分别是19、17、16单。但是也有不少省份目前备案数目为零。

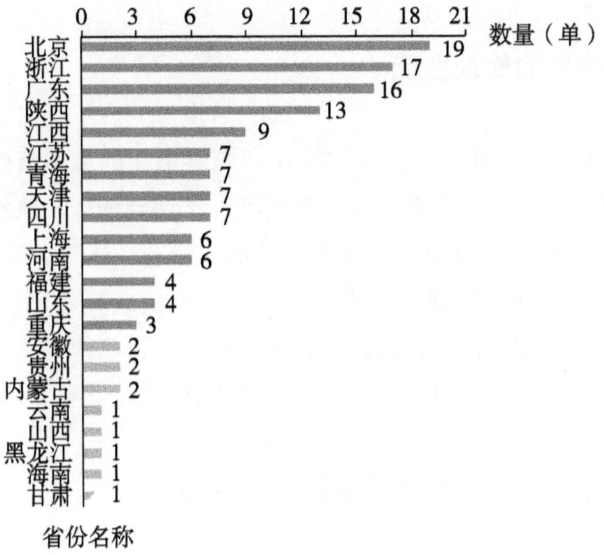

图 3.1　慈善信托区域分布

四、信托规模区域分布差异较大

整体来看，沿海地区慈善信托规模较大，而中西部地区信托规模偏小。截至 2019 年 1 月 31 日，浙江省备案慈善信托规模 9.3284 亿元，浙江省慈善信托规模 6.145 亿元，上海 1.185 亿元。

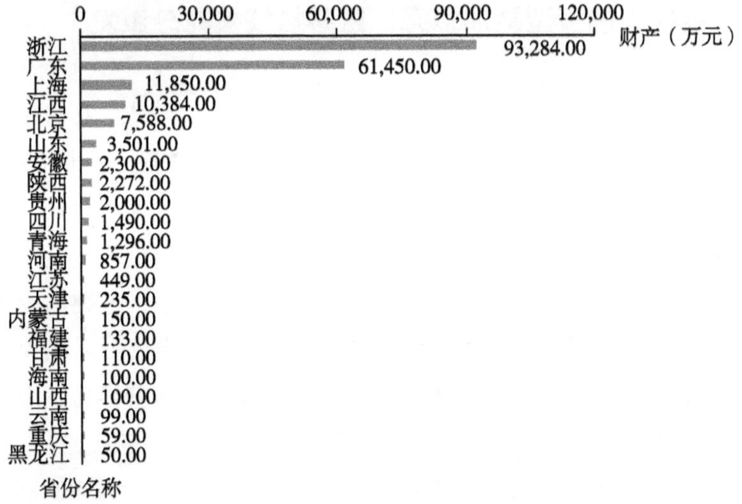

图 3.2　慈善信托规模分布

五、慈善目的更加多元

截至 2019 年 5 月 10 日，备案的 181 单慈善信托的慈善目的越来越广泛，从最初的的集中于扶贫、教育、环保等大类，扩展到助残、航空科普、科研、自闭症救助、脑瘫患儿救助、留守儿童救助、养老、体育、公益培训、女童助学、水土保持、沙漠治理、传统文化传承、退伍老兵救助、资助“三农”事业等，慈善目的更加广泛，内部细分越来越细致，慈善资助更具有针对性，更多体现了委托人的意愿以及慈善信托本身的灵活性。

六、信托公司依然是慈善信托的主要受托人

以 2018 年为例，逾 80% 的慈善信托都以信托公司作为受托人，7% 由基金会作为单独受托人，10% 选择由信托公司与基金会作为共同受托人。可见，目前多数的慈善信托仍青睐信托公司作为慈善信托的受托人，即使采用共同受托人的模式，也多由信托公司作为主要受托人。目前已有 16 家基金会成为慈善信托的受托人或受托人之一，由基金会作为单独受托人的慈善信托规模在 2018 年达到 3650 万元。

七、委托人的类型更加多元，慈善热情被充分激发

以 2018 年为例，慈善信托的委托人包括了自然人、法人、慈善组织及社会团体、政府机关等，而且慈善信托的开放式设计越来越流行，即信托备案时，只有一个或少数几个委托人，但是后续不断有新的委托人加入信托，委托人的类型也越来越多元化，此外还出现委托人匿名捐赠给慈善信托资金的情形，慈善信托能否接受捐赠？此时是一种捐赠关系还是信托关系，这类捐赠人如何登记、披露是一个新的课题。[①] 值得注意的政府的转型基金也可以成为慈善信托财产来源，2018 年初在广东省人民政府民政厅备案的“大鹏半岛生态文明建设

---

① 《广东省民政厅　中国银行保险监督管理委员会广东省建管局关于慈善信托管理工作的实施细则》（粤民规字〔2019〕2 号）认为慈善信托可以接受捐赠，此时爱心企业、人士是捐赠人，而不是委托人。该文件第 45 条规定：根据信托文件约定或者经委托人同意，可以变更以下事项：……（二）委托人（含新增委托人）或非委托人捐赠增加信托财产……

慈善信托”，即是以政府相关机构为委托人，慈善组织为受托人的慈善信托，事实上，仅 2018 年一年，由政府相关机构委托人设立的慈善信托就有 6 单。

八、信托期限长短不一，但短期限信托仍是主流

2018 年设立的多单慈善信托，仍以短期慈善信托为主，5 年期及以下、10 年期和永久存续的慈善信托数量均有明显增长，但是中长期（20 年至 50 年）慈善信托设立的数量增长缓慢。其中短期慈善信托设立数量最多，有 38 单，占总数的 48.10%，10 年期慈善信托有 12 单，永久存续的慈善信托有 19 单，20 年至 50 年的慈善信托只有 3 单，占总量的 3.8%。可见慈善信托的持久支持功能还有进一步开发的空间，目前不少慈善信托仅仅以完成短期任务为目标，与慈善信托追求长期资助、持久慈善的目标尚有距离。

第三节　慈善信托典范案例——鲁冠球三农扶志基金慈善信托

一、备案信息

鲁冠球三农扶志基金慈善信托　　备案编号：3301000000006

慈善信托备案信息　事务处理及财务状况　检查评估情况　表彰处罚情况　其他事项

初始备案信息　变更备案信息　终止备案信息

备案编号	3301000000006	慈善信托名称	鲁冠球三农扶志基金慈善信托
信托目的	为“让农村发展、让农业现代化、让农民富裕，以影响力投资、以奋斗者为本、量力而行做实事”，开展扶贫、济困、扶老、救孤、恤病、助残、优抚、救灾等慈善活动，促进教育、科技、文化、卫生、体育、环保等事业发展。		
备案时间	2018-6-29	备案期限	永续
备案机关	杭州市民政局	邮政编码	
委托人	鲁伟鼎		
受托人	万向信托股份公司		
监察人(姓名或名称)			
托管人(开户行)	兴业银行股份有限公司杭州分行		
财产总规模	60000万元		
其他需要公开或说明的事项	信托财产总规模为委托人持有的万向三农集团有限公司的股权（对应出资额6亿元）		

表 3.3　鲁冠球三农扶志基金慈善信托备案信息①

① 参见 http：//cishan. chinanpo. gov. cn/biz/ma/csmh/e/csmhedetail. html？aafx0101 = ff808081643a2a4001645a0f57f604f4，2019 年 5 月 19 日最后访问。

二、信托架构

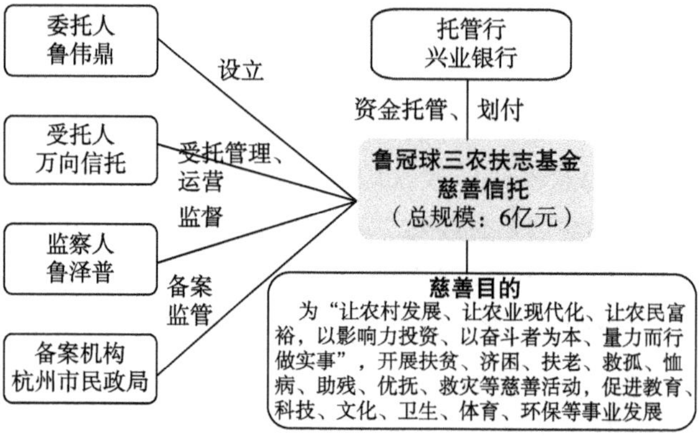

图 3.3 “鲁冠球三农扶志基金慈善信托”结构

三、信托财产及相关持股结构

本慈善信托的信托财产是鲁伟鼎先生持有的万向三农 6 亿元出资额对应的全部股权，符合《慈善信托管理办法》第 12 条的规定。由于万向三农集团持有多家公司包括上市公司的股权，本慈善信托设立后，鲁冠球三农扶志基金慈善信托成为万向三农集团的 100% 的控股股东，并通过万向三农间接控股或参股多家公司，包括上市公司承德露露、航民股份。

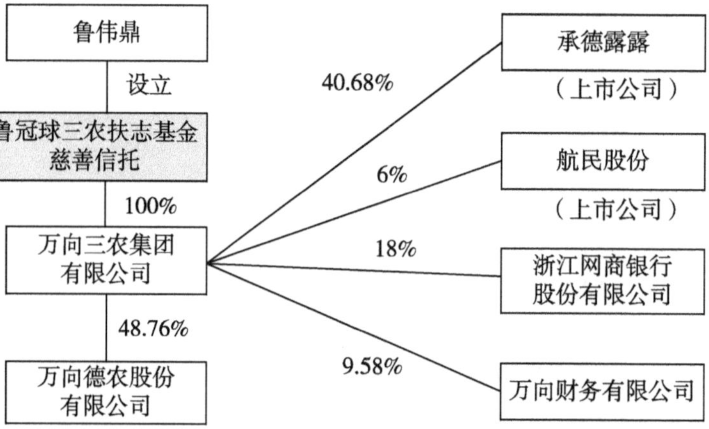

图 3.4 鲁冠球三农扶志基金慈善信托持股情况

四、运作安排

本慈善信托的委托人鲁伟鼎先生具有完全民事行为能力，委托人确定万向信托作为本慈善信托的受托人，符合《慈善法》第 46 条、《慈善信托管理办法》第 8、9 条的规定。本慈善信托的章程规定了避免利益冲突的条款，不得指定任何与委托人、受托人有利害关系的人作为本慈善信托的受益人。鲁伟鼎先生于 2018 年 6 月 27 日作出了《万向三农集团有限公司股东决定书》，决定以其持有的万向三农 6 亿元出资额对应的全部股权作为信托财产，设立本慈善信托，并签署了《鲁冠球三农扶志基金宪章》《鲁冠球三农扶志基金章程》和《鲁冠球三农扶志基金慈善信托合同》等文件。鲁伟鼎先生签署《信托监察人指定书》，指定鲁泽普为信托监察人。2018 年 6 月 29 日，受托人万向信托签署上述文件，设立慈善信托。

五、信托目的

鲁冠球三农扶志基金响应国家号召，致力于让农村发展、让农业现代化、让农民富裕，以影响力投资、以奋斗者为荣、量力而行做实事，财产及收益全部用于扶贫、济困、扶老、恤病、助残、优抚、就在等公益活动，促进教育、科技、文化、卫生、体育、环保等事业发展，设立人鲁伟鼎及其家庭成员不享有任何信托利益。本慈善信托完全遵循《慈善信托管理办法》第 7 条的规定。

六、主要条款

（一）慈善支出

任何一笔对外捐赠的资金都必须经过鲁冠球三农扶志基金董事会决议批准，并按照《慈善信托资助建议书》的要求进行，对受益人进行直接资助，或者与受益人签署长期资助协议，明确资金拨付、使用和监督后对受益人进行资助。受托人不得自行选择资助对象及资助项目

任何一笔资金拨付，均由受托人向托管行发出划款指令，从信托财产拨

付相应的款项。如果受益人取得信托财产并已经实现了特定慈善目的后仍有剩余资金，则剩余资金应返还给本慈善信托。

本慈善信托财产及其收益，均全部用于慈善目的。

（二）投资运用

慈善信托财产运用应当遵守《慈善法》《慈善信托管理办法》以及信托文件的约定，坚持合法、安全、有效的原则，可以运用于银行存款、政府债券、中央银行票据、金融债券和货币市场基金等低风险资产以及符合董事会决定的投资政策的投资标的。原则上本慈善信托的信托财产不得开展其他形式的股权投资，除非信托文件有相反约定。

（三）管理运营

受托人对信托财产履行诚实信用和谨慎管理的义务，按照《鲁冠球三农扶志基金宪章》《鲁冠球三农扶志基金章程》的规定将信托财产运用于慈善目的。本慈善信托的信托财产，受托人必须按照董事会决议和信托文件规定进行管理和运用，与受托人的自有财产和其他项目的信托财产分别记账、分别管理。

（四）信托费用

本信托的受托人为万向信托，受托人报酬以信托财产的规模作为计算基数，报酬率为0.29%/年。受托人报酬计算日为本慈善信托成立每满12个月之对应日及信托终止日。受托人根据信托财产专户资金状况于每一信托年度结算日后的任一日收取信托报酬。当期信托报酬=信托规模×受托人报酬率×当期结算天数/365，信托规模在当期结算期内发生变化的，自变化之日起分段计算。计算上述信托报酬时，信托财产为股权的，信托规模以股权交付时的出资额为计算规模；信托财产为资金的，信托财产以委托人交付的资金为计算规模；信托财产为其他非资金信托财产的，信托规模依据该信托资产交付时签署的相关协议的约定。

托管行不收取任何报关费。

（五）合同期限

本慈善信托自成立之日起永久存续，除非出现法定的终止事由。

（六）变更、终止情形

任何机构或个人不得要求撤销、解除或终止本信托，本信托因法定事由终止时，无须分配信托财产给具体的个人获得单位，但是经信托监察人批准，受托人可将信托财产用于与原慈善目的近似的目的，或将信托财产转移给目的近似的慈善组织或慈善信托。

（七）信息披露

受托人按照本信托合同条款规定向董事会、监察人、慈善秘书、备案机构提交定期报告和临时报告。而且受托人要在官方网站上对本慈善信托事务处理情况及财务状况公开，并存在于受托人办公场所备查。本信托成立后每满一年后的60个工作日内作出慈善信托事务处理情况及财产状况报告后，须经过监察人认可，并向董事会、慈善秘书、备案机构报告，由受托人向社会公告。

七、配套文件及管理机构设置

《鲁冠球三农扶志基金宪章》《鲁冠球三农扶志基金章程》《鲁冠球三农扶志基金慈善信托合同》是本慈善信托的运行基础，根据此等文件，慈善信托及其收益全部用于慈善目的。受托人对慈善信托财产的管理、运用必须严格遵守《鲁冠球三农扶志基金宪章》和《鲁管球三农扶志基金章程》的规定，宪章、章程和合同是本慈善信托规范管理、合法运作的有力保障。

本慈善信托是以信托法律关系为基础设立的慈善信托，实行董事会决策、受托人管理、监察人监督的治理结构和决策机制，其设立和存续充分体现并执行鲁伟鼎先生作为委托人的意愿。根据章程和合同的规定，由慈善信托秘书接收《慈善资助建议书》并初步审核，通过提交董事会审批。审批通过后，受托人依据董事会决议执行，以确保慈善财产用于慈善目的。董事会是鲁冠球三农扶志基金的决策机构，决定本慈善信托基金投资于运营管理的重大事项、议事规则、年度收支预算及决算、资助对象、资助计划以及万向三农的股权表决意见等。

本慈善信托设置监察人，如果监察人有理由相信信托财产处分为本慈善信托的宪章、章程及合同规定，有权要求相关机构或个人进行纠正，尤其是监督万向信托更好地履行管理职责。本慈善信托的首任监察人是鲁泽普先生。[①]

八、监察人

本慈善信托设置信托监察人，并对监察人的选任及到期更换等机制做好了充分安排。本来鲁伟鼎先生作为董事长和实际控制人完全可以全面参与慈善信托的管理和运营，但是长远来看，委托人还是决定为本慈善信托设置信托监察人。

首先设置监察人符合鲁伟鼎先生的意愿，对董事会、受托人的履职行为以及慈善财产的管理都能起到监督作用。若多年之后鲁伟鼎先生因身体原因等无法实现实际控制或管理时，信托监察人有利于保障慈善目的的实现。其次，监察人的设置有利于家族慈善事业的传承。虽然监察人不直接接入经营决策，但可列席董事会，对经营管理信息有知情权，而且鲁泽普先生通过充当监察人可以不断获得慈善信托的运作经验，并传承委托人的意志和策略，优化慈善信托和上市公司的治理，维护上市公司和投资者利益。再次，鲁泽普先生是鲁伟鼎先生的儿子，作为监察人，可以在顾问机构的帮助下，履行职责，在将来时机成熟时，也可能有监察人转任本慈善信托董事会的董事长，从而实现慈善事业的代际传承与交接。最后，根据本慈善信托章程，鲁伟鼎先生有权变更或重新制定监察人，在本慈善信托设立并完成收购后，鲁伟鼎先生作为实际控制人，是慈善信托和上市公司的掌舵者，可以根据实际情况做出及时的、积极的应对，保护上市公司和中小投资者的利益。

---

① 鲁泽普，男，2001 年 3 月生，鲁伟鼎之子，鲁冠球之孙，在校学生。2018 年 6 月 27 日鲁伟鼎签署《信托监察人指定书》，确定鲁泽普为信托监察人，鲁泽普已于 2019 年 3 月开始履职。鲁泽普接受了良好的社会和家庭教育，具备了履职信托监察人的能力，而且章程也授权监察人可以借助外部审计机构对信托账目、资产进行审计，保证更好地履行监察人职责。

第四章 《慈善法》与《信托法》之比较：立法进步与遗留问题

第一节 公益信托的制定法依据

经过长时间的调研、起草，《中华人民共和国慈善法》已尘埃落定，《慈善法》已于2016年3月11日经十二届全国人大四次会议审议通过，并已于2016年9月1日生效。《慈善法》关于慈善信托主要作了以下规定：一是明确了慈善信托的备案制度，第45条规定设立慈善信托、确定受托人和监察人，应当采用书面形式；受托人应当在慈善信托文件签订之日起七日内将相关文件向受托人所在地县级以上人民政府民政部门备案。二是确定受托人的范围，第46条规定慈善信托的受托人可以由委托人确定其信赖的慈善组织或者信托公司担任。三是将是否设置监察人的权利授予委托人，第49条规定慈善信托的委托人根据需要，可以确定信托监察人。由于《慈善法》与《信托法》在信托审批与备案、监察人、受托人范围、委托人权利、税收优惠等方面存在诸多不同规定，相关问题成为争议焦点。

早在2001年10月1日生效的《信托法》第61条明确了国家鼓励发展公益信托的基本立场，多家信托公司积极投入慈善事业，开展公益性信托，涉及的领域包括教育、救助疾病、科研、救灾、资助贫民、文物保护等。2014年4月8日银监会出台的《关于信托公司风险监管的指导意见》（银监办发〔2014〕99号文），明确把大力发展公益信托作为信托转型的方向之一，[①] 但是由于《信托法》对审批机构规定不清晰，有关的税收减免措施不明确，而且要求必须有审批人和监察人，一直到2008年才推出信托行业第一只标准的

---

① 《关于信托公司风险监管的指导意见》三、（二）2. 规定：……完善公益信托制度，大力发展公益信托，推动信托公司履行社会责任。

公益信托，公益信托很长时间内陷入“叫好不叫座”的尴尬境地。

表 4.1　我国近年来设立的部分“公益性信托”

项目名称	业务结构
爱心满中华集合资金信托计划	重庆国投任受托人，初始资金 10 亿元，部分收益用于捐赠中国残疾人福利基金会用于救助白内障患者的复明手术，成立于 2007 年 8 月
同心慈善 1 号新股申购集合资金信托计划	北京信托任受托人，初始资金 4599 万元，收益用于北京地区贫困民工子弟学校，成立于 2007 年 8 月
四川灾区赈灾公益信托计划	金港信托任受托人，信托资金用于捐赠四川灾区，成立于 2008 年 5 月
5.12 抗震救灾公益信托计划	西安信托任受托人，初始资金 1000 万元，用于陕西地震灾区受损中小学校舍重建或援建新的希望小学，审批机构为民政部门，西格玛会计师事务所任信托监察人，成立于 2008 年 6 月，是我国第一款标准的公益信托
爱心系列信托理财产品	衡平信托任受托人，募集资金的 1% 定向捐助灾区支持中小学校园重建，成立于 2008 年 6 月
郑州慈善公益信托计划	百瑞信托任受托人，初始资金 159 万元，用于资助地震灾区及贫困地区教育项目，经郑州民政局审批，郑州慈善总会，2008 年 10 月成立
中信开行爱心信托	中信信托任受托人，初始资金 10 亿元，收益部分全部捐赠给宋庆龄基金会用于四川灾区重建，成立于 2008 年 8 月
金色盾牌·重庆人民警察英烈救助基金公益信托	重庆信托任受托人，初始资金 1.07 亿元，专项用于帮助特困、伤残、牺牲的公安干警及其家属，经重庆市公安局审批，大信会计师事务所任监察人，成立于 2009 年 9 月
紫金·厚德一号公益信托计划	紫金信托任受托人，初始资金 100 万元，信托资金用于资助患重病的儿童，立信会计事务所江苏分所任监察人，成立于 2011 年
长安信托奖学金公益信托	长安信托任受托人，信托规模不低于 10 万年/年，用于奖励西安交通大学经济与金融学院研究生，陕西简能律师事务所任监察人，成立于 2013 年

第二节 《慈善法》关于慈善信托的立法突破

一、改事前审批制为事后备案制

《信托法》第 62 条规定公益信托的设立和确定其受托人，应当经有关公益事业的管理机构批准，未经公益事业管理机构的批准，不得以公益信托的名义进行活动。但是什么机构属于公益事业管理机构？是民政部门、教育部门、医疗卫生部门、文化部门，还是根据不同慈善领域来确定不同的公益事业管理机构？如何进行审批？由哪个级别的公益事业管理机构来审批？比如一个资助小学生食宿的公益信托，其审批机构是教育部门还是食品监管部门，抑或是民政部门？是教育局、教育厅还是教育部？可见，公益事业管理机构非常不明确，无法操作。此次《慈善法》第 45 条明确废止了事先审批制，确立了事后备案制，即设立慈善信托，受托人应当在慈善信托文件签订之日起 7 日内将相关文件向受托人所在地县级以上人民政府民政部门备案。[①] 这一规定彻底统一解决了阻碍慈善信托发展的绊脚石，有利于激发整个社会的公益热情，推动慈善信托的蓬勃发展。

二、明确备案的慈善信托享受税收优惠

《信托法》没有明确与公益信托相配套的税收制度，导致公益信托的税收优惠措施不明晰，缺乏有效的激励措施，公益信托的设立仅能依靠捐出者的道德感和社会责任感。《慈善法》第 45 条明确经过备案的慈善信托享受税收优惠，第 80 条则明确企业慈善捐赠支出超过法律规定的准予在计算企业所得税应纳税所得额时扣除的部分，允许结转以后 3 年内在计算应纳税所得额时扣除。若该条同样适用于慈善信托，必将对慈善信托的委托人产生正向激励，刺激更多的机构设立慈善信托项目，该法第 81 条则明确受益人依法享受税收

① 值得注意的是，北京市根据慈善信托规模的大小，对备案机关进行细分。《北京市慈善信托管理办法》（京民慈发〔385〕号，2016 年 9 月 21 日颁布）第 6 条：慈善信托资产总额在 200 万以上的，经登记地民政部门初审，向市民政部门备案。

优惠。这些规定必将推进慈善信托的大发展、大繁荣。

三、信托监察人由强制设置改为任意设置

《信托法》第 64 条规定公益信托应当设置信托监察人。信托监察人由信托文件规定。信托文件未规定的，由公益事业管理机构指定，即监察人的设立属于强制性规定。如果没有设置信托监察人，则根据《合同法》第 52 条第 2 款第 5 项规定，该信托合同将被认定为无效。①《慈善法》第 49 条则规定慈善信托的委托人根据需要，可以确定信托监察人，信托监察人对受托人的行为进行监督，依法维护委托人和受益人的权益。其相应表述由“应当设置信托监察人”（《信托法》第 64 条）改为“……根据需要，可以确定信托监察人”（《慈善法》第 49 条），监察人的设立变为任意性条款，即法律并不强行要求设立信托监察人，是否设立由慈善信托委托人根据实际需要自由裁量。

第三节　亟待解决的几个问题

《慈善法》废除了审批制度，使得信托监察人设立自由化，明确赋予有关税收减免优惠，其颁布必将对慈善信托的开展注入强大动力，促进慈善信托的大发展、大繁荣。

表 4.2　《慈善法》生效日（2016 年 9 月 1 日）前后设立慈善信托一览表

名称	业务结构
兴业信托·幸福一期慈善信托计划（兴业信托）	2016 年 9 月 1 日向福建省民政厅备案成功，不设存续期限，善款运用于养老、助学、扶贫、领域，兴业信托作为受托人，立信会计师事务所作为监察人，兴业银行为保管行，受托人、监察人、保管行均不收取费用，采用信托 + 专业组织的架构。

① 《合同法》第 52 条：有下列情形之一的，合同无效：（一）一方以欺诈、胁迫的手段订立合同，损害国家利益；（二）恶意串通，损害国家、集体或者第三人利益；（三）以合法形式掩盖非法目的；（四）损害社会公共利益；（五）违反法律、行政法规的强制性规定。

续表

名称	业务结构
中诚信托 2016 年度博爱助学慈善信托（中诚信托）	2016 年 8 月 31 日已向北京市银监局报备，中诚信托任受托人，北京市民政局备案，北京市中盛律师事务所任监察人，慈善信托财产的管理、监察及资金保管等均不收取费用，信托本金及收益全部用于促进贫困地区教育事业发展。采取信托 + 基金会的运作模式，中诚信托负责慈善信托的设立、管理等事项，北京市美疆助学基金会负责项目遴选，首期资助对象为新疆阿图什市格达良中心学校 40 名贫困学生。
长安慈——山间书香儿童阅读慈善信托（长安信托）	2016 年 9 月 1 日在西安市民政局备案，陕西省慈善协会作为委托人，受托人为长安信托，目的在于鼓励图书捐赠，使贫困地区儿童能够畅享阅读的快乐，北京康达（西安）律师事务所担任监察人，组建慈善信托决策委员会对项目策略、执行管理、检测评估等进行决策。
蓝天至爱 1 号慈善信托（安信信托）	2016 年 9 月 5 日设立，由安信信托和上海市慈善基金会合作，为永续型慈善信托，为目前国内规模最大的慈善信托项目，预设筹款规模为 1 亿元，目前到位 3200 万元。上海市慈善基金会为委托人，也是慈善项目顾问，安信信托作为受托人，上海市联合律师事务所为信托监察人，该信托为开放式信托，每月有一个开放日，吸纳社会各界加入信托计划，后续将推出“蓝天至爱 2 号”“蓝天至爱 3 号”等。
“慈心致远、善行未来”慈善信托（中航信托、华能信托）	2016 年 9 月 1 日北京银行与中航信托、华能信托宣布合作开展家族信托、慈善信托服务。在慈善信托备案成立之后，北京银行私人银行客户每设立一笔家族信托，其部分信托收益、受托人及财务顾问佣金将注入慈善信托用于支持特定慈善项目，北京银行任慈善信托监察人。
国投慈善 1 号慈善信托（国投泰康信托）	2016 年 9 月 1 号设立，国投泰康 1 号慈善信托由国家开发投资公司出资 3000 万，期限 5 年，首期信托资产 1000 万，本金及收益全部用于改善贫困地区群众生活及发展贫困地区教育事业。上海锦天城律师事务所作为监察人，北京市民政局备案。
真爱梦想 1 号教育慈善信托（国投泰康信托）	2016 年 9 月 1 号设立，“真爱梦想 1 号教育慈善信托”采取信托公司 + 慈善组织模式，由自然人出资 82 万，期限 3 年，信托目的是促进中小学素质教育。由上海真爱梦想基金会作为慈善项目的执行人，上海锦天城律师事务所为监察人，北京市民政局备案。

续表

名称	业务结构
中国平安教育发展慈善信托计划（平安信托）	2016年9月1日设立，为国内首支永续性集合慈善信托，信托计划规模1000万元，资金全部来自于平安集团、下属子公司及员工捐赠，平安信托将投入自有资金200万元，专注于投向教育领域的慈善项目。该信托不设置预计存续期限，可永久存续。设立信托计划理事会，由受托人、委托人代表、社会公益知名人士组成，就信托资金的使用、慈善项目安排等事项进行集体决策，平安信托对该信托计划实行0.8%的管理费，其中0.3%作为风险准备金。
天启977号爱飞客公益慈善集合信托计划	2016年9月1日设立，中航通飞、中航资本、中航信托分别出资作为第一批委托人，本信托为开放式，最低认购资金起点为1元，广东省爱飞客公益基金会为合作公益机构，北京六明律师事务所为监察人，南昌市民政局负责备案。该信托旨在搭建航空科普、支持教育、精准扶贫、绿色环保、弘扬社会正义等方面的公益慈善事业平台。

但与此同时，结合我国公益信托、慈善信托实践中遇到的困难，以及《慈善法》生效以来信托公司、慈善组织、民政部门、银监部门、专家学者的讨论，《慈善法》仍然有几个遗留问题需要在未来修法或者制定行政法规时重点关注。

一、慈善信托的清算难题

（一）《信托法》的相关规定

信托终止后，受托人负有对信托事务进行清算的义务。信托事务的清算一般包括清收信托财产的债权，处置、变现信托财产，清偿信托财产的债务、分配信托财产，制作并提交清算报告等。由于公益信托涉及社会公众利益，且往往有特定管理机构、监察人介入，因此在公益信托中信托事务的清算问题至关重要。

《信托法》第71条对公益信托的清算程序有比较具体的规定，即公益信托终止的，受托人作出的处理信托事务的清算报告，应当经信托监察人认可后，报公益事业管理机构核准，并由受托人予以公告。据此规定，公益信托的清算要经过以下四个步骤：第一步由受托人作出处理信托事务的清算报告；第二步由信托监察人认可上述清算报告；第三步将该清算报告报公益事业管理机构核准；第四步由受托人公告上述清算报告。只有经过上述四个步骤，一个公益信托才能经过清算而最终合法终止。

（二）《慈善法》的相关规定

《慈善法》已于2016年3月16日第十二届全国人大第四次会议通过，并已于2016年9月1日生效，该法第44条至第50条对慈善信托进行了规定，但其中并没有对慈善信托清算的规定，根据该法第50条规定慈善信托的设立、信托财产的管理、信托当事人、信托的终止和清算等事项，《慈善法》第五章未规定的，适用《慈善法》其他有关规定；《慈善法》未规定的，适用《信托法》的有关规定。事实上，《慈善法》其他各章也没有关于慈善信托清算的规定，因此按照《慈善法》第50条的指引，在慈善信托清算的问题上仍然要适用《信托法》第71条的规定。[①]

（三）新旧法脱节，慈善信托清算面临困难

从形式看，按照《慈善法》第50条适用《信托法》第71条来处理慈善信托的清算问题好像没有问题，事实上由于相关法条配合不当，慈善信托清算可能面临困难。首先《信托法》第71条要求慈善信托清算必须要经过信托监察人认可，否则无法完成清算。但是根据《慈善法》第49条是否设置信托监察人可由慈善信托的委托人根据实际需要自由裁量。这样就出现了潜在的法律冲突，如果委托人确实设置了信托监察人，固然可以按照《信托法》第71条经过信托监察人认可后顺利完成清算。但是如果委托人考虑实际需要没有设置信托监察人，则实际上就无法满足《信托法》第71条必须经过监察人认可的要求，从而无法完成清算，慈善信托无法合法终止。之所以出现这样的困难，根本原因在于《信托法》第64条强制要求设置信托监察人，因此可以和该法第71条互相配合，但是《慈善法》第49条将是否设置信托监察人的权利赋予委托人，即由强制设置改为自由设置，这种立法态度的改变没有在《慈善法》中得到关联法条的支持，即一方面慈善信托设立时授权委托人

---

① 《慈善信托管理办法》第42条规定慈善信托终止的，受托人应当在30日内作出处理慈善信托事务的清算报告，向备案的民政部门报告后，由受托人予以公告。慈善信托若设置信托监察人，清算报告应事先经监察人认可。这个条文一定程度上弥补了《慈善法》的不足，但是由于《慈善法》第50条将《慈善法》未规定事宜统一指向了《信托法》，而《慈善信托管理办法》第63条的规定显然与《慈善法》第50条冲突，考虑到《慈善信托管理办法》仅仅是部门规章，位阶较低，这一问题的根本解决仍要等到《慈善法》修法之时。

可以不设置监察人，另一方面又要求信托清算时必须要有监察人认可，显然在立法时缺乏通盘考虑，存在法律漏洞。[①] 其次，《信托法》第71条还要求公益信托的清算要经过公益事业管理机构核准，否则不能完成清算。这一规定是和《信托法》62条的规定相呼应、配合的，因为第62条要求公益信托开始设立阶段必须要经公益事业管理机构批准，那么在公益信托清算、终止阶段当然也要经过公益事业管理机构核准方可，正所谓“有始有终”，在形式逻辑和价值判断上都没有问题。可是目前的问题是《慈善法》第45条已经放弃了慈善信托设立需要公益事业管理机构事前审批的立场，改为在慈善信托文件签订之日起七日内向县级以上人民政府民政部门备案，即改事前审批制为事后备案制，新法的基本精神显然是要弱化公益事业管理机构对慈善信托从设立到终止整个过程的监管权力。那么在新设的慈善信托经过向民政部门备案运行一段时间后，是否仍然要经过民政部门核准后才能完成清算就成为一个重要的问题。此外《信托法》第71条规定的核准主体是公益事业管理机构，其可能包括民政、环保、教育、体育、文物等各种部门，而《慈善法》规定的备案部门只有县级以上人民政府的民政部门，若原来依照《信托法》由环保部门审批了一个以环保为信托目的的公益信托，则该信托终止清算时的核准部门是环保部门还是民政部门也有进一步明确的必要。为了防止出现上述困难，委托人可能在信托设立阶段就必须设置一个信托监察人，以确保在清算时可以得到监察人的认可。但如此处理等于变相废止了《慈善法》第49条，从而使新法的立法精神不能实现。若遵守《慈善法》第49条不设置信托监察人则必然在清算环节出现困难。由此慈善信托的清算问题将处于首鼠两端、左右为难的尴尬境地。

（四）可能的出路

上述困难根源于立法设计时没有通盘考虑，对关联法条缺乏体系性思维，以至于导致小范围内法条之间彼此废止、形成“血栓”，影响法律的顺畅运行。在目前立法环境下，如何使慈善信托能够顺利清算、合法终止关系到慈善信托的生死存亡，必须在实操和立法方面尽快解决。在实操方面，作为委

---

① 法律漏洞即法律的不完满性，于任何法律都不能避免，或许可以主张，当而且只有当法律对其规整范围内的特定案件案型缺乏适当的规则，换言之，对此保持“沉默”时，才有法律漏洞可言，但这种沉默不包括所谓“有意义的沉默”。关于法律漏洞及其填补的经典论述可参考［德］卡尔·拉伦茨：《法学方法论》，陈爱娥译，商务印书馆2005年版，第249-278页。

托人最好在慈善信托设立时就设置信托监察人，以防信托终止没有监察人认可而无法完成清算，这样处理虽然变相剥夺了《慈善法》第 49 条授予委托人自由决定是否设置监察人的权利，但在目前的立法环境下也只能不得已而为之。在立法方面，作为民政部、银保监会等主管部门，在出台后续修法时应当明确《慈善法》生效后设立的慈善信托若没有设置信托监察人，则无需监察人认可，若设置信托监察人，则需经过监察人认可方能清算。至于是否需要经过民政部门核准方能清算完毕，则属于立法政策的问题，考虑到慈善信托牵涉甚广，笔者认为还是以经过民政部门核准为宜。对于《慈善法》生效前设立的公益信托清算时则必须经过信托监察人认可，并由负责审批的公益事业管理机构核准方可清算终止。值得注意的是，《慈善信托管理办法》第 42 条在一定程度上缓解了这个问题，即采用两分法，有监察人的，需要经过监察人认可，没有的直接向备案的民政部门报告。① 一定程度上改变了《信托法》第 71 条的规定，但是考虑到法律位阶的不同，这种改变并不合理，因为起码在表述上《慈善信托管理办法》第 63 条与《慈善法》第 50 条矛盾。

二、谁有慈善信托受托人的变更权——《慈善法》第 47 条的解释论

（一）现行法规定

《信托法》第 68 条规定，如果发生公益信托受托人因违反信托义务或者无能力履行其职责而需要通过解任受托人和选任受托人方式对受托人予以变更的情形，由公益事业管理机构直接予以变更，不存在通过委托人和受益人予以变更的情况。对于私益信托，由于其主要是为委托人及受益人利益，因此《信托法》第 23 条规定，若受托人违反信托目的处分信托财产或者管理运用、处分信托财产有重大过失的，委托人有权依照信托文件的规定解任受托人，或者申请人民法院解任受托人。而根据《信托法》第 49 条，受益人也享有此项权利。可见《信托法》严格区分了私益信托与公益信托，将前者解任、

① 《北京市慈善信托管理办法》（京民慈发〔385〕号）第 27 条规定：委托人完成清算和剩余财产的处置后 7 日内，应当向原备案机关提交经委托人或监察人认可的终止报告和经会计师事务所审计的清算报告。

变更受托人的权力完全赋予委托人、受益人，而公益信托则由于信托目的的公益性、受益人为不特定的社会公众等特殊属性，该权力则由主管机构即公益事业管理机构行使。但《慈善法》至少从文意上看已经改变了上述立场，该法第47条规定慈善信托的受托人违反信托义务或者难以履行职责的，委托人可以变更受托人。变更后的受托人应当自变更之日起七日内，将变更情况报原备案的民政部门重新备案。《慈善信托管理办法》第37条规定得更加细致，即慈善信托的受托人违反信托文件义务或者出现依法解散、法定资格丧失、被依法撤销、被宣告破产或者其他难以履行职责的情形时，委托人可以变更受托人。全国人大法工委的解释是"《中华人民共和国信托法》第68条规定，公益信托的受托人违反信托义务或者无能力履行其职责的，由公益事业管理机构变更受托人。考虑到慈善信托是委托人将自己的财产用于慈善活动，慈善信托相关事项确需变更的，应当尊重委托人的意思，《慈善法》规定委托人可以变更受托人。"① 可见在中途解任原受托人或者说变更原受托人的问题上，立法的基本轨迹是：《信托法》公益信托变更受托人权利享有者：公益事业管理机构→《慈善法》慈善信托变更受托人权利享有者：委托人。

（二）存在的问题

私益信托中，委托人和受益人都是特定的，无论自益信托或者他益信托都是如此，并遵循"受益人利益最大化原则"。特定化的受益人是私益信托设立的一项必备要件，否则私益信托无效（《信托法》第11条）。与此相反，设立公益信托绝无法遵循"受益人利益最大化原则"，因为公益信托既然是为了公共利益目的而设立，在公益目的范围内，并没有特定化的受益人或者受益人范围存在，因此公益信托的"公益性"使得其与私益信托有着本质的不同，这也是公益信托有效成立的根本前提。虽然公益信托实施的结果必然会使得符合条件的某些人获益，如为了教育目的而设立的提供奖学金的公益信托，尽管结果上会使得某些学生获益，但从公益信托实施过程中获利本质上只是公益信托的"反射效果"，这些人本身并不具有信托受益人的法律地位，对公益信托并没有信托法上的受益权。正是因为公益信托的"公益性"和私益信托的"私益性"的本质不同，《信托法》对两类信托中途变更受托人

① 全国人大常委会法制工作委员会社会法室编著，阚珂主编：《中华人民共和国慈善法解读》，中国法制出版社2016年版，第148页。

的权利才作了不同分配，即前者的变更权赋予公益事业管理机构，后者则赋予委托人、受益人，体现了“相同事物相同处理，不同事物不同处理”的基本法理。

但《慈善法》改变了上述立场，第 47 条明确地将相关的权利赋予委托人。这样处理则至少在受托人变更的问题上，《慈善法》中的慈善信托采取了与《信托法》的私益信托非常相似的处理方法，一定程度上模糊了私益信托与慈善信托的界限，可能会引起一些严重的负作用。

首先，由于慈善信托的资金门槛原则上没有限制，即不需要合格投资者的资格准入，因此其委托人可能多且分散，对于仅仅投入几元、几十元等较小金额的委托人来说，其可能并不特别关注该慈善信托的事后管理及运作，对于该慈善信托的受托人是否违反信托义务或者难以履行职责的监督并没有极大的热情，将受托人变更权赋予该类委托人可能是一厢情愿。

其次，在慈善信托为单一信托的情况下，由单一的委托人决定是否变更受托人具有可操作性，但是若该自然委托人去世或者机构委托人解散，就会出现由谁来承继这一变更权的问题。

再次，若委托人众多，且投入的资金大小不一，如何进行决策也是一个难题。因为《慈善法》虽然将变更权由公益事业管理机构转移到委托人，但是没有规定相应的决策机制。基于解释论的立场，对此立法漏洞的可能解决方案是有限制地类推适用《信托公司集合资金信托计划管理办法》第 41－46 条的规定。即在委托人为多数且慈善信托合同中没有相关规定的情况下，成立类似于受益人大会的委托人大会，通过一定的召集、表决、公示程序决定受托人的变更问题。但要注意慈善信托在本质属性上的不同，即按照第 46 条的规定，每个受益人的表决权是与其持有的信托单位息息相关的，按照该办法第 45 条，每一个信托单位具有一票表决权。对于慈善信托能否如此确定表决权则存在疑虑，因为本质上慈善信托是没有受益人的，委托人本身在将资金投入慈善信托之后就不再与该信托财产存在任何经济关联了，尤其是不再从该财产中获得任何收益，因此是否依然按照其捐助资金的多少来决定表决权存在正当性的质疑。

在《慈善法》对此完全没有规定的情况下，可能的方案有两个：一是类推适用《信托公司集合资金信托计划管理办法》第 45、46 条；另一个方案是按人头数计算，即每一个委托人有一个投票权，而与其投入慈善信托的资金多少无关。

最后，原来的《信托法》赋予公益事业管理机构以变更权，《慈善法》没有了“公益事业管理机构”这一概念，与其职能最接近的是“民政部门”。则在受托人变更的问题上民政部门应当充当什么角色？有没有权力来干涉受托人的变更事宜？尤其是出现委托人大会长时间不能召开，或者不能形成有效决议等情形时民政部门有无发挥作用的余地，这些问题亟须明确。

三、监察人对信息披露的认可权

（一）制定法依据——《信托法》第 67 条

慈善信托的性质是为了实现公共利益，而其受益人在信托实施前又不能确定，如果受托人不依照信托文件的规定，将信托财产用于规定的公益目的，则公共利益无从实现。依据公益信托的这一性质，信托监察人有权监督受托人依照信托文件的规定将信托财产运用于具体的公益目的，一旦受托人违反信托文件的规定，没有将信托财产运用于公益目的或者运用于公益目的的财产不充分，信托监察人可以代表受益人，或直接请求受托人履行职责，或请求公益事业管理机构责令受托人履行职责，或向法院提起诉讼，要求受托人履行职责。我国《信托法》第 67 条规定公益信托受托人应当至少每年一次作出信托处理情况及财产状况报告，报信托监察人认可。信托监察人通过行使该项认可权，对公益信托进行定期监督。《慈善法》则本着简化设立流程、方便信托管理的思想，于第 48 条第 2 款规定，慈善信托的受托人应当根据信托文件和委托人的要求，及时向委托人报告信托事务处理情况、信托财产管理使用情况。慈善信托的受托人应当每年至少一次将信托事务处理情况及财务状况向其备案的民政部门报告，并向社会公开。

（二）问题及可能的方案

《信托法》在受托人信息披露问题上，强调了信托监察人对披露报告的认可权，即必须经过监察人认可后，该报告才可能最终经过公益事业管理机构核准并予以公告，因此监察人认可是信息披露的必经环节。而《慈善法》第 48 条则忽略了这个问题，即受托人仅仅需要将信托事务处理情况及财务状况向备案的民政部门报告后即可向社会公开。

如何处理两者之间的冲突，可能的方案有以下几种。

首先，如果慈善信托设置了监察人，并且监察协议中约定，受托人的信息披露报告必须经过监察人认可，则应当认定约定有效，监察人基于约定取得了对信息披露报告的认可权。因为《慈善法》第 48 条第 2 款的规定从立法目的上来看应当属于管理性规定，目的在于规范受托人的信息披露义务，当事人通过约定赋予监察人认可权会更加有利于对受托人信息披露义务的监督，因此此类约定并不违反法律的强制性规定，约定有效。

第二种情形是，若慈善信托设置了监察人，但是却没有上述约定，则该监察人能否根据《信托法》第 67 条主张行使认可权成为重要问题，结合《慈善法》第 48 条、第 50 条的规定，有理由认为《慈善法》第 48 条应当优先于《信托法》第 67 条适用，即此时的监察人不能基于《信托法》第 67 条主张认可权，否则《慈善法》第 50 条的规定将流于具文。

第三种情形，若根据《慈善法》第 49 条第 1 款慈善信托没有设置监察人，则监察人的认可权当然也无从谈起，适用《慈善法》第 48 条第 2 款处理完全没有障碍。

第四种情形，若公益信托完全根据《信托法》中的规定设立，但一直存续到《慈善法》生效以后，则监察人能否主张后法优于先法，从而放弃行使认可权。这种观点应当反对，因为原则上法律不溯及既往，因此已经设立的公益信托遵循《信托法》进行管理完全符合法理。且从方便管理的角度而言，应当保持公益信托运营管理的持续性，认可权是监察人的重要权利，对于确保公益信托的规范、透明至关重要，从某种意义上这种权利也含有义务的属性，而义务具有不可放弃性，所以原则上对于存续中的公益信托，监察人仍有认可权，并不得放弃该权利的行使。

从实操层面分析，为了杜绝法律关系的复杂化，最大限度地避免争议，同时兼顾设置监察人的其他优势，建议在《慈善法》生效后于慈善信托成立生效之际设置监察人，并在监察协议中约定对于受托人的信息披露报告监察人有没有认可权，即通过明确的约定将法律衔接错位带来的负面影响降到最低。

四、信托监察人监督权的缺位填补

（一）《信托法》赋予公益信托监察人的职权

《信托法》第 65 条规定信托监察人有权以自己的名义，为维护受益人的利益，提起诉讼或者实施其他法律行为。因此，信托监察人是以自己的名义、代表受益人行使对公益信托监督权利的人。一方面，信托监察人是公益信托受益人的代表，其行使权利是为了受益人的利益，所以信托监察人本身并不享有公益信托的信托利益，其作为受益人代表从受托人处取得的利益，应该归属信托财产或者转交给符合条件的受益人。另一方面，信托监察人又不是法律意义上的公益信托受益人的代理人，其行使权利虽然是为了受益人的利益，但又是根据自己的判断、以自己的名义进行的，是一个独立的法律主体。根据上述第65条的规定，信托监察人作为受益人的利益代表，其行使权利的方式是“提起诉讼或者实施其他法律行为”，至于在什么情况下可以提起诉讼，又可以实施何种“其他法律行为”，《信托法》没有具体规定。就是说，信托监察人享有的权利范围，《信托法》并没有专门规定。

从解释论着眼，信托监察人既然是受益人的利益代表，其权利范围应以受益人的权利范围为限。对于信托受益人的权利，根据我国《信托法》的规定，大致可以分为两类：一是享受信托利益的权利，二是对信托的监督权。享受信托利益的权利属于受益人的专属权利，信托监察人只是受益人的利益代表，本身不得享有信托利益，即使在行使权利过程中以自己的名义取得了信托利益，也应转交给符合条件的受益人。所以信托监察人作为受益人的利益代表，其权利主要限于受益人依法可以享有的对信托活动的监督权，如依公益信托性质享有的信托监督权、信托管理知情权（《信托法》第20条）、信托财产管理方法调整请求权（《信托法》第21条）、信托财产处分行为撤销申请权（《信托法》第22条）、对公益信托报告的认可权（《信托法》第67条）、对公益信托清算报告的认可权（《信托法》第71条）等。除上述法定权利之外，公益信托当事人也可以在信托文件中规定监察人享有的其他监督权利，比如信托文件可以规定信托监察人监督的范围、形式和频率等。一旦信托文件对信托监察人的权利作了规定，只要该规定不违背法律的禁止性规定，信托监察人就可以享有信托文件规定的权利。

（二）《慈善法》对慈善信托监察人职责的规定

《慈善法》第49条第2款基本上贯彻了上述思想，明确规定“信托监察人对受托人的行为进行监督，依法维护委托人和受益人的权益。信托监察人发现受托人违反信托义务或者难以履行职责的，应当向委托人报告，并有权以自己的名义向人民法院提起诉讼”。官方解读该条立法理由也认为，[①] 由于慈善信托的受益人是不特定的社会公众，只有在享受信托利益时才能确定具体的受益人。因此，与一般的私益信托从成立时就有明确的受益人不同，慈善信托在执行过程中，由于潜在受益人的范围比较广泛，由如此不特定的广大的潜在受益人直接对受托人的信托活动进行监督难以操作，所以《慈善法》在慈善信托的制度中设置了信托监察人制度。信托监察人既是受益人利益的代表，又是对受托人的信托活动实施监督的人。

（三）日本、韩国信托法的监察人必设主义

事实上很多国家的信托法都对公益信托的监察人有比较明确的规定，且多采取必须设置信托监察人的立法政策。例如日本《信托法》规定，受益人不特定或者尚不存在时，法院可根据利害关系人的请求或依职权选任信托管理人，但已经依信托行为指定了信托管理人时，不在此限。[②] 韩国《信托法》也规定，无特定或尚没有受益人时，法院须根据有关利害关系人的请求，或依职权选任信托管理人。但是，以信托行为选任信托管理人的除外。从以上信托法的规定可以看出，关于信托监察人的选任，日本、韩国的规定与我国《信托法》的规定相似，都可以在信托文件中规定信托监察人。不同的是，当信托文件未规定信托监察人时，日本、韩国的规定是由利害关系人或检察官申请法院选任，我国信托法则规定由公益事业管理机构指定。

（四）《慈善法》的法律漏洞及其填补[③]

在慈善信托当事人设置监察人的场合，《慈善法》第 49 条第 2 款的规定可以畅通无阻，监察人可以充分行使其监督权，以切实维护潜在受益人（不特定社会公众）的利益，监督受托人规范行使权利、认真履行义务。

但是由于《慈善法》第 49 条第 1 款改变了《信托法》第 64 条的规定，由原来的强制设置信托监察人变为任意设置信托监察人，若委托人根据第 49 条第 1 款的授权没有设置信托监察人，则慈善信托的潜在受益人（不特定的

① 全国人大常委会法制工作委员会社会法室编著，阚珂主编：《中华人民共和国慈善法解读》，中国法制出版社 2016 年版，第 151 页。

② ［日］能见善久：《现代信托法》，赵廉慧译，中国法制出版社 2011 年版，第 297 页。

③ 即在个案中通过类推适用、目的性扩张、目的性限缩等手段弥补法律规定的不完满性，又称为法律续造，具体可参考［德］拉伦茨：《法学方法论》，陈爱娥译，商务印书馆 2005 年版，第 277－278 页。

社会公众）就没有了利益代表，于此场合如何监督受托人规范运作、如何切实维护不特定社会公众的利益就没有着落，《慈善法》就此没有任何规定，根据《慈善法》第 50 条，《慈善法》第 49 条第 1 款显然应当优先于《信托法》第 64 条适用，即委托人完全可以不设置监察人，从而慈善信托受益人的利益无人维护，如此处理与慈善信托的性质直接冲突，构成明显的法律漏洞。此问题可能的解决方案有以下几种：

第一种方案是回到《信托法》第 64 条，在信托文件没有设置信托监察人时，由公益事业管理机构指定信托监察人。但如上所述，这样处理与《慈善法》第 50 条直接矛盾，并使得《慈善法》第 49 条第 1 款规定的监察人任意设置主义形同虚设，且《慈善法》并没有“公益事业管理机构”的位置，也无从获得其批准，因此这种方案行不通。

第二种方案是借鉴上述日本法、韩国法的规定，在委托人没有设置信托监察人时，由法院指定或者选任监察人，但这样处理实质上又回到了《信托法》第 64 条，即仍然是监察人强制设立主义，与上述第一种方案存在相同的问题。

第三种方案是由慈善信托的委托人代表受益人行使《慈善法》第 49 条第 2 款规定的监察人的权利。这样处理的障碍在于《慈善法》没有明确赋予委托人这样的权利，且慈善信托中委托人往往十分众多、分散，且捐赠门槛很低，对监督受托人、切实维护慈善信托受益人权益的热情有限，在实际操作上存在困难。而且根据《慈善法》第 49 条第 2 款监察人发现受托人违反信托义务或者难以履行职责的，应当向委托人报告。《慈善法》显然将监察人和委托人分列为不同的角色，充任不同的职能，若由委托人行使监察人的职权则显然与目前立法结构冲突。

第四种方案是由备案的民政部门行使《慈善法》第 49 条第 2 款规定的权利。但《慈善法》目前的立法政策基本上把民政部门作为慈善信托的业务主管机构，其对慈善信托的备案是代表国家行使公权力，而监察人的权利则产生于监察服务合同，二者具有不同的性质。此外，民政部门作为备案部门，并不实质介入慈善信托的运作、管理；作为非专业部门，民政部门能否准确判断受托人是否违反信托义务或者难以履行职责也存在质疑，考虑到我国民政部门实际工作的繁重程度，由民政部门行使监察人的权利至少在操作性上有待商榷。

另外一个可能的方案是由检察机关代表公共利益提起公益诉讼，[①] 这种做法与英国公益信托实践中的做法类似，即如果公益信托的受益人群利益受损，且这种受损是因为受托人履职不当引起的，那么英国的皇家检察总长可以以自己的名义提起公益诉讼，维护公益信托受益人的利益。在我国，检察机关是专门的法律监督机关，是社会公众利益的集中代表，而且近几年来检察机关提起公益诉讼维护公共利益的案件屡见不鲜，也积累了相当的诉讼经验，慈善信托具有典型的公益属性，由检察机关提起公益诉讼维护慈善信托受益人的利益是一个非常可行的方案。

从实际操作层面分析，比较稳妥的办法是在慈善信托设立时就设置监察人，从而可以完全充分地落实《慈善法》第 49 条规定的立法精神，避免事后再寻找合适的受益人利益代表以及纠结由谁来监督受托人的问题。

五、情事变更情形变更信托文件条款权利的归属

（一）制定法依据——《信托法》第 69 条

不管是私益信托还是公益信托，依法成立后，非依约定和法定，均不得变更信托条款。关于信托条款的约定变更，公益信托和私益信托的当事人均可以依照信托文件的规定加以变更，所不同的是，因公益信托的设立需要根据《信托法》规定由公益事业管理机构批准，解释上，其约定变更也应当经过公益事业管理机构批准。关于信托条款的法定变更，《信托法》则对公益信托作出了明显不同于私益信托的规定。关于私益信托条款的法定变更，根据《信托法》第 21 条、第 49 条的规定，因设立信托时未能预见的特别事由，导致信托财产的管理方法不利于实现信托目的或者不符合受益人的利益时，委托人或受益人有权要求受托人调整该信托财产的管理方法。而对于公益信托的法定变更，《信托法》第 69 条则规定：“公益信托成立后，发生设立信托时不能预见的情形，公益事业管理机构可以根据信托目的，变更信托文件中的

---

① 《最高人民法院、最高人民检察院关于检察公益诉讼案件适用法律若干问题的解释》已于 2018 年 2 月 23 日由最高人民法院审判委员会第 1734 次会议、2018 年 2 月 11 日由最高人民检察院第十二届检察委员会第 73 次会议通过，并自 2018 年 3 月 2 日起施行。该解释第 4 条规定：人民检察院以公益诉讼起诉人身份提起公益诉讼，依照民事诉讼法、行政诉讼法享有相应的诉讼权利，履行相应的诉讼义务，但法律、司法解释另有规定的除外。

有关条款。”

（二）私益信托与公益信托情事变更比较

可见《信托法》在这一问题上严格区分了公益信托和私益信托，至少在以下几个方面作出了比较明显的区分：首先，私益信托变更的事由是发生“设立信托时不能预见的特别事由”，而公益信托条款变更的事由是发生“设立信托时未能预见的情形”，可见公益信托变更的事由更加宽泛，只要在公益信托成立后出现与设立信托时为实现信托目的不相适应的任何情形时，均可以变更相关信托条款。其次，变更的范围不同，私益信托条款变更的范围仅仅局限于“信托财产管理方法”，而公益信托条款变更的范围则未作任何限制，变更范围比私益信托更加广泛。只要因公益信托设立时未能预见的情形导致不利于信托目的实现的条款，均可以变更，而不像私益信托那样，仅限于“信托财产管理方法”的变更。最后是变更主体的不同，私益信托条款的变更主体是委托人或者受益人，即由委托人或受益人直接要求受托人加以变更。公益信托的变更主体则是公益事业管理机构，即由公益事业管理机构直接依法判断是否要变更以及变更什么，而不需要委托人或受益人的介入。公益事业管理机构一旦作出信托条款的变更决定，受托人必须予以执行。

（三）《慈善法》与《信托法》的衔接漏洞及化解

应该说《信托法》的上述规定很好地解决了公益信托运行过程中的情事变更问题，使得公益信托能够随着现实情况的变化而及时地进行调整，以适应最新的情况变化。但是《慈善法》对此问题没有明确的规定，《慈善信托管理办法》对此也没有明文，如此在慈善信托运行过程中，若出现情事变更的情形，能否变更信托文件条款，由谁来决定变更与否、如何变更就成为重要的问题。

可能的解决方案是依然根据《慈善法》第 50 条的规定，《慈善法》未规定的，适用《信托法》的有关规定。如此问题又回到了《信托法》第 69 条，即《慈善法》生效后设立的慈善信托依然适用《信托法》第 69 条来处理情事变更问题，由公益事业管理机构根据信托目的，在发生设立信托时不能预见的情形时变更信托文件中的有关条款。但事实上这种处理无法实现，因为《慈善法》中没有“公益事业管理机构”的概念，如果要贯彻《信托法》第 69 条的规定，则可能会与《慈善法》的立法精神背道而驰，即根据《信托法》公益信托的设立由公益事业管理机构审批，在发生情势变更时也由公益事业管理机构变更信托文件的条款。但是《慈善法》将事前审批制改为事后备案制，即慈善信托文件签订之日起七日内，受托人将相关文件向受托人所在地县级以上人民政府民政部门备案即可，而整个慈善信托运作过程中，任何变动事项也只需要事后在民政部门备案即可，如《慈善法》第47、48条等。而如果依然根据《信托法》第69条处理，则可能在民政部门之外又出现了各种“公益事业管理机构”参与慈善信托的管理，甚至可以变更慈善信托的条款。比如委托人设立了一个以环境保护为信托目的的慈善信托，并报受托人所在地的民政部门备案，若在该慈善信托运行过程中出现情事变更情形，按照《信托法》第69条的规定此时必须由环保部门作为“公益事业管理机构”来变更信托文件中的相关条款。如此处理显然与《慈善法》以“民政部门”取代《信托法》中的“公益事业管理机构”的立法设计相左。

另外一个可能的方案是由民政部门来行使《信托法》第69条规定的变更信托文件条款的权利，这样处理与《慈善法》的整个立法架构是吻合的，民政部门作为《信托法》中的“公益事业管理机构”的替代机构来行使其相应权利也符合职能替代的原则，但是目前的困难在于民政部门并没有慈善信托条款调整的经验，甚至慈善信托对于民政部门来说也是全新的事物。①

当然，在《慈善法》《信托法》制度供给不足的情况下，回归《合同法》也是一个可以考虑的路子，即确实需要因情事变更调整慈善信托合同条款，而根据《信托法》第69条又不太顺畅时，可以考虑《合同法解释二》第26条的规定，由法院综合考量后调整相关合同条款。②

值得注意的是，广东省采取了由委托人在必要时要求受托人调整信托财产的管理方法，貌似与慈善信托的公益属性不太契合。③

---

① 目前只有《北京市慈善信托管理办法》（京民慈发〔385〕号）涉及这个问题，其第23条规定：慈善信托成立后，发生设立信托时不能预见的情形，经原备案机关同意，信托当事人可以变更信托文件中的有关条款并重新备案。明确把因情势变更而需要调整合同的权力赋予民政部门。

② 《最高人民法院关于适用〈中华人民共和国〉若干问题的解释（二）》第26条：合同成立以后客观情况发生了当事人在订立合同时无法预见的、非不可抗力造成的不属于商业风险的重大变化，继续履行合同对于一方当事人明显不公平或者不能实现合同目的，当事人请求人民法院变更或者解除合同的，人民法院应当根据公平原则，并结合案件的实际情况确定是否变更或者解除。

③ 《广东省民政厅 中国银行保险监督管理委员会广东监管局关于慈善信托管理工作的实施细则》（粤民字〔2019〕2号）第43条：……因设立信托时未能预见的特别事由，致使信托财产的管理方法不利于实现信托目的或者不符合受益人的利益时，委托人有权要求受托人调整该信托财产的管理方法。

此外，从立法论上讲应当尽快出台相关的司法解释或者部门规章，从立法层面尽快明确情事变更情形，民政部门有变更慈善信托文件中有关条款的权利。

而作为备案机关的民政部门则应当尽快熟悉慈善信托，能够准确认知慈善信托目的，准确判断是否出现了信托设立时不曾预见到的情形，并准确把握变更条款的内容，确保变更后的慈善信托条款能够适应新的情势，更有利于慈善目的的实现。笔者以为这里的一个基本原则是慈善目的优先原则，即判断是否出现意外情形、是否要变更信托文件条款、如何变更信托文件条款等均必须围绕该慈善信托的信托目的展开，而原则上慈善信托的目的相关条款是不能变更的。

六、慈善信托受托人辞任的批准权配置

（一）《信托法》第66条

《信托法》第38条第1款规定，对于私益信托，只要经委托人和受益人同意，受托人就可以辞任，并不需要获得任何意义上的行政批准。而在公益信托，我国《信托法》第66条则有十分不同的规定，即公益信托的受托人未经公益事业管理机构批准，不得辞任。法律之所以对公益信托受托人的辞任作出比私益信托更加严格的规定，其理由有以下三点：第一，根据《信托法》第62条规定，公益信托受托人的确定依法应当经公益事业管理机构的批准，要求受托人的辞任也要经过批准，是同一立法精神的延伸，正所谓“有始有终”；第二，公益信托的受益人是不特定的社会公众，要求受托人的辞任像私益信托一样经过受益人的同意，在实践中无法实现；第三，由公益事业管理机构批准受托人的辞任有利于确保公益信托管理的连续性，强化对公益信托的管理，保障公益信托目的充分实现。正是由于公益信托和私益信托的本质不同，公益信托的辞任只需报经公益事业管理机构批准即可，在此之前无须取得委托人和受益人的同意。这种看法的制定法根据在《信托法》第38条第1款，即私益信托设立后，经委托人和受益人同意，受托人可以辞任。但是《信托法》对公益信托的受托人辞任另有规定的，从其规定。可见公益信托受托人的辞任不适用“经委托人和受托人同意”的规定，仅适用《信托法》第66条的规定。也就是说，公益信托受托人的辞任不需要委托人和受益人的同

意，只要直接报经公益事业管理机构批准即可。

（二）《慈善法》的衔接漏洞及应对

《慈善法》对慈善信托中受托人的辞任问题没有规定，《慈善信托管理办法》第 39 条仅仅提及慈善信托的受托人不得自行辞职，信托文件另有规定的除外。这是否意味着信托文件可以约定受托人可以随时自行辞职？考虑到慈善信托的公益性，这样约定显然过于随意，对慈善信托的持久规范开展非常不利。而且如果因信托合同没有约定，而受托人确实因客观原因需要辞职，也不应该强人所难，那么此时由谁对受托人的辞任予以同意或批准不明确，结合《慈善法》的相关规定以及目前慈善信托的实践，大致的解决方案有三个。

第一种方案是按照《慈善法》第 50 条处理，即慈善信托的设立、信托财产的管理、信托当事人、信托的终止和清算等事项，《慈善法》第五章没有规定的，适用该法其他有关规定；该法未规定的，适用《信托法》的有关规定。针对慈善信托受托人辞任的批准问题，《慈善法》第五章没有规定，该法其他章节也没有规定，因此只能按照《信托法》的相应规定处理，事实上《信托法》的有关规定指的就是《信托法》第 66 条。若如此处理，则会出现确定受托人、变更受托人都由民政部门负责备案（《慈善法》第 45、47 条），而受托人辞任却需要有关的公益事业管理机构批准，逻辑上明显存在不协调，且由于可能存在两个官方机构，在管理上会存在尺度不一的情况，也与《慈善法》以“民政部门”替代《信托法》中的“公益事业管理机构”的立法政策背道而驰，不足为训。

第二种方案是根据《慈善法》的立法精神，取消了“公益事业管理机构”的概念，而规定“民政部门”负责慈善信托的备案管理工作，则有关的权利应当由民政部门承继，这其中当然也包括批准慈善信托受托人辞任的权利，其基本逻辑是既然慈善信托设立时确定受托人由民政部门备案，运行中变更受托人也由民政部门重新备案，则受托人辞任当然也要经过民政部门批准。

第三种方案是突出委托人的作用，这也是《慈善法》对《信托法》的一大改进，典型的例子是《信托法》第 62 条规定受托人的确定由公益事业管理机构批准，而《慈善法》第 46 条则改为由委托人确定受托人；《信托法》第 68 条规定若公益信托的受托人违反信托义务或者无能力履行其职责，由公益事业管理机构变更受托人，《慈善法》第47条则规定此种情形由委托人变更受托人。可见《慈善法》将确定受托人、变更受托人的权利都交给了委托人，改变了《信托法》的相应规定，那么遵循这一立法思路《信托法》第66条规定的由公益事业管机构享有的批准受托人辞职的权利也应当由委托人享有。笔者以为，这样处理最符合《慈善法》的立法精神，为避免争议，最具可操作性的办法是在慈善信托合同中明确受托人若辞任必须经过委托人大会批准，并且规定比较明确的委托人大会的表决机制。

七、慈善信托终止的具体分析——《信托法》第53条在慈善信托中的适用

根据《慈善法》第50条规定，慈善信托的终止适用《信托法》的有关规定，而《信托法》对公益信托终止的事由并没有比较明确的规定，仅仅在第70条提到“终止事由”一词，至于哪些情形构成公益信托的终止事由《信托法》第六章没有明确规定，则根据《信托法》第59条规定，公益信托未规定的，适用《信托法》的其他规定。而《信托法》中明确规定信托终止情形的只有《信托法》第53条，根据该条的规定，信托终止的情形有以下六种：第一，信托文件规定的终止事由发生；第二，信托的存续违反信托目的；第三，信托目的已经实现或者不能实现；第四，信托当事人协商同意；第五，信托被解除；第六，信托被撤销。但是由于慈善信托与私益信托具有本质不同，上述六种情形能否一律导致慈善信托终止值得探讨。

上述第四种情形，即信托当事人协商同意虽然可以导致私益信托终止，但对慈善信托应当没有适用余地，因为我国《信托法》规定的当事人包括委托人、受托人、受益人，所以“信托当事人协商同意”实际上指的就是委托人、受托人、受益人三方协商一致同意。但是慈善信托并不存在法律意义上的受益人，或者说慈善信托的受益人为不特定的社会公众，因此慈善信托的终止是不可能获得不特定的社会公众的同意的，而信托监察人作为受益人的代表，在本质上只能为了保护受益人利益而行动，不能代表受益人同意终止慈善信托而损害受益人利益，所以“信托当事人协商同意终止信托”的情形，慈善信托中并不存在。

至于上述第五种情形，实际上我国《信托法》对于信托解除的情形有比较明确的规定。第一种情形即委托人是唯一受益人的，委托人或其继承人可

以解除信托（《信托法》第50条），此种情形只能发生在自益信托的情况，而慈善信托是为了公益目的而设立的，属于典型的他益信托，因此这种解除情形不适用于慈善信托。第二种情形是受益人对委托人有重大侵权行为或者经受益人的同意的，委托人可以解除信托（《信托法》第51条）。由于慈善信托的实际受益人是不特定的社会公众，不会出现受益人对委托人有重大侵权行为或者经受益人同意的情形，因此这种解除情形也不适用于慈善信托。第三种情形是信托文件规定的条件成就时，委托人可以解除信托（《信托法》第51条）。这种情形可以适用于慈善信托，属于信托终止的第一种情形，即"信托文件规定的终止事由"。

总的来说，只有在以下情形可能发生慈善信托的终止：

第一种情形是信托文件规定的终止事由发生。慈善信托虽然涉及公共利益，并且受到官方的严格监管，但其设立、变更和终止，依然属于典型的民事法律行为，应当遵循"意思自治"的基本原则，在信托文件中规定特定的终止事由，一旦该事由出现，信托应当予以终止。比如信托文件可以规定本慈善信托存续期限，期限届满，信托终止。

第二种情形是信托的存续违反信托目的。慈善信托设立旨在实现特定的信托目的，若信托继续存续将违反信托目的，则该信托应当终止。尤其在信托存续期限较长的情形，某信托目的可能因客观情事的变化而不再具有公益性质，比如某慈善信托的目的是保护动物权益，其中包括反对进行动物活体实验，但是随着医学发展，进行动物活体实验成为促进医疗技术的必要手段，也是治疗某些动物常见疾病的重要研发途径，可以认为该信托的存续违反了信托目的，即使该信托期限没有届满，也应当予以终止，并将信托财产用于近似的慈善目的。

第三种情形是信托目的已经实现，或者注定不能实现。如果慈善信托设立时所确定的信托目的已经实现或者不能实现，则信托的存续便失去意义，应当终止。比如美国历史上曾经存在以反对歧视黑人、推进废奴运动为目的的慈善信托，后来美国宪法修正案废止了黑奴制度，该慈善信托的目的便已经实现，应该终止。又如某慈善信托的目的在于为当地社区建立一座老年大学，后来发现信托财产远远不足以建设一座老年大学，该慈善信托的目的无法实现，应当予以终止。

最后一种情形是慈善信托被撤销。根据《信托法》第12条规定，当委托人设立的信托损害了其债权人利益，债权人有权申请人民法院撤销该信托。

所以若某慈善信托的设立损害了委托人的债权人的利益，则该债权人可以基于该规定撤销该信托，信托一旦被法院撤销，即予以终止。但从法理上，撤销使法律行为的效力溯及既往地消灭，视同从来没有成立过该法律行为，《合同法》第56条就规定被撤销的合同自始没有法律约束力，《合同法》第91条规定的合同终止的情形包括履行、解除、抵销、提存、债务免除、混同等，因此撤销与法律行为的终止完全不同，撤销属于合同的效力问题，而终止则是合同履行中的问题，两者有不同的作用范围，不应该混为一谈。[①]《信托法》第53条将撤销作为终止的情形，立法上硬伤太过明显。

但遗憾的是，2017年7月26日银监会、民政部联合颁发的《慈善信托管理办法》第40条完全照抄了《信托法》第53条，没有详细区分慈善信托与私益信托的不同，眉毛胡子一把抓，其合理性有待商榷。

八、慈善信托的公募问题

慈善信托能否公募？特别是在信托公司担任受托人时，能否公开宣传？资金门槛是否应该有所限制？这一问题在《慈善法》起草、讨论过程中就存在争议，而《慈善法》的审议通过并没有使这一争论降温，因为《慈善法》乃至《信托法》本身都没有对慈善信托能否公募进行明确规定，民发〔2016〕151号文也没有相关规定。尽管不少人认为慈善信托不应当公募，在信托公司作为受托人时尤其应当如此，笔者依然坚持认为应当允许慈善信托公募，严格限制慈善信托的募集没有道理。

首先，坚持非公开募集的观点依据的多是《信托公司集合资金信托计划管理办法》，认为信托公司做受托人时允许慈善信托公募违反了该管理办法的规定。笔者以为这种观点乃风马牛不相及，事实上《中国银监会办公厅关于鼓励信托公司开展公益信托支持灾后重建工作的通知》（银监办发〔2008〕93号）第4条规定，“信托公司设立公益信托，可以通过媒体等方式公开进行推介宣传。公益信托的委托人可以是自然人、机构或者依法成立的其他组织，其数量及交付信托的金额不受限制”，明显允许设立公益信托的时候进行媒体宣传，而且募集不限制金额。表明慈善信托可以是公募的。对于该通知和《信托公司集合资金信托计划管理办法》的适用关系，可以说该通知只是

① 关于对撤销与终止的详细法理分析，可参考韩世远《合同法总论》（第四版）第4章第4节（撤销）及第9章（终止）。

对《信托法》中关于公益信托的细化规定，而《集合资金信托计划管理办法》的规范对象是营业信托中的集合资金信托计划，后者属于典型的私益信托，二者有着根本不同的属性，当然应当适用完全不同的规则，也不会产生适用上的矛盾。因此2008年银监会93号文中的规则并不构成对《信托公司集合资金信托计划管理办法》的突破，而只是针对不同的调整对象而制定并适用不同的规则。[1]

另外，《慈善法》对委托人没有作专门的规定，委托人可以是具有完全民事行为能力的自然人、法人或者依法设立的其他组织，对于委托人人数并没有限制性规定，不能认定慈善信托不可以公开募集善款，更不能把慈善信托和营业信托的私募业务联系起来。慈善信托严格来说没有法律意义上的受益人，《信托公司集合资金信托计划管理办法》第5条、第6条并不能适用于慈善信托。因为在慈善信托中，委托人并不为自己谋利益，其目的也不在于投资，而在于回馈社会、造福公众，并不需要具有“识别、判断和承担投资风险”的能力，即委托人并不需要是上述管理办法第6条中的“合格投资者”。《关于加强规范资产管理业务过渡期内信托监管工作的通知》(信托函〔2018〕第37号）即明确规定“公益（慈善）信托、家族信托不适用《指导意见》相关规定”，即明确慈善信托不适用资管新规，[2] 不适用关于资管产品合规投资者的要求。

第三，《慈善法》第22条明确规定，慈善组织满足特定条件可以取得公开募捐资格，在慈善组织担任慈善信托受托人时按照该规定，慈善组织公开募集是完全没有障碍的，但既然该法第46条规定慈善组织和信托公司都可以担任慈善信托的受托人，若只允许慈善组织公开募集，却禁止信托公司公开募集，显然违反了相似事物相似处理的基本原则，并没有充分的说服力。

第四，从立法目的上讲，无论是《慈善法》还是《信托法》，其根本目的均在于在规范中促进慈善信托的发展，《慈善法》的各种简化的程序性规定目的也在于方便慈善信托的设立，实现人人皆可做慈善的目标追求，充分调动全社会做慈善的积极性，《信托法》第61条明确“国家鼓励发展公益信托”，《慈善法》第45条也明确经过备案的慈善信托享受税收优惠。若禁止慈善信托公募，则显然与此立法目的背道而驰。此外《慈善信托管理办法》第

---

① 赵廉慧：《信托法解释论》，中国法制出版社2015年版，第525页。

② 这里是指2018年4月由中国人民银行、中国银行保险监督管理委员会、中国证券监督管理委员会、国家外汇管理局联合颁布的《关于规范金融机构资产管理业务的指导意见》。

52 条规定除依法设立的信托公司或依法予以登记或认定的慈善组织外，任何单位和个人不得以“慈善信托”等名义开展活动，在解释上认为这里的“开展活动”应当包括公募活动。

九、完全公益性解读

（一）现行法规定——《信托法》第 63 条

我国《信托法》第 63 条规定：“公益信托的信托财产及其收益，不得用于非公益目的”，该条被认为是关于公益信托完全公益性的规定，考虑到《慈善法》第 50 条，完全公益性的要求也适用于慈善信托。此外中国银监会发布的《关于鼓励信托公司开展公益信托业务支持灾后重建工作的通知》第 6 条规定：信托公司管理的公益信托财产及其收益，应当：（1）全部用于公益事业；（2）不得用于非公益事业；（3）不得为自己或他人牟取私立；（4）只能投资于流动性好、变现能力强的国债、政策性金融债即中国银监会允许投资的其他低风险金融产品。《慈善信托管理办法》第 23 条重申慈善信托财产及其收益，应当全部用于慈善目的。

（二）如何理解“完全公益性”?

所谓完全公益性，是指慈善信托的每个目的都应当具有公益性，或者说要设立一个有效的慈善信托，其每一个目的或意图都必须具有公益性，只要信托目的中含有非公益因素，即有可能不能成立慈善信托。法律之所以作出这种规定，是为了防止误用或者滥用慈善信托制度，将具有税收优惠的慈善信托财产用于非公益目的。比如，委托人以创办学校为目的设立某信托，所有学生均免费就读，但如果学校的经营收入一部分归委托人之继承人的话，就不能成立慈善信托。需要注意的是，“完全公益性”并不排除慈善信托实施过程中受托人将信托财产用于附属产生的非公益目的，如为了更好地管理慈善信托，有效达成公益目的，慈善信托的信托财产可以支付包括受托人报酬在内的有关管理费用。鼓励公益事业的目的，仅仅靠受托人承担社会责任或源自企业的社会良知是难以维系的，当务之急是从制度上建立长效的、规范的机制。银监会《关于鼓励信托公司开展慈善信托业务支持灾后重建工作的通知》中就规定，受托人管理费和信托监察人报酬，每年度合计不得高于慈善信托财产总额的千分之八，明确承认了信托公司有权利收取受托人报酬。强求专业的受托人无偿地提供服务是不可持续的，最终将损害受托人的管理能力和管理热情，导致有能力的合格的慈善信托受托人的减少，不利于公益事业的发展。信托公司自然可以放弃收取信托报酬，但收取合理的信托报酬并不妨碍慈善信托的性质，反而是慈善信托可持续化、规范化发展的保障。这里需要把握的是，在慈善信托实施过程中附属产生的非公益目的，必须附属于主要公益目的而不能具有独立性，并且该非公益目的是实现公益目的的必要手段，否则该信托就不是慈善信托。对于事业型的慈善信托也可以收取合理的经营收入，用于支付该事业管理人员的工资福利。① 事实上很多慈善信托的事务管理内容是长期的、复杂的、专业的，需要大量的人力和财力的投入。

（三）混合目的信托的可能性

这里需要讨论的问题还有关于“剩余公益信托”和“公益先行信托”的问题。从慈善信托的规范化管理的角度看，坚持纯粹的慈善信托确有道理，但是从鼓励慈善信托发展、鼓励全社会参与公益事业的角度看，似乎应当允许把部分本金或者部分收益用于公益事业的信托作为慈善信托存在，但我国的信托法律基本上都没有涉及这方面的规定。

在信托实践中，大量存在着这种类型的信托，如本金返还、收益用于捐赠；或者本金部分返还，其余部分用于捐赠；或者部分收益用于捐赠。这些信托具有比较鲜明的公益色彩，但是由于形式上不能满足《信托法》第63条以及《慈善信托管理办法》第23条的规定，不可能获得公益事业管理机构批准，因而不是标准意义上的公益信托或慈善信托，大多以“准公益信托”“类公益信托”或者“公益目的信托”来模糊称之。笔者以为，从推进公益事业的发展、促进慈善信托的进步来看，应当尽最大可能地容忍这种信托的存在，即使不能称之为“公益信托”或者“慈善信托”，也要尽可能地给予必要的税收减免。

事实上在英美法系国家就存在所谓的利益分割信托（Split Interest Trust），如“公益先行信托”和“剩余公益信托”。② 英美法系原来也不容许有混合目的的信托存在，但在实践中带来的很多问题，虽然对于监管部门而言，纯慈

---

① 周小明：《信托制度：法理与实务》，中国法制出版社2012年版，第355页。

② 赵廉慧：《信托法解释论》，中国法制出版社2015年9月版，第563－564页。

善信托更便于管理，但将公益性质和非公益性质结合起来的信托在实践中发挥的作用更大，也更为很多委托人接受。例如美国信托实践中的“剩余公益信托”（Charitable Remainder Trust）首先作为一个私益信托先行，作为受益人的个人死亡后或者经过一定期间之后，把剩余的财产作为慈善信托财产而继续存在。从理论上讲，这种信托没有任何问题，问题是在税法上该如何对待这种信托类型。基本的方法是，在当初设立私益信托的时候，把将来为慈善信托而支出的部分从委托人的所得中扣除。详细的税收优惠条件在税法中明确规定，而这些满足一定条件就能得到税收的优惠待遇的信托类型就被称之为“剩余公益信托”。而“公益先行信托”（Charitable Lead Trust）则是设立人先设立慈善信托，在特定期间把信托财产中的一定比例或一定数额以公益目的支付给不特定的受益人，在慈善信托期间终了之后由委托人或者委托人指定的个人受领剩余的财产，这种类型的信托在美国能享受到税收优惠。

而按照是否动用本金，英美法上还把公益信托分为“维持基本财产的公益信托”和“动用基本财产的公益信托”，后者可以将捐款全部用尽，而前者则仅仅将收益部分用于特定公益事业，以此把公益财产做长期的可持续的安排，从而体现了慈善信托相对于公益基金会的灵活性——既可以动用本金，也可以不动用本金。

笔者以为对于这类复合型的信托类型应该容忍，鼓励百花齐放，只不过在管理上需要更加复杂的规范而已，如果仅仅为了管理的方便，或者仅仅为了防止有心之人利用这种类型的信托逃避纳税义务，就将有广泛社会需求且能大大促进社会公益事业发展的这些信托类型一律排除于慈善信托之外，无异于因噎废食，目前《慈善法》第 45 条第 2 款的规定显然是从方便管理的角度出发，虽然立足实际，但是却没有为将来复合型公益目的信托的发展预留足够的立法空间，过于绝对。即便《慈善法》生效后短时间内管理部门对慈善信托有一个认知和熟悉的过程，也应当在未来信托实践中逐步承认这些目的复合型信托的公益性质，并在尽快优化税收设计的基础上使其享受到应得的税收优惠。或者在将来逐渐放开“完全公益性”的要求，只要信托财产中预定用于公益目的的那部分信托财产没有任何私益性质，就可以以“部分慈善信托”的名义予以备案，对于这部分信托财产也应当给与税收优惠。相信只要有良好的制度设计，就一定可以实现促进社会公益和方便监督管理双赢的局面。

十、近似原则的适用前提分析——《信托法》第72条解读

根据《信托法》第72条的规定，公益信托终止时近似原则的适用要满足一个基本前提，即必须是在公益信托终止后，剩余财产没有财产归属人，或者剩余财产的财产归属人是不特定的社会公众的场合才有近似原则的适用可能，此时法律推定委托人具有将信托财产永久用于公益事业的意思表示，适用“近似原则”符合委托人的意思。[①] 如果信托文件本身具体规定了特定的信托财产权利归属人，则公益信托终止后，应当遵循委托人的意思，将信托财产应当分配给该权利归属人，不能适用“近似原则”。考虑到《慈善法》对近似原则没有明确规定，结合该法第50条规定，慈善信托终止时应当仍然适用《信托法》第72条来解决近似原则的适用问题。当然《慈善信托管理办法》第43条也明确重申了近似原则，该条规定慈善信托终止，没有信托财产权利归属人或者信托财产权利归属人是不特定的社会公众，经备案的民政部门批准，受托人应当将信托财产用于与原慈善目的相近似的目的，或者将信托财产转移给具有近似目的的其他慈善信托或者慈善组织。

但这里的核心问题是，如何理解《信托法》第72条及《慈善信托管理办法》第43条中所说的“信托财产权利归属人”的概念。根据《信托法》第54条这里的权利归属人应当是信托文件规定的人、受益人及其继承人、委托人及其继承人。若对《信托法》第72条予以反面解释，则应当允许慈善信托在终止的时候通过约定的方式把信托财产留给委托人或其他的私人。

作为比较，《日本公益信托法》的条文本身也并不禁止把剩余的信托财产归属于委托人等私人，只是其公益信托监管当局在实务中还不允许这样操作。[②] 不允许把剩余信托财产归属于委托人等私主体的担心之一似乎是委托人可能会利用公益信托取得税收优惠，之后又通过终止信托取得信托财产。而且从法理上看，一旦设立了公益信托，信托财产即脱离委托人成为“社会财产”，只能用于社会公益，委托人丧失所有权。此时不能通过约定的方式保留把信托财产“反弹”回委托人的可能。

但是从信托实践来看，如果法律允许在信托被清算之后能够将信托财产返还给委托人，或许可以鼓励更多的人去为公共利益提供更多的财产。从鼓

---

① 周小明：《信托制度：法理与实务》，中国法制出版社2012年8月版，第378页。

② ［日］能见善久：《现代信托法》，赵廉慧译，中国法制出版社2011年版，第317页。

励慈善信托发展繁荣的角度来看，应当允许委托人在慈善信托文件中明确约定在信托终止时信托财产归属于委托人等私人，所需要做的不过是分割公益和私益，并确立不尽相同的税收规则而已。因此，起码从《信托法》第 72 条的文字解释来看，委托人设立所谓的“公益先行信托”在我国制定法上是有合法根据的。禁止此类信托，并迫使委托人不得不设立所谓的“准慈善信托”或“类慈善信托”并不能享受任何税收优惠，这样的做法似乎违背了《信托法》第 72 条的立法政策，剥夺了慈善信托的委托人在信托文件中自由约定“信托财产权利归属人”的权利。如果非要在我国禁止“公益先行信托”，则必须对第 72 条的“信托财产权利归属人”进行目的性限缩解释，即此类慈善信托财产权利归属人只能是公益组织或者其他的慈善信托，而不能是委托人指定的私人，但这样处理则和《信托法》第 54 条出现了背离，出现了同一法律中相同法律术语却有不同解释的问题。

根据第 72 条规定，近似原则适用的另一个前提是必须要经过公益事业管理机构批准，否则无法将信托财产适用于近似目的。由于《慈善法》第 44 条明确慈善信托属于公益信托，因此近似原则对于慈善信托有当然的适用性。而《慈善法》本身没有对慈善信托终止时近似原则的适用作出明确规定，则根据该法第 50 条规定，慈善信托的终止和清算事项应当适用《信托法》第 72 条的规定。而《慈善法》第五章关于慈善信托的规定取消了“公益事业管理机构”的概念，且在设立上由事前审批变为事后备案，备案机关为“受托人所在地县级以上人民政府的民政部门”，如此若要严格遵循《信托法》第 72 条的规定，可能会使慈善信托终止时无法满足近似原则的适用条件。对此可能的解决方案有以下三种：

第一个方案是，严格坚持《信托法》第 72 条，即在慈善信托终止时，若没有规定信托财产权利归属人或者归属人为不特定社会公众，则必须考虑该慈善信托的慈善目的，经特定的公益事业管理机构批准方可适用近似原则来处理慈善信托财产。例如某慈善信托以资助贫困小学生参加体育锻炼为信托目的，根据《慈善法》第 45 条规定该信托成立后由民政部门负责备案，可是在该慈善信托终止时，根据《信托法》第 72 条规定，必须由公益事业管理机构批准方能适用近似原则，那这里的公益事业管理机构是民政部门、教育部门还是体育部门？又可能出现部门间互相推诿的老问题，而且这样处理从本质上与《慈善法》取消公益事业管理机构对慈善信托的监管权力，并以民政部门取而代之的立法政策背道而驰，在立法上站不住脚。

第二种方案是既然《慈善法》以民政部门取代《信托法》中的“公益事业管理机构”的角色，则当然应当由民政部门负责近似原则适用的批准程序，这和民政部门负责慈善信托的备案和监管的角色相符合。随着民政部门对慈善信托的监管工作经验的积累和对慈善信托理解的深入，由民政部门享有该批准权应当在操作上没有任何问题。①《慈善信托管理办法》第43条即采用了这种方案，经备案的民政部门批准即可，理论上讲对于存续中的公益信托应当依然适用《信托法》的规定，不受《慈善信托管理办法》的影响。问题是《慈善法》第50条指向的却是《信托法》第72条的规定，而且《慈善信托管理办法》的效力明显低于《慈善法》。

第三种方案由委托人来负责审批近似原则的适用，理由是《慈善法》改变了《信托法》的立法政策，赋予了委托人比较大的权利，比如确定受托人（《慈善法》第46条）、变更受托人（《慈善法》第47条）、是否设置监察人（《慈善法》第49条第1款）等权利都完全赋予委托人，按照这一立法逻辑，则是否应当适用近似原则来处理信托终止时的慈善信托财产也应当由委托人来决定。从逻辑上讲这种方案没有障碍，但在实操层面面临挑战。一是委托人可能多而分散，并不关心信托的后续管理；二是委托人可能并不具备相关的经验，无从判断某目的是否与原慈善目的相近似；三是若慈善信托为单一信托时，委托人若去世且没有继承人，或者继承人不行使该批准权时，甚至继承人没有行为能力，都会影响批准权的行使，进而影响近似原则的适用。

---

① 《北京市慈善信托管理办法》（京民慈发〔385〕号）第26条即采用此种方案。

第五章　慈善信托与慈善组织

从某种意义上将，慈善信托和慈善组织的功能非常相似，有学者认为其犹如车之两轮，缺一不可。[①] 但慈善信托与慈善组织毕竟是两种不同制度，有各自不同的特点，而相比之下慈善信托在很多方面都有自己的独特优势。

第一节　慈善信托的比较优势

一、信托的设立成本较低

正如信托和法人制度存在设立成本的不同，慈善信托与慈善组织在设立成本上也明显不同。由于慈善信托不需要专门设置机构，可以大量节约设立成本。而基金会等公益法人作为财团法人具有独立的法人人格，必须具有法人应当具备的组织机构，如法定代表人、理事会、雇员等，为了使得慈善组织持续运转，必须有自己的办公场所和从业人员，《慈善法》第9条就规定，慈善组织应当符合下列条件："……（三）有自己的名称和住所；……（六）有符合条件的组织机构和负责人……"而这显然需要花费大量成本。而慈善信托与此不同，由于信托财产本身并不具备人格不需要成立相关的组织机构，为了履行信托事务，可利用受托人如信托公司的办公场所以及从业人员，由受托人对信托财产进行管理和运用；即使需要向受托人支付信托报酬，和慈善组织的情形相比起成本仍然较低。[②] 由于慈善信托的委托人不需要费心考虑机构和组织的设置，其成立也较为迅速。

---

① 赖源河、王志诚：《现代信托法论》，中国政法大学出版社2002年版，第211页。

② 目前信托公司作为慈善信托的受托人收费一般不超过0.8%，以0.1%－0.3%居多，但是慈善组织作为形式委托人接受捐赠以满足爱心企业、人士的开票需求时，大部分收费都在3%以上。

相比较而言，公益组织有明确的门槛限制，如《基金会管理条例》第 8 条规定设立公益目的基金会，全国性公募基金会的原始基金不低于 800 万元人民币，地方性公募基金会的原始基金不低于 400 万元人民币，非公募基金会的原始基金不低于 200 万元人民币；原始基金必须为到账货币资金。可以说成立基金会需要满足很高的资金门槛。根据《慈善法》第 9 条规定，慈善组织需要满足以下条件：（一）以开展慈善活动为宗旨；（二）不以营利为目的；（三）有自己的名称和住所；（四）有组织章程；（五）有必要的财产；（六）有符合条件的组织机构和负责人；（七）法律、行政法规规定的其他条件。而根据第 10 条的规定，设立慈善组织，还应当向县级以上人民政府民政部门申请登记。此外第 11 条对慈善组织的章程记载事项有严格的要求。相比之下，慈善信托则不存在这种对出资财产数额和财产形态的要求，慈善信托的设立根据《慈善法》第 45 条规定只需要向民政部门备案即可，更加方便快捷。而实际上已备案的慈善信托出现了股权、艺术品、金融产品等作为信托财产的情况，财产类型日益丰富，同时《慈善信托管理办法》第 14 条仅仅规定慈善信托文件应当载明下列事项：……（五）信托财产的范围、种类、状况和管理方法……对于慈善信托的设立门槛和财产类型都没有限制性规定。

二、慈善信托设立流程更加简化

根据《慈善法》第 45 条，设立慈善信托仅仅需要委托人、受托人签订书面的信托合同，并于七日内向民政部门备案即可，相较于《信托法》中公益信托设立必须经过有关公益事业管理机构事前审批方便了很多。而根据《基金会管理条例》第 9、10、11、12 条等规定，设立基金会应当向登记机关提交下列文件：（一）申请书；（二）章程草案；（三）验资证明和住所证明；（四）理事名单、身份证明以及拟任理事长、副理事长、秘书长简历；（五）业务主管单位同意设立的文件。同时基金会章程必须满足特定的记载事项，对于这些事项登记机关予以实质审查，决定是否登记。《社会团体登记管理条例》第 9 条也规定申请成立社会团体，应当经过其业务主管单位审查同意，由发起人向登记机关申请登记。《民办非企业单位登记管理暂行条例》第 6 条也规定登记管理机关负责同级业务主管单位审查同意的民办非企业单位的登记管理。从整体上讲无论是基金会、社会团体、民办非企业单位的设立都需要经过两个步骤，一是主管单位同意，二是到登记机关登记。而且根据《慈善法》第10条第2款规定，《慈善法》公布前已设立的基金会、社会团体、社会服务机构等非营利组织，可以向其登记的民政部门申请认定为慈善组织，民政部门应当自受理申请之日起20日内作出决定。符合慈善组织条件的，予以认定并向社会公告；不符合慈善组织认定条件的，不予认定并书面说明理由。而慈善信托仅仅需要民政部门备案即可，在设立流程上更加方便快捷。

三、慈善组织财产运用有非常严格的限制，慈善信托没有支出比例限制

基金会所募集资金的支出和运用都受到很多限制，如《基金会管理条例》第29条就规定公募基金会每年用于从事章程规定的公益事业支出，不得低于上一年总收入的70%；非公募基金会每年用于从事章程规定的公益事业支出，不得低于上一年基金余额的8%。而《慈善法》第60条也规定慈善组织中具有公开募集资格的基金会开展慈善活动的年度支出，不得低于上一年总收入的70%或者前三年平均数额的70%；年度管理费不得超过当年总支出的10%，特殊情况下，年度管理费难以符合前述规定的，应当报告其登记的民政部门并向社会公开说明情况。事实上对于公募基金会而言，70%的使用率可能会导致基金捐助者对资金使用的特定目的和特定要求无法实现，也无助于公益基金的长期可持续发展，很难实现对基金财产保值增值的功能，降低了公益财产的使用效率。在比较法上，基金会等财团法人原则上不得动用本金，即不得任意动用基金会自身的固有财产，这样如果基金规模过小的话，收益太少，公益法人几乎无法运转。慈善信托则没有这样的要求，例如英美法上就把公益信托分为“维持基本财产的公益信托”和“动用基本财产的公益信托”,[①] 在后者完全可以将捐款全部用尽，特别在财产规模较小，没有比较充裕的财产来负担组织运用成本的时候，利用慈善信托似乎是一个好的选择；慈善信托也可以把公益财产做长期的可持续性安排。《慈善信托管理办法》第14条规定，慈善信托文件应当载明下列事项：……（六）年度慈善支出的比例或数额……，也就是说每年慈善信托支出多少钱、多大比例用于慈

① Bogert &Bogert, Handbook of the Law of Trusts, West Pub. Co., 1973, p199.

善目的，法律上并没有最低门槛的要求，全由委托人、受托人在信托合同中约定。这里又一次体现了慈善信托的灵活性，其既可以动用信托本金，又可以只动用信托收益。也正因为如此，如果信托合同约定每年慈善信托支出不超过当年的投资收益，或者每年的慈善信托投资收益能够覆盖慈善支出的话，就可以实现不动用本金，从而对特定慈善事业实现源源不断的持久资助，这方面的最成功的案例就是诺贝尔基金。

四、慈善信托的终止更加灵活

慈善组织只有在出现法定情形时才应当终止，[①] 而且按照《慈善法》第18条的规定必须在出现这些情形之日起30日内成立清算组进行清算，并向社会公告。不成立清算组或者清算组不履行职责的，民政部门可以申请人民法院指定有关人员组成清算组进行清算。清算剩余的财产，应当按照慈善组织章程的规定转给宗旨相同或者近似的慈善组织；章程未规定的，由民政部门主持转给宗旨相同的慈善组织，并向社会公告。清算结束后，应当向登记的民政部门办理注销登记，并由民政部门向社会公告。而根据《慈善信托管理办法》第41－43条，慈善信托的终止与清算相对简单，无需组成清算组，也无需办理注销登记，更无需民政部门主持转移慈善财产。

五、信托公司作为受托人的慈善信托有很强造血功能，能够实现持久慈善

由于信托公司是专业的持牌金融机构，有非常强的投资管理能力，投资范围包括商品市场、货币市场、资本市场等，信托公司自己也有非常丰富的产品线，包括固收类产品、证券类产品、货币性基金等，所有的信托公司都有专业化的投研团队，可以实现多样化的投资组合，能最大限度地保障信托资金的保值及增值。

这方面的典型是诺贝尔基金，因为诺贝尔在遗嘱中明确说明需将自己的财产进行安全可靠的投资。但基金会成立初期，基金会投资策略相当保守，

---

① 《慈善法》第17条：慈善组织有下列情形之一的，应当终止：（一）出现章程规定的终止情形的；（二）因分立、合并需要终止的；（三）连续二年未从事慈善活动的；（四）依法被撤销登记或者吊销登记证书的；（五）法律、行政法规规定应当终止的其他情形。

将该笔资金完全投资于银行存款和公债上，避免任何有风险的投资。50 多年后，诺贝尔基金的资产已经流失了将近 60%，到 1953 年基金会的资产支撑下 300 多万美元，加上通货膨胀和货币贬值，当时的 300 万美元只相当于 1896 年的 30 万美元，原定的奖金数额日益减少，基金似乎面临着破产的风险。

1953 年，由于诺贝尔基金会运营的不顺利，瑞典政府开始允许基金会独立进行投资，可以将资金投放在股市和不动产方面。1950 年至 1970 年这 20 年恰逢一轮大牛市，诺贝尔基金取得的实际年化收益率比之前表现好得多。于是诺贝尔基金会将大量资金投入股市。同时由于政策的开放，诺贝尔基金还将大量资金投入不动产市场。股市和楼市的大牛，使得诺贝尔基金快速增值，诺贝尔奖奖金额也不断上涨。

从 2001 年开始，诺奖金额已经上涨到 1000 万克朗，并一直维持到 2011 年，截至 2011 年，诺贝尔基金会总资产高达 28.6 亿克朗，已经是设立之初的 92 倍了。

2008 年的全球金融危机对诺贝尔奖基金产生了很大冲击。根据诺贝尔基金会 2011 年年报显示，由于全球股票市场不振，基金会股票投资当年亏损了 1900 万克朗。因此，从 2012 年开始，诺贝尔单项奖金金额降低了 20%，由原来的 1000 万克朗降低到 800 万克朗。初期基金会的投资收入也需缴税，后在瑞典王国政府的支持下，诺贝尔基金获得了免税待遇。受到瑞典政府政策的感召，美国政府对于诺贝尔基金的投资也给予免税待遇。免除了税收，诺贝尔基金自然得益不少。正因为如此，诺贝尔奖奖金给人的感觉就是越花越多，仅从 1991 到 2014 年，诺贝尔奖就发了 16335 万瑞典克朗。

相比之下，我国目前大部分基金会投资都非常保守，甚至几乎没有投资，所募集的资金长期在银行账户上睡大觉，最多买一些活期理财。这主要是因为大部分基金会甚至规模比较大的各省的慈善总会并没有自己专业的投资团队，担心投资风险，因此宁愿不投资也不愿意担风险，从某种程度上这构成对慈善资金的巨大浪费，为了鼓励基金会、慈善组织主动投资，2018 年 10 月民政部第 62 令颁布了《慈善组织保值增值投资活动管理暂行办法》（民政部令第 62 号），规定慈善组织应当以面向社会开展慈善活动为宗旨，充分、高效运用慈善财产，在确保年度慈善活动支出符合法定要求和捐赠财产及时足额拨付的前提下，开展投资活动，并明确本办法所称的投资活动包括直接购买银行、信托、证券、基金、期货、保险资产管理机构、金融资产投资公司等金融机构发行的资产管理产品，通过发起设立、并购、参股等方式直接进行股权投资以及将财产委托给受金融监督管理部门监管的机构进行投资等。

六、慈善信托监管更加严格

根据《慈善法》《信托法》《慈善信托管理办法》等的规定，慈善信托受到民政部门和银保监部门的双重监管，民政部门依法履行受理慈善信托受托人关于信托事务处理情况及财务状况报告、公开慈善信托有关信息、对慈善信托监督检查及对受托人进行行政处罚等管理职责。银行业监督管理机构依法履行对信托公司慈善信托业务和商业银行慈善信托账户资金保管业务的监督管理职责。民政部门和银行业监督管理机构根据各自法定管理职责，对慈善信托受托人应当履行的受托职责、管理慈善信托财产及其收益的情况、履行的信息公开和告知义务以及其他与慈善信托相关的活动进行监督检查。相比较而言，慈善组织仅仅受到民政部门的监管。

七、投资范围优势

因为《慈善信托管理办法》第 30 条规定，慈善信托财产运用应当遵循合法、安全、有效的原则，可以运用于银行存款、政府债券、中央银行票据、金融债券和货币市场基金等低风险资产，但是委托人和信托公司另有约定的除外。因此信托公司作为慈善组织的受托人时，慈善财产的投资范围更加广泛，可以通过信托文件的相反约定，突破《慈善信托管理办法》的现行性规定。而慈善组织作为受托人时则必须在第 30 条明确列举的低风险资产范围内投资，其投资范围及收益将受到极大限制。

综上所述，虽然慈善信托与慈善组织有着几乎相同的公益功能，但是比较而言，慈善信托具有成立门槛低、营运灵活、更便利、更透明等特点，可以算是“平民化的基金会”。而《慈善法》第 46 条将慈善组织和信托公司都作为慈善信托的受托人，意在使两者在各自领域发挥优势，并可以通过互相合作更好地实现慈善信托目的。

第二节　慈善组织的优势

一、慈善项目运作经验丰富

慈善组织，包括各类基金会、慈善总会、红十字会等，往往围绕特定的慈善目的，广泛开展募捐活动，设立各种专项基金，常年开展各类慈善活动，有自己比较稳定的捐赠来源，有相对明确的资助群体和受益群体，常年运营各类慈善项目，上下游的资源都非常丰富，善于组织各类慈善活动，募资经验和慈善项目运作的经验都十分丰富。而这些恰恰是信托公司所欠缺的，严格来说信托公司只善于管钱，让信托资金保值增值，让钱生钱，但是不善于运营慈善项目，即不善于管事。

二、慈善公信力更强

基金会等慈善组织由于在我国存在历史远远早于慈善信托，而且相当多的基金会等慈善组织有官方或半官方的背景，尽管存在一些这样或那样的问题，但是长期以来在爱心企业、爱心人士中积累了广泛的影响力，尤其是法律赋予某些慈善组织以公募资格。信托公司作为一个营利性机构，尽管可以是慈善信托的受托人，但是由信托公司出面募集资金很难取信于公众，相比之下信托公司没有慈善组织那样长期形成的慈善公信力。

三、税收优势

尽管《慈善法》《慈善信托管理办法》等均明确了慈善信托享有税收减免的待遇，但是如何享受的操作细节暂时尚未形成。相比较之下，基金会等慈善组织接受公益捐赠时可以向捐赠人开具个人所得税或企业所得税的税前抵扣票据，而且税务机关对哪些慈善组织有此等开票资格每年都有一个公示，这对一些爱心企业、爱心人士有相当的吸引力。而目前信托公司作为慈善信托的受托人时尚不能开具类似的税前抵扣票据，这也导致了实务中信托公司不得不与基金会合作，让爱心企业先把钱捐赠给基金会，由基金会向爱心企业开具税前抵扣票据，然后由基金会作为形式上的委托人来设立慈善信托，以此来满足爱心企业设立慈善信托和开具抵扣票据的双重需要。

第三节　信托公司与慈善组织的合作

正是因为慈善组织和慈善信托，尤其是信托公司充任受托人的慈善信托各有各自的优势，操作实务中很多信托公司与慈善组织积极合作，扬长避短、取长补短、互利共赢地开展慈善信托，乃至慈善资金理财等业务。具体来说信托公司与慈善组织的合作，有以下几种方式。

一、慈善组织作为慈善信托的委托人

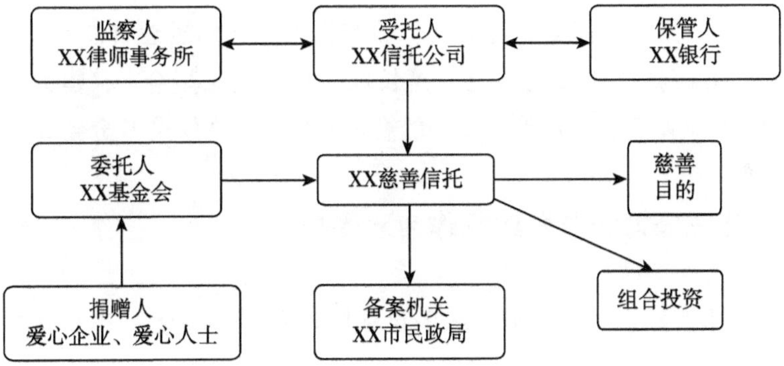

图 5.1

信托公司作为慈善信托的受托人，慈善组织作为委托人设立慈善信托，投入慈善信托资金，并以本金及每年的投资收益作为开展慈善活动的资金来源。

慈善组织作为委托人，可以充分发挥其在慈善资金募集方面的优势，向认可特定慈善目的的企业及自然人募集慈善资金，有公募资格的慈善组织可以通过广播、电视、网络等公开宣传募集，有利于短期内募集大量资金。① 同

① 《慈善法》第 22 条：慈善组织开展公开募捐，应当取得公开募捐资格。依法登记满二年的慈善组织，可以向其登记的民政部门申请公开募捐资格。民政部门应当自受理申请之日起二十日内作出决定。慈善组织符合内部治理结构健全、运作规范的条件的，发给公开募捐资格证书；不符合条件的，不发给公开募捐资格证书并书面说明理由。

时慈善组织直接接受爱心企业、个人的捐赠，可对捐赠人开具公益性捐赠票据，满足捐赠人税前抵扣需求，避免了其本人作为慈善信托委托人时信托公司不能开具税收抵扣票据的尴尬。另外可以根据慈善组织、背后的爱心企业、爱心人士的需求进行慈善信托结构的灵活设计，比如确定慈善目的、设立信托理事会、确定理事会人选、筛选投资标的、筛选具体资助的慈善项目等，借此充分发挥慈善组织、捐赠人的积极性。此外慈善信托可以约定年度支出比例，不受总收入70%的限制。实务中通常约定每年的慈善支出不超过当年慈善资金投资产生的投资收益，以此保证慈善本金不损耗，有利于实现持久慈善。当然，经信托理事会同意，也可以动用慈善信托的本金，非常灵活。最后由于慈善组织在慈善资源、慈善项目储备、慈善项目管理经验等方面更加擅长，慈善活动开展可以由慈善组织负责组织实施，而信托公司只需要专注慈善资金的保值增值即可，实现专业的人干专业的事，术业有专攻。目前已备案的慈善信托中很多都是由慈善组织作为委托人，而信托公司作为受托人，比如“百瑞仁爱·春晖慈善信托”的委托人是北京博能志愿公益基金会，“百瑞仁爱·黄河爱心基金慈善信托”的委托人是河南省慈善总会，“百瑞仁爱·金庚慈善信托”的委托人之一是长江科技扶贫基金会，“恒大·中原信托·河南省扶贫基金会·慈善信托”的委托人是河南省扶贫基金会等。

二、信托公司和慈善组织作为双受托人

充分发挥信托公司和慈善组织各自在财产管理和慈善活动实施方面的优势，即尽管信托公司和慈善组织都是受托人，但是各自的职责并不相同，信托公司的主要职责是把钱管好，最大限度地实现慈善财产的保值增值，实现钱生钱。而慈善组织的职责是广泛募集慈善资金，发现及筛选合适的慈善项目予以资助，把钱真正用于慈善目的，把钱花好，不能跑偏了。此外这种方式与第一种方式相比，爱心企业、爱心人士可以直接作为委托人与受托人签订信托合同，并行使《信托法》《慈善法》赋予的委托人的权利，爱心企业、爱心人士从幕后走向了前台，其存在感、参与感更加充分，更有利于宣传其社会责任感，在民政部“慈善中国”网站上也能更加明显地体现慈善资金的真正来源，使委托人的意愿和慈善目的得以更好地实现。另外这种方式也能解决慈善组织做受托人开信托专户比较困难的问题，同样解决了某些委托人要求开具抵税票据的问题。

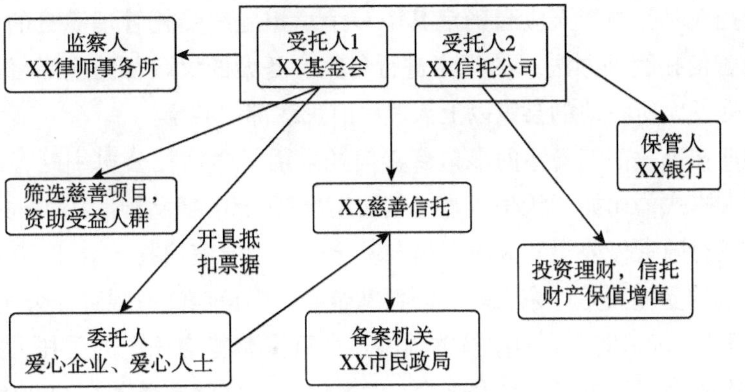

图 5.2

双受托人模式固然有利于实现优势互补、合作共赢，但是也存在互相掣肘、彼此扯皮的隐患，因此受托人之间的权利、义务、责任都要明确，防止1+1小于2这种结果出现。此外，对于双受托人模式，《信托法》的相关规定尤其需要注意，[①] 原则上共同受托人应当共同处理信托事务，但是信托文件规定对某些具体事务由受托人分别处理的，从其规定。

在共同受托人处理信托事务，意见不一致时，按照信托文件的规定处理；信托文件未规定，由委托人、受益人或其利害关系人决定。考虑到慈善信托中的受益人是不特定的多数人，监察人是受益人利益的代表，在慈善信托中应有委托人、监察人等决定。

此外，共同受托人处理信托事务对第三人所负债务，应当承担连带清偿责任。第三人对共同受托人之一所作的意思表示，对其他受托人同样有效。

共同受托人之一违反信托目的处分信托财产或者因违背管理职责、处理信托事务不当使信托财产受到损失的，其他受托人应当承担连带赔偿责任。共同受托人之一职责终止的，信托财产由其他受托人管理和处分。

因此无论是慈善组织选择信托公司作为共同受托人，还是信托公司选择慈善组织作为共同受托人都要非常谨慎，一定要综合考量，避免因合作伙伴的不谨慎而惹祸上身。为了避免这种问题发生，建议慈善信托设立信托理事会这一非常设机构，及时沟通解决相关问题。

另外由于慈善信托涉及备案及日常管理各项事务，监管部门基于方便管理的考虑，《慈善信托管理办法》第17条要求同一慈善信托有两个或两个以

① 《信托法》第31、32、42条，《慈善管理办法》第17条。

上的受托人时，委托人应当确定其中一个承担主要受托管理职责的受托人按照《慈善信托管理办法》的规定进行备案。备案的民政部门应当将备案信息与其他受托人所在地的县级以上人民政府民政部门共享。

目前在民政部门备案的多单慈善信托采用了“信托公司＋慈善组织”的双受托人模式，比如“天信世嘉·信德精准帮扶01期慈善信托”的受托人是天津信托有限责任公司、天津市福老基金会，“中信信托·农银2018玉爱慈善信托”的受托人是广东省一心公益基金会、中信信托有限责任公司，“中航信托·天顺（2018）86号中扶贫临洮百合百家慈善信托”的受托人是中航信托股份有限公司、中国扶贫基金会，“中信·何享健慈善基金会2017顺德社区慈善信托”的受托人是广东省何享健慈善基金会、中信信托有限责任公司等。

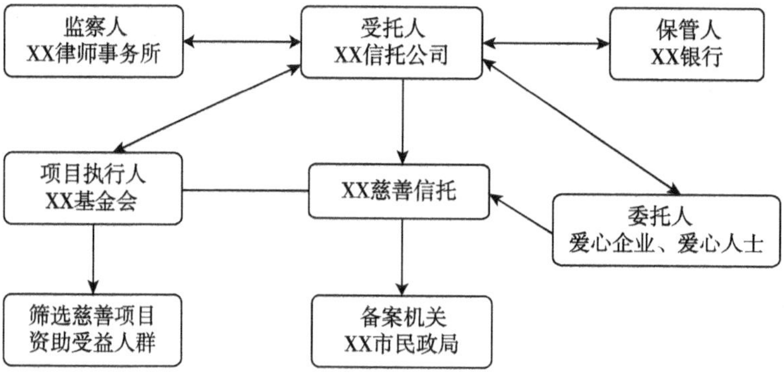

图5.3

三、慈善组织作为项目执行人

如上所述，信托公司在慈善活动领域并不擅长，聘请慈善组织担任项目执行人开展慈善活动更加具有操作性，因为后者更加熟悉慈善规律，慈善活动组织经验丰富，手中也掌握丰富多样的慈善项目，而且慈善组织与学校、村庄、医院、养老院、疗养院、康复中心、街道、社区等更加熟悉，熟知被资助对象的情况，能够最大限度地保证好钢用在刀刃上，尤其慈善组织在慈善项目筛选上的经验更加丰富。在已经备案落地的慈善信托中多单慈善信托的慈善项目来源都是由慈善组织推荐、慈善组织筛选或者由慈善组织具体落实，由于项目执行人并不是信托文件的当事人，因此从公开的信息上无法确切知道哪些慈善信托选择由慈善组织充当项目执行人。①

四、信托公司为慈善组织理财

根据基金会中心网的数据显示，截至2016年7月8日，我国大陆基金会的数量已达5000家，其中公募基金会1556家，占基金会数量的31%；非公募基金会3444家，占基金会数量的69%。截至2014年，全国共有973家基金会参与投资活动，约占当年基金会总数的30%，基金会的净资产高达1057亿元，捐赠收入达到343亿元，但投资收益不足29亿元，大约只占当年收入的7%。据统计，截至2016年年底，全国的慈善基金会净资产达到1383亿元，但是当年的投资收益为32亿元，投资收益率为2.3%，而且绝大部分基金会没有任何的投资行为，或者仅仅放在银行购买活期存款。

从数量和金额上可以看出，我国大部分基金会在对外投资方面保持谨慎的甚至保守的态度。其原因主要是基金会没有一个完整的投资团队，而且一旦投资失败可能会涉及领导个人责任。而聘请一个专业的投资团队的成本又过于高昂，因此整体的投资意愿非常低，投资态度偏保守。

而投资管理、保值增值正是信托公司的强项，《慈善组织保值增值投资活动管理暂行办法》第4条（三）明确允许慈善组织将慈善财产委托给受金融监督管理部门监管的机构进行投资，② 因此不少慈善组织与信托公司签订战略合作协议，由后者为前者提供综合性的慈善资金理财服务。

慈善组织作为单一资金信托的委托人和受益人，信托公司为基金会定制财富管理信托，在信托、银行理财、同业定存等领域进行组合、分散投资。通过投资收益补贴基金会每年消耗，使善款具有自身造血功能，一定程度上也缓解了基金会的募资压力。

2019年5月落地的“百瑞安鑫15号单一资金信托（中土养老基金会）”

---

① 《广东省民政厅　中国银行保险监督管理委员会广东监管局关于慈善信托管理工作的实施细则》（粤民规字〔2019〕2号）明确规定了慈善信托的事务执行人，该文件第12条规定：慈善信托的事务执行人是指受托人应当自己处理慈善信托事务，但信托文件另有规定或有不得已事由，依法委托第三人代理的慈善组织、信托公司或依法成立的其他组织。这个条文辞不达意，表达紊乱，是一条失败的立法。

② 《慈善组织保值增值投资活动管理暂行办法》第4条：本办法所称投资活动，主要包括下列情形：（一）直接购买银行、信托、证券、基金、期货、保险资产管理机构、金融资产投资公司等金融机构发行的资产管理产品；（二）通过发起设立、并购、参股等方式直接进行股权投资；（三）将财产委托给受金融监督管理部门监管的机构进行投资。

项目就是典型的基金会理财产品，委托人和受益人都是河南省中土养老慈善基金会，受托人是百瑞信托有限公司，保管行是中信银行，目的是通过受托人的专业管理实现慈善资金保值增值，做大慈善资金规模。

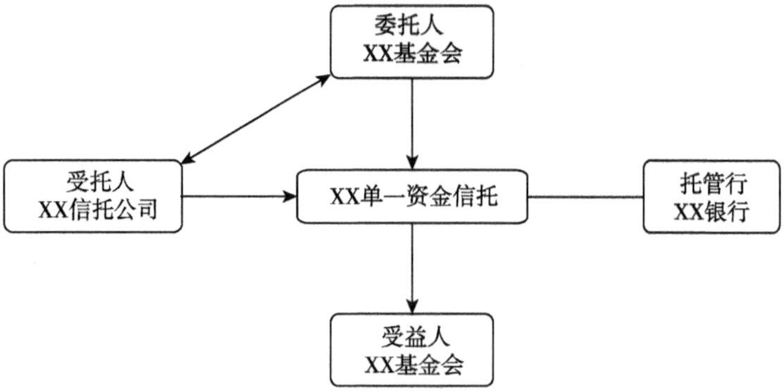

图 5.4

第六章　慈善信托的税收问题

第一节　慈善信托税收问题的立法情况与现状

一、目前现状

《慈善法》对我国通过信托机制开展慈善事业意义重大，慈善信托迎来快速发展的新时期。慈善信托作为一种慈善实现方式，受到了多家信托公司的重视。目前开展的慈善信托主要形式以“信托公司 + 慈善组织”为主，慈善组织在资金募集以及慈善项目管理方面都更有经验，信托公司则主要专注于慈善资金管理，使其保值增值。在目前慈善信托顶层设计尚不完善的大背景下，尤其是慈善信托如何享受税收优惠的问题上没有解决的情况下，信托公司作为慈善信托的受托人时无法向实际投入慈善资金的爱心企业、爱心人士开具税收抵扣票据，因此目前实践中的应对之策就是信托公司和慈善组织联手，由后者做形式上的委托人，爱心企业、爱心人士先把慈善资金捐赠给慈善组织，由慈善组织向爱心企业、爱心人士开具税收抵扣票据，从而使爱心企业、爱心人士一次性享受到税收抵扣优惠，但是如此处理的不利之处是爱心企业、爱心人士不是慈善信托的委托人，信托委托人的有关权利其无法享有。关于慈善信托中信托公司和慈善组织的合作模式，本书第五章已有详尽论述，此处不赘。

本章集中关注的问题是虽然《慈善法》第 45 条已经明确规定，未按照第 45 条第 1 款规定将相关信托文件报民政部门备案的，不享受税收优惠，也就是说只要相关的信托文件经过民政部门的备案，那么慈善信托就可以享受税收优惠。《慈善信托管理办法》第 44 条规定慈善信托的委托人、受托人和受益人按照国家有关规定享受税收优惠。但是起码目前无论是《慈善法》《慈善信托管理办法》，还是民发〔2016〕151 号文，均没有明确回答下述问题：1. 委托人、受托人、受益人如何享受税收优惠？2. 就哪些税种可以享受税收优惠？3. 享受税收优惠的幅度如何？4. 如何开票？程序如何？

二、目前关于慈善活动税收优惠的相关立法

我国目前尚未制定针对信托关系的税制，关于慈善信托的税收方面的法律法规主要参照《慈善法》《公益事业捐赠法》《公益事业捐赠票据使用管理暂行办法》等。《信托法》第 61 条虽然规定“国家鼓励发展公益信托”，但是如何鼓励，在税收上有没有优惠，有哪些优惠均没有明确，仅仅是点到为止。但是本着实质重于形式的原则，针对慈善组织、慈善捐赠的很多税收优惠措施在本质上是可以适用于慈善信托的，只是目前的立法进程略显滞后。

（一）《慈善法》第 45 条第 2 款与《慈善信托管理办法》第 44 条

纵观整个《慈善法》关于税收优惠的规定，只有一条明确涉及慈善信托，绝大部分都是围绕着慈善组织的税收优惠展开。这唯一一条涉及慈善信托的就是《慈善法》第 45 条，该条规定设立慈善信托、确定受托人和监察人，应当采取书面形式。受托人应当在慈善信托文件签订之日起七日内，将相关文件向受托人所在地县级以上人民政府民政部门备案。未按照前款规定将相关文件报民政部门备案的，不享受税收优惠。《慈善信托管理办法》第 44 条在表述上虽然更加具体了一点，但实际上是在重复《慈善法》第 45 条第 2 款的规定，不解决任何实际问题，因为说到底目前关于慈善信托税收优惠的“国家有关规定”是不存在的。

相比之下涉及慈善组织税收优惠的条文则更多，而且规定得更加细密、更有操作性，从另一个侧面印证了一个说法——《慈善法》基本上就是《慈善组织法》[①]，其中第 70 条规定县级以上人民政府民政部门和其他有关部门应当及时向社会公开下列慈善信息：（一）慈善组织登记事项；（二）慈善信托备案事项；（三）具有公开募捐资格的慈善组织名单；（四）具有出具公益性捐赠税前扣除票据资格的慈善组织名单；（五）对慈善活动的税收优惠、资助补贴等促进措施；（六）向慈善组织购买服务的信息；（七）对慈善组织、慈

---

① 《慈善法》共 112 个条文，其中除了第 44－50 条集中规定了慈善信托，其他条文都是围绕慈善组织、慈善捐赠、慈善募捐、慈善服务等展开，基本上就是“慈善组织法”。

善信托开展检查、评估的结果；（八）对慈善组织和其他组织以及个人的表彰、处罚结果；（九）法律法规规定应当公开的其他信息。这里的（四）、（五）都涉及税收优惠的问题，但是也都是围绕慈善组织展开，目前民政部门每年都会公布具有出具公益性捐赠税前扣除票据资格的慈善组织名单，年年更新，但是在慈善信托已经广泛设立，且发展迅猛的背景下，慈善信托享受税收优惠就要求以后民政部门也应当认定所辖区域内能够出具公益性捐赠税前扣除票据的慈善信托名单（或信托公司名单）；至于（五），长远来看也应当适用于慈善信托。

《慈善法》第 79、80、81、82 条集中规定了慈善组织、捐赠人、受益人依法享受税收优惠，尤其对捐赠人如何抵扣所得税规定得非常详细。其中第 79 条重申慈善组织及其取得的收入依法享受税收优惠。第 80 条则规定自然人、法人和其他组织捐赠财产用于慈善活动的，依法享受税收优惠。企业慈善捐赠支出超过法律规定的，准予在计算企业所得税应纳税所得额时当年扣除的部分，允许结转以后三年内在计算应纳税所得额时扣除。境外捐赠用于慈善活动的物资，依法减征或者免征进口关税和进口环节增值税。第 81 条规定受益人接受慈善捐赠，依法享受税收优惠。第 82 条在实操程序上保障了慈善组织、捐赠人、受益人的税收优惠，该条规定慈善组织、捐赠人、受益人依法享受税收优惠的，有关部门应当及时办理相关手续。第 103 条则从反面对慈善组织的骗税行为予以惩治，该条规定慈善组织弄虚作假骗取税收优惠的，由税务机关依法查处；情节严重的，由民政部门吊销登记证书并予以公告。

（二）《基金会管理条例》相关规定

《基金会管理条例》主要围绕基金会、捐赠人、受益人的税收优惠展开，大部分规定被改头换面后纳入《慈善法》之中。其中第 14 条规定基金会、境外基金会代表机构依照本条例登记后，应当依法办理税务登记。第 26 条规定基金会及其捐赠人、受益人依照法律、行政法规的规定享受税收优惠。第 37 条规定基金会应当接受税务、会计主管部门依法实施的税务监督和会计监督。第 42 条规定基金会、基金会分支机构、基金会代表机构或者境外基金会代表机构有下列情形之一的，由登记管理机关给予警告、责令停止活动；情节严重的，可以撤销登记：……基金会、境外基金会代表机构有前款所列行为的，登记管理机关应当提请税务机关责令补交违法行为存续期间所享受的税收减免。

（三）《中国银监会办公厅关于鼓励信托公司开展公益信托业务支持灾后重建工作的通知》（银监办发〔2008〕93号）

这个发文发生在2008年汶川地震救灾的大背景下，银监会对公益信托非常鼓励，希望通过公益信托为灾后重建做出专业贡献，该文第2条规定“信托公司设立公益信托并担任受托人，应当经有关公益事业管理机构批准。未经公益事业管理机构的批准，信托公司不得以公益信托名义开展业务。信托公司开展公益信托业务，可以争取公益事业、税收管理部门的支持。”应该说这个条文的规定“非常艺术”，也很“无奈”，毕竟在配套制度尚未健全的情况下，如何才能享受税收优惠根本无法可依，只能进行一对一沟通“争取”，其难度可想而知。

（四）《公益事业捐赠法》

《公益事业捐赠法》主要是为了鼓励公益捐赠，为此明确了自然人、公司及其他企业等进行公益捐赠时可税前抵扣个人所得税、企业所得税，境外向境内捐赠是享有关税优惠等。其中第20条规定……海关对减免关税的捐赠物品依法实施监督和管理。第24条规定公司和其他企业依照本法的规定捐赠财产用于公益事业，依照法律、行政法规的规定享受企业所得税方面的优惠。第25条则规定自然人和个体工商户依照本法的规定捐赠财产用于公益事业，依照法律、行政法规的规定享受个人所得税方面的优惠。第30条规定在捐赠活动中，有下列行为之一的，依照法律、法规的有关规定予以处罚；构成犯罪的，依法追究刑事责任：（一）逃汇、骗购外汇的；（二）偷税、逃税的；（三）进行走私活动的；（四）未经海关许可并且未补缴应缴税额，擅自将减税、免税进口的捐赠物资在境内销售、转让或者移作他用的。第26条则明确规定境外向公益性社会团体和公益性非营利事业单位捐赠的用于公益事业的物资，依照法律、行政法规的规定减征或者免征进口关税和进口环节的增值税。

（五）《企业所得税法》及《企业所得税法实施条例》

《企业所得税法》第9条：企业发生的公益性捐赠支出，在年度利润总额12%以内的部分，准予在计算应纳税所得额时扣除。第26条：企业的下列收入为免税收入：（一）国债利息收入；（二）符合条件的居民企业之间的股息红利等权益性投资收益；（三）在中国境内设立机构、场所的非居民企业从居民企业取得与该机构、场所有实际联系的股息、红利等权益性投资收益；（四）符合条件的非营利组织的收入。

《企业所得税法实施条例》第 51 条：企业所得税法第九条所称公益性捐赠，是指企业通过公益性社会团体或者县级以上人民政府及其部门，用于《中华人民共和国公益事业捐赠法》规定的公益事业的捐赠。第 53 条：企业发生的公益性捐赠支出，不超过年度利润总额 12% 的部分，准予扣除。年度利润总额，是指企业依照国家统一会计制度的规定计算的年度会计利润。

（六）《个人所得税法》及《个人所得税法实施条例》

《个人所得税法》第 6 条：应纳税所得额的计算……个人将其所得对教育事业和其他公益事业捐赠的部分，按照国务院有关规定从应纳税所得中扣除。

《个人所得税实施条例》第 19 条：个人所得税法第六条第三款所说的个人将其所得对教育事业和其他公益事业的捐赠，是指个人将其所得通过中国境内的社会团体、国家机关向教育和其他社会公益事业以及遭受严重自然灾害地区、贫困地区的捐赠。捐赠额未超过应纳税所得额 30% 的部分，可以从其应纳税所得额中扣除。

（七）《关于非营利组织免税资格认定管理有关问题的通知》（财税〔2018〕13 号）

财税〔2014〕13 号共 8 个条文，主要是针对《企业所得税法》第 26 条、《企业所得税法实施条例》第 84 条的规定，对非营利组织免税资格认定管理的有关问题进行了详细规定。第 1 条规定了认定为具有免税资格的非营利组织必须同时满足的八个条件。第 2 条规定了不同级别的管理机关批准设立或登记的非营利组织应向同等级别的税务主管机关提出免税资格申请。第 3 条规定申请享受免税资格的非营利组织需要报送的八项材料。第 4 条规定了非营利组织免税优惠资格的有效期为 5 年，期满后 6 个月内需要提出复审申请，否则到期自动失效。第 5 条规定了非营利组织的纳税申报义务，对免税收入和不免税收入区别对待，不再符合免税条件的非营利组织应该及时申报纳税，税务机关应及时复核。第 6 条规定了在出现六种特定情形时，应取消非营利组织的免税资格。整体来看，财税〔2018〕13 号文主要是围绕非营利组织免税资格的认定及管理展开的。

（八）《财政部、国家税务总局关于非营利组织企业所得税免税收入问题的通知》（财税〔2009〕122号）

与财税〔2018〕13号文相互配合，财税〔2009〕122号文主要规定了非营利组织的哪些收入可以享有免税待遇，该文规定根据《中华人民共和国企业所得税法》第26条以及《中华人民共和国企业所得税法实施条例》第85条的规定，符合条件的非营利组织企业所得税免税收入范围明确为：（一）接受其他单位或者个人捐赠的收入；（二）除《中华人民共和国企业所得税法》第七条规定的财政拨款以外的其他政府补助收入，但不包括因政府购买服务取得的收入；（三）按照省级以上民政、财政部门规定收取的会费；（四）不征税收入和免税收入孳生的银行存款利息收入；（五）财政部、国家税务总局规定的其他收入。

（九）《关于公益性捐赠税前扣除有关问题的补充通知》（财税〔2010〕45号）

财税〔2010〕45号文是对财税〔2008〕160号文的具体化，重点关注取得公益性捐赠税前扣除资格的公益性社会团体的资格管理问题，什么情况取得资格，经过哪些程序，提交哪些材料，申请情况丧失资格等。核心的条文是第5条，该条规定对于通过公益性社会团体发生的公益性捐赠支出，企业或个人应提供省级以上（包括省级）财政部门印制并加盖接受捐赠单位印章的公益性捐赠票据，或加盖接受捐赠单位印章的《非税收入一般缴款书》收据联，方可按规定进行税前扣除。对于通过公益性社会团体发生的公益性捐赠支出，主管税务机关应对照财政、税务、民政部门联合公布的名单予以办理，即接受捐赠的公益性社会团体位于名单内的，企业或个人在名单所属年度向名单内的公益性社会团体进行的公益性捐赠支出可按规定进行税前扣除；接受捐赠的公益性社会团体不在名单内，或虽在名单内但企业或个人发生的公益性捐赠支出不属于名单所属年度的，不得扣除。

（十）《关于公益性捐赠税前扣除有关问题的通知》（财税〔2008〕160号）

财税〔2008〕160号文共11个条文，重点关注工资性捐赠所得税税前扣除的相关问题。第1条明确企业通过公益性社会团体或者县级以上人民政府及其部门，用于公益事业的捐赠支出，在年度利润总额12%以内的部分，准予在计算应纳税所得额时扣除。年度利润总额，是指企业依照国家统一会计制度的规定计算的大于零的数额。第 2 条规定个人通过社会团体、国家机关向公益事业的捐赠支出，按照现行税收法律、行政法规及相关政策规定准予在所得税前扣除。

（十一）《财政部、国家税务总局、民政部关于公益性捐赠税前扣除资格确认审批有关调整事项的通知》（财税〔2015〕141 号）

财税〔2015〕141 号对财税〔2008〕160 号进行了微调，目的是简化工作程序、减轻社会组织负担，合理调整公益性社会团体捐赠税前扣除资格确认程序，对社会组织报送捐赠税前扣除资格申请报告和相关材料的环节予以取消，即财税〔2008〕160 号第 6、7 条停止执行，改由财政、税务、民政等部门结合社会组织登记注册、公益活动情况联合确认公益性捐赠税前扣除资格，并以公告形式发布名单。该文件第 2 条明确了公益性社会团体捐赠税前扣除资格确认程序，第 3 条规定要按照“放管结合”的要求，财政、税务、民政等部门要加强公益性社会团体的后续管理，建立信息公开制度，加大对公益性社会团体的监督检查及违规处罚的力度。在社会组织监督检查或税务检查中，发现不符合条件的公益性社会团体，取消其公益性捐赠税前扣除资格。

第二节　关于慈善活动税收优惠的核心规定

一、明确经过备案的慈善信托享有税收优惠

《慈善法》第 45 条第 1 款明确了经过备案的慈善信托享受税收优惠，《慈善信托管理办法》第 15 条第 2 款继续重申，相比较《信托法》而言，确是巨大进步。

二、捐款抵扣税费可三年叠加

按照目前税收政策规定，纳税人将其所得通过中国境内的社会团体、国家机关向教育和其他社会公益事业以及遭受严重自然灾害地区、贫困地区的捐赠，捐赠额未超过纳税人捐赠当期申报的个人所得税应纳税所得额 30% 的

部分，可以从其应纳税所得额中扣除。即：捐赠扣除限额 = 应纳税所得额 × 30%，如果实际捐赠额大于捐赠限额时，只能按捐赠限额扣除；如果实际捐赠额小于或者等于捐赠限额，按照实际捐赠额扣除。

三、慈善信托的监管机构明确为民政部门、银保监部门

民政部门负责受理慈善信托受托人关于信托事务处理情况及财务状况报告、公开慈善信托有关信息、对慈善信托监督检查及对受托人进行行政处罚等。银保监部门履行对信托公司慈善信托业务和商业银行慈善信托专户资金保管业务的监督管理职责。这里没有明确税务部门对慈善信托的监管职责。

四、境外捐赠减免关税、增值税

境外捐赠人无偿向受赠人捐赠的直接用于慈善事业的物资，免征进口关税和进口环节增值税。受赠人在申报进口捐赠物资前，向所在地海关办理减免税手续。受赠人也可委托使用人，由使用人向使用人所在地海关办理减免税手续。政府部门、基金组织作为受赠人接受捐赠物资的，由受赠人统一向北京海关办理进口捐赠物资的减免税手续。同时，免税进口的捐赠物资属于海关监管货物，在海关监管年限内，未经海关审核同意，不得擅自转让、抵押、质押、移作他用或者进行其他处置。

五、公益股权捐赠的税收成本降低

2016 年，财政部和国家税务总局发布《关于公益股权捐赠企业所得税政策问题的通知》（财税〔2016〕45 号），明确企业向公益性社会团体实施的股权捐赠，应视同转让股权，股权转让收入额以企业所捐赠股权取得时的历史成本确定。企业实施股权捐赠后，以其股权历史成本为依据确定捐赠额，并依此按照企业所得税法有关规定在所得税前予以扣除。公益性社会团体接受股权捐赠后，应按照捐赠企业提供的股权历史成本开具捐赠票据。根据这一规定，以历史成本确定捐赠股权价值将使得企业在进行股权捐赠时无需担心缴纳所得税。而《慈善法》第 83 条也规定，捐赠人向慈善组织捐赠实物、有价证券、股权和知识产权的，依法免征权利转让的相关行政事业性费用。

六、大额捐赠税额在计算之后扣除

企业慈善捐赠支出超过法律规定的准予在计算企业所得税应纳税所得额时扣除的部分，允许结转以后三年内在计算应纳税所得额时扣除。企业发生的公益性捐赠支出，不超过年度利润总额 12% 的部分准予扣除；超过的部分不得在企业所得税前扣除。企业的捐赠支出超过年度利润总额 12% 的部分，就可以结转至以后三年内扣除。这一规定对于捐赠方，尤其是长期存在公益性捐赠支出的企业，可谓重大利好。

第三节　亟待解决的问题

一、慈善信托的税收优惠政策不明确

在相关法律法规中，《信托法》中没有关于公益信托税收优惠的相关条款。《慈善法》中关于公益信托税收优惠的相关条款明确鼓励公益信托发展以及信托税收优惠政策，但是具体实施优惠的税种，税率的优惠幅度没有明确说明。

二、信托公司无法开具捐赠发票

首先，公益事业组织与团体在接受捐赠是可以开具捐赠发票的，但是信托公司作为非公益组织团体不具备开具捐赠发票的合法性；其次，捐赠票据实行凭证领购、分次限量、核旧购新的领购制度，一般政府部门和公益事业组织团体等接受捐款的单位在实践中也难以真正获取捐赠发票；最后，慈善信托捐赠发票获取的困难，造成了参与慈善信托的委托人（单位和个人）无法取得税法中规定的捐赠发票抵税优惠。

不过目前 2019 年 4 月 1 日起开始实施的《广东省民政厅　中国银行保险监督管理委员会广东监管局关于慈善信托管理工作的实施细则》（粤民规字〔2019〕2 号）对慈善信托的税收问题独辟蹊径，不再仅仅计较于开具抵税票

据的问题，该文件第51条规定：慈善信托的委托人、受托人和受益人持民政部门出具的备案回执，依法享受税收优惠。第52条规定：设立以扶贫济困为目的的慈善信托，按照国家规定享有特殊优惠政策。

三、慈善信托存在重复征税风险

在已有的法律法规中，目前尚未对慈善信托的信托关系、征税标的的征税标准进行区分，造成了重复征税的问题。目前已有的法律法规都没有对信托关系的专门税制进行界定。由于慈善信托在操作过程中涉及委托人、受托人与受益人三方之间的两次财产转移，容易出现重复征税的问题。在信托资产中，虽然资金类信托资产不需要征税，但是在股权、不动产形式的信托资产在信托公司从委托人处取得和转让给受益人的过户过程中需要征两次税。这样就会导致重复征税问题，限制了不动产作为慈善信托资产的作用。例如，《不动产登记暂行条例》并未确认房产以信托的方式办理过户登记，实践中房产必须以交易过户的形式置入信托，高额的过户费用是推广房产纳入慈善信托的实际障碍。在许多城市，契税、营业税加上土地增值税等其他税收最高甚至可能达到20%。资产过户的使用、收益、处置都涉及事务性的处理，会牵涉较大经济压力。

四、信托公司设立慈善信托无法享受与慈善组织同等的税收优惠

目前关于慈善组织以及个人捐赠的税收优惠，有明确的法律规定。《慈善法》规定慈善组织及其取得的收入依法享受税收优惠。关于捐赠财产的税收优惠，《慈善法》规定自然人、法人和其他组织捐赠财产用于慈善活动的，依法享受税收优惠。企业慈善捐赠支出超过法律规定的准予在计算企业所得税应纳税所得额时当年扣除的部分，允许结转以后三年内在计算应纳税所得额时扣除。境外捐赠用于慈善活动的物资，依法减征或者免征进口关税和进口环节增值税。关于慈善组织享有免征行政事业性费用的优惠政策，《慈善法》规定捐赠人向慈善组织捐赠实物、有价证券、股权和知识产权的，依法免征权利转让的相关行政事业性费用。但目前没有任何法律、行政法规、部门规章明确规定信托公司在开展慈善信托时各项资产标的遵从的税收原则。

第四节 税收优惠对慈善信托开展的影响

一、缺乏相关税收优惠，慈善信托资产以现金为主

由于目前关于慈善信托的税收优惠资产范围并不明确，关于房屋、股权以及动产等资产的税收优惠并不明确，相关部门内部缺少资产评估方面人员，因此对于货币以外资产依然按照一般商业活动中的购买与流转征税，对慈善行为没有激励作用。在目前的税法优惠制度下，关于动产、房屋、股权等财产权为资产的公益信托，没有合适的通道。目前国内已经开展的慈善信托，基本都是货币信托。

二、税收优惠缺失降低高净值人群进入慈善信托的积极性，股权捐赠资金流向境外

目前，慈善信托的优惠不够，委托人无法享受同等税收优惠。我国不少慈善捐赠流向境外，境外成为中国个人大额捐赠资金主要接收方。据统计，2014 年度境外机构接收的中国大额个人捐赠，数额超过了 242 亿元，占年度总额的 80%，主要捐赠方式为股权捐赠。这主要是因为上市前后，股权捐赠税额差距大，主要体现在：中国大陆将股权捐赠视为销售，因此，捐赠方与接收方都要纳税，并且对于有计划上市的企业来说，上市前后，善款税额的差距更大。企业在上市之前，以股权形式做出的捐赠，需缴的税额可能并不高，但公司若上市后股价翻倍，届时慈善机构倘若要变卖这部分股票，则要上缴股票增值部分 25% 的所得税，这可能将是一笔巨款。对境外慈善机构来说，慈善机构在出售股权时，不需要对股票增值的部分缴纳所得税。因此，如果将同样的股权数额捐给国内机构，与捐给国外机构，结果和效应是完全不同的。

三、影响慈善信托委托人、受托人、受益人的合理预期

本质上慈善信托与慈善捐赠异曲同工，但是现行法对慈善捐赠的捐赠人、

慈善组织、捐赠受益人等的相关税收优惠规定都比较完善，哪些税可以减免、如何减免、怎么开票、抵扣范围、能否结转等均有相对具体的规定。但是对于同样具有慈善性质的慈善信托，相关的规定却非常欠缺，尤其是对信托公司作为慈善信托的受托人时享有哪些税收优惠完全没有明确。因为慈善组织作为受托人大致上可以比照慈善捐赠处理，具有相应资质的慈善组织也可以向委托人开具抵税票据，虽然此时的慈善信托财产不能作为慈善组织收入，但是毕竟慈善组织作为受托人和作为受赠人有诸多相似性，对于这笔信托财产的增值部分是否缴纳所得税或增值税，信托财产对外出售时的税收优惠如何处理等，均可以比照慈善捐赠处理。但信托公司就不同了，因为信托公司原则上是营利组织，只不过其管理的慈善信托财产确实具有慈善属性，针对这笔财产的增值部分能否享有税收优惠，信托公司能否开具税收抵扣票据等均尚付阙如，一定程度上严重影响了慈善信托的发展。尽管目前广东省民政厅、广东省银保监局联合发文（粤民规字〔2019〕2 号）第 51 条明确慈善信托的委托人、受托人和受益人持民政部门出具的备案回执，依法享受税收优惠。但是这个规范性文件位阶较低，且仅仅适用于广东省内，不能解决根本问题。

第五节　典型国家的成熟做法

一、慈善信托享受税收优惠的前提

在英国，如果慈善符合传统慈善组织的条件，就可以享受税收优惠。在美国，慈善信托如果要获得免税资格，必须满足美国《国内税收条令》501（c）（3）项下所规定的条件，主要满足非营利、非私益、非政治化三个条件。

二、慈善信托享受税收优惠的税种

虽然各国信托立法与税收制度不尽相同，但大多不同程度、不同范围地规定了对慈善信托的优惠措施。国家税务总局曾专门就该问题进行了较为详尽的调查研究，并得出如下结论。从我国目前慈善信托的减免税政策来看，将来这些减免可能主要集中在遗产赠与税、个人所得税、公司所得税、资本利得税等主要税种上面；而在增值税、商品劳务税方面则少有减免税政策。考虑到我国目前上没有开整遗产税、赠与税等税种，慈善信托的税收优惠将重点体现在企业所得税、个人所得税及增值税方面。

各国的税收对慈善信托的优惠措施主要体现在以下几个税种上：1. 所得税。慈善信托中会产生所得税的主要有两部分，一是受托人经营管理慈善信托获得的报酬；二是归入信托财产的信托收益。慈善信托运行过程中产生的企业（公司）所得税通常被免除。2. 资本利得税。资本利得税是指对纳税人出售或转让资本性资产所实现的增值收益课征的税收。其中资本性资产通常是指土地、建筑物、机器设备、股票、债券等资产。严格来说，资本利得税属于个人所得税的范畴。如果将资本转让所得捐献给公益信托，那么捐赠人不用为此所得再缴纳资本利得税。英国法律明确规定，资本利得应用于公共利益的免税。3. 遗产税。对于设立了慈善信托的遗产免征遗产税。遗产税体现量能负担原则，有利于缩小收入差距、促进机会均等，为同代人创造相对公平的社会环境，实现公平目标。遗产税与慈善信托的功能和价值是相似的，而且慈善信托在实现途径上更加直接。所以应该免除对设立为慈善信托的遗产征税。通常情况下，慈善机构（不论是慈善信托还是慈善组织）可豁免所得税（除了股息收入）、资本利得税、公司税、遗产税和印花税。

三、英国的具体做法

在英国，慈善性质的收入都可以享受税收优惠，慈善信托设立之后，信托财产所产生的收益，不论什么来源，只要运用于公益目的，全额免征任何税费。某些特定情况下，慈善信托的经营所得收入一般情况下都会免征公司所得税和个人所得税，牵涉的土地继承税减半征收，慈善信托出卖捐赠物免缴增值税，单位或个人向公益组织捐出的财物免征继承税，慈善组织甚至可以豁免增值税，主要是慈善组织出售他人捐献的物品，包括新、旧物品。目前，这项优惠已经扩大到纳税人出售针对慈善组织的捐献物品，只要该纳税人书面承诺将全部销售利润捐献给一家慈善组织。其次，货币捐赠可从应税所得直接扣除，货物捐赠以抵扣形式扣除。其中，对于货币捐赠，企业可以将向慈善团体捐赠的全部款项从应税所得中扣除。个人的慈善捐款按照较低的所得税基础税率纳税，并且可以获得该部分税收返还。对于货物捐赠，规定个人或企业将股票和证券捐赠或以低价转让给慈善团体的，以抵扣的形式提供税收优惠。

四、美国的具体做法

在美国，慈善信托与慈善团体享受优惠最多，私人基金会享受优惠较少。美国慈善事业发展繁荣的重要因素是慈善事业可观的税收优惠。同时，高额的遗产税在客观上促进了慈善业的发展。其中，美国根据不同的捐赠对象——自然人、公司法人、公共慈善组织、私人基金会，来制定慈善捐赠的税前扣除比例。设立慈善信托的委托人享有一定的税收减免。其中一般公司法人每年最多可扣减应纳税额的10%，自然人每年最多可扣减应纳税额的50%。慈善信托财产所产生的利息收入、租金收入或投资所得，只要所得全部用于公益目的，则全额免税。捐赠给公益慈善团体的扣除比例为在一个纳税年度内，个人捐赠慈善捐款的扣除额不超过该捐款人调整后所得的50%；公司捐赠扣除额不得超过调整后所得的10%。对超过可扣除比例的捐赠部分，以时序在其后的5个课税年度内予以扣除。捐赠给私人基金会的扣除比例为在一个纳税年度内，个人捐赠慈善捐款可以享受经调整后的所得20%的税金扣除，公司捐赠无法享受私人基金会的税收优惠规定。

美国慈善捐赠物资种类很多，按照市场价格对各类资产进行评估计算税率，美国税法将税前扣除的捐赠物分为三类：现金、带有长期资本增益或长期资本利得性质的财物和带有普通所得性质的财物。根据不同的捐赠实体，捐赠扣除时的限定条件也有所不同：现金的扣除规定遵循一般的慈善捐赠法规，没有特殊规定。带有普通所得性质的财物，计算扣除额的基准财产为下述两者中数量较小的一个：在捐赠当天该财产的公平市场价格，该财产调整后的基值。带有长期资本增益或长期资本利得性质的财物按公平市场价格进行扣除。

此外，美国允许设立分离利益信托，财产出售时仍可享受税收优惠，分离利益信托是一种混合型信托，既包括公益目的，也包括非公益目的。分离利益信托包括公益剩余信托和公益先行信托两种。公益先行信托即公益为先，在一定年限内将固定金额或固定比例的信托利益交付给公益目的的受益人（该部分捐赠享受税前扣除），支付终止后，剩余信托财产转移给私益目的的受益人。相反，在公益剩余信托中，信托财产的管理处分先满足非公益目的，剩余部分转移给公益目标受益人。该类型信托每年需支付固定金额或者固定比例的信托利益给非公益目的受益人，信托终止后剩余财产转移给公益目的受益人。

通过设立分离利益信托，不仅可以帮助捐赠人实现慈善理想并获得所得税、赠与税、遗产税的抵扣，而且可以使得财产出售时无需缴纳资本利得税以及补充收入流。对于金融机构而言，分离利益信托可以帮助客户明确公益目标，以便金融机构根据客户的情况指导客户做出合适的慈善安排，并帮助客户了解相关的税收影响。分离利益信托的捐赠人可获得记账和会计处理、取得收益，分配和支付本金和收益，并可对会计职能进行监督，包括本金与收益的分离，收益与费用的分配。捐赠人将会定期（如季度报告）进行投资回顾、处理税务事宜。

五、日本的具体做法

日本关于公益信托的税收优惠主要适用于公益法人税收优惠规定。目前主要的相关法律有《视为公益法人案》《关于公益信托税制上措置刚要案》《公益信托试该案》《信托财产课税主体案》《最小措置案》等。日本对公益信托的税法规范，对个人与法人采取不同的办法，且税法上的优惠措施仅适用于金钱捐赠，其他如物质财产或不动产捐赠尚未被纳入此优惠范围。日本公益信托享有的税收优惠政策包括多个方面。

首先按照对于公益性质的不同分级，税收优惠不同。日本的公益信托主要以金钱信托的形式存在。根据日本税法，公益信托分为一般公益信托、特定公益信托和认定特定公益信托三类：一般公益信托享受的税收优惠不如后两者，仅信托财产的所得可免征所得税；如果特定公益信托的委托人为法人，其捐赠的金额可在一定额度范围内列入法人捐赠费用；对于符合特定公益目的的特定公益信托，且经过认定达到一定绩效，可以予以奖助。如果委托人为个人，其捐赠款项可在一定范围内予以扣除。特定捐款金额是指对国家或地方自治团体的捐款金额、对公益法人的捐款、指定捐款金、对特定公益增进法人捐款和对特定政治团体的捐款。

其次，个人作为委托人比公司作为委托人享有的优惠更大。日本公益信托享有的税收优惠政策包括：一是设立私人信托一般不征所得税。如果委托人是公司，则其信托财产转移均被视为在公平市场销售，应就其资本利得缴纳所得税。如果委托人是个人，信托财产的转移可视为特定捐赠支出，依据税法规定的扣除限额税前扣除。

再次，信托财产从委托人到受托人的转移不征消费税，日本的消费税是通常意义上的增值税，由于信托财产被认为属于受益人所有，所以用实物方式收到的收益也无须缴税；支付给专职受托人的报酬应缴纳消费税。

从次，信托终止时，信托各关系人均没有申报缴纳所得税的义务。

最后，不同性质法人的优惠不同。当然，能否获得税前扣除由财政部决定。根据日本《法人税法》规定，捐赠的扣除限额需按法人性质区分，根据公式计算确定：有资本额或出资者普通法人、协同合作社以及没有法人资格的社团等，其在税前扣除限额的计算公式为：税前扣除限额 = （资本金 × 当期月数 ÷ 12 × 2.5‰ + 所得额 × 2.5%） × 1/2。没有资本额或出资者普通法人、协同合作社以及没有法人资格的社团等，其在税前扣除限额的计算公式为：税前扣除限额 = 所得额 × 2.5%，未满一月的不计。公益性法人等税前扣除限额 = 所得额 × 20%，如是学校法人或社会福利法人的，改按 50%，而且每年最高以 200 万日元为限。个人捐赠超过 10000 日元到其年收入 1/4 之间的部分，在计税时可作税前扣除。对政府等机关的捐赠以及经财政部个别指定的捐赠不受捐赠限额规定，可以全额在税前扣除。

整体来看，国外的慈善信托税收的特点主要体现在以下几个方面：对于优先发展的事业，国外优惠政策倾斜力度大，而且给予了很大力度的支持。从事慈善的金融机构与慈善组织之间税收政策没有区别，主要区别在于私人还是由机构作为委托人来执行信托，主要以捐款的慈善属性为征税依据。国外的重遗产税以及赠与税是促使高净值人群转向慈善信托的重要因素。而我国遗产税与赠与税的发展不够全面，慈善信托税收优惠的特点无法体现，一定程度上导致高净值人群缺乏开展公益信托的动力。

第六节　意见与建议

现阶段，我国慈善信托的发展处于起步阶段，依然离不开与基金会的合作，各项税收优惠政策依然需要与基金会作为共同体的角度考虑落实。

一、扩大税收优惠的适用范围，非货币资产以“成本原则”制定税收标准

目前慈善信托基础资产以货币为主，应当尝试将不动产、动产、股权以及其他类型的非货币信托财产纳入优惠的范畴。对该类资产在流转过程中适当减少流转税、所得税以及利得税征收。避免重复征税，增加资产在慈善事业上的应用。同时，对于该类非货币财产捐赠，不应以普通商业活动中的销售、转让活动进行征税。相关法规可参考2016年《关于公益股权捐赠企业所得税政策问题的通知》，将适用范围由企业捐赠股权扩大到非货币资产中，对于以动产、不动产等非货币资产设立的慈善信托均采取税收优惠，以历史成本为依据确认捐赠数额。

二、慈善信托的受托人应均可以开具税收抵扣票据

目前仅仅是某些慈善组织可以给捐赠人开具税收抵扣票据，而某个慈善组织能否具有税前扣除资格，每年都由财政、税务、民政等部门结合公益性社会团体登记注册、公益活动开展情况予以确认，并且以公告的方式发布名单，因此实际上只有获得税前扣除资格的慈善组织才能开具税收抵扣票据。信托公司作为慈善信托的受托人不具有开票资格，为了满足委托人的抵税需要，只能曲线救国，由爱心企业、人士先把钱捐赠给慈善组织，慈善组织为其开票，然后慈善组织再作为慈善信托的委托人与信托公司签订信托合同。这样做的坏处很明显，一是实际的委托人不能与信托公司签订信托合同，不享有委托人的相关权利，而且在民政部官方网站“慈善中国”上也不显示委托人的姓名、名称，委托人的存在感不足，另一方面慈善组织一般要收取通道费，大概在1%－10%，大大增加了慈善信托的设立成本。当然在慈善组织作为慈善信托的受托人时问题可能没有那么严重，但即使如此也不是每个慈善组织都具有开票资格，因此问题依然存在。而且由于慈善捐赠是受赠慈善组织的收入，而慈善信托财产则是独立财产，不是慈善组织的收入，因此适格的慈善组织开具的凭证应该与慈善捐赠开具票据进行区分处理。应尽快在立法上明确财税部门比照慈善捐赠，赋予慈善信托的受托人开具抵税凭证的资格。或者委托人可以凭借慈善信托的备案回执，加上信托合同以及财产交付凭证来替代捐赠发票作为抵税的凭证。由于实际操作中多是资金信托，应

提供信托专户转账的银行凭证，如果交付的是股权、不动产等，则应当提供财产权转移的登记文件。虽然广东省在其关于慈善信托的实施细则的通知（粤民规字〔2019〕2 号）中已经进行了突破性的规定，但是这个文件充其量属于地方政府规章，效力位阶非常低，仅仅在广东省内有效。要想彻底解决慈善信托的税收优惠问题，起码要行政法规层面的规范性文件方可。

三、尝试设立分离利益信托

目前的公益信托均以完全公益为准则，可以尝试试点分离利益信托。在该模式下，受托人持有和管理信托财产，负责信托财产评估、捐赠财产出售、确定每年支付的金额、账务处理、报税、收益分配并确保满足信托的免税要求。在这一过程中，受托人与受益人沟通，为受益人提供报告。

分离利益信托不仅可以帮助捐赠人实现捐赠目的，同时可以获得所得税、赠与税、遗产税的抵扣，同时在财产出售时获得资本利得税减免以及补充收入流。信托公司通过开展分离利益信托，为客户定制适合自身条件的慈善安排与税收缴纳情况，为捐赠人提供记账和会计处理、取得收益，分配和支付本金和收益；接收捐赠人的监督，定期进行季度报告，以及投资回顾。分离利益信托充分考虑到公益和私益的需求，适合家族财富传承与公益目的实现，可以与家族信托以及其他信托项目结合，开拓资金来源，激励更多投资者投资公益信托。

四、慈善信托委托人的税收优惠

如上所述，委托人设立慈善信托与捐赠人向慈善组织捐赠，在慈善属性上并没有本质区别，都意味着行为人主动且自愿地放弃对一定财产的所有权，且完全同意将该笔财产用于公益目的，不寻求任何私人利益或投资回报，所以在税收优惠上也不应该区别对待，否则必然会引起选择性歧视，不利于慈善信托的发展。参考目前我国《慈善法》第 87 条及有关慈善组织、慈善捐赠等相关规定，起码应该明确企业以货币资金、不动产、动产、股权、有价证券等财产设立慈善信托的，应当比照慈善捐赠，允许企业对年度利润总额 12% 以内的部分在计算应纳税所得额时予以扣除，并允许结转以后三年内在计算应纳税所得额时扣除。如果是境外企业在我国大陆设立慈善信托，则应当依法减征或者免征进口关税和进口环节增值税。在企业以股权设立慈善信托时，应当参照财政部和国家税务总局发布的《关于公益股权捐赠企业所得税政策问题的通知》（财税〔2016〕45号），应视同转让股权，股权转让收入额以企业设立慈善信托的历史成本确定，并依此按照企业所得税法有关规定在所得税前予以扣除。在委托人为个人时，应当参照《个人所得税法实施条例》（2011年版）第24条第2款的规定，慈善信托财产未超过纳税义务人申报的应纳税所得额30%的部分，可以从其应纳税所得额中扣除。

五、慈善信托受托人的税收优惠

目前慈善信托的受托人只包括信托公司和慈善组织，受托人在管理运营慈善信托的过程中可以收取一定的受托人报酬（目前一般为0.1%－0.8%），为了鼓励受托人开展慈善信托业务，建议参照《慈善法》第79条的规定（“慈善组织及其取得的收入依法享受税收优惠”），明确受托人在缴纳增值税以及企业所得税上享有税收优惠，具体的税种、优惠幅度、认定标准可以参考前文关于非营利组织、慈善组织税收优惠的规定。

六、慈善信托受益人的税收优惠

慈善信托的受益人是不特定的社会公众，任一属于慈善目的覆盖范围内的个人都可能从中受益，该笔财产利益从法理上说确实属于个人所得。但是在英美国家，某受益人从慈善信托中获得的利益一般都免征个人所得税。在日本如果受益人是公益法人，则一般都免征法人税，但如果受益人是个人，则可能还要缴纳赠与税或所得税。我国《慈善法》第81条规定，受益人接受慈善捐赠，依法享受税收优惠。考虑到慈善信托的受益人和慈善捐赠的受益人地位大致相当，同样的税收优惠也应当授予给慈善信托的受益人。

七、慈善信托本身的税收优惠问题

慈善信托作为一笔信托财产不具有独立人格，但是又有部分人格属性，尤其在税收问题上。慈善信托本身的税收问题，就是说慈善信托在运行管理过程中产生的收益应当给予税收优惠待遇，慈善信托运行过程中产生的收入主要包括慈善信托财产所产生的各种法定孳息以及转让时产生的收入。考虑到慈善信托刚刚起步，我们应当参照财税〔2009〕122 号、〔2014〕13 号对慈善组织的相关规定，只要信托财产及其收益全部用于慈善目的，对慈善信托财产运营过程中产生的收入应免征所得税，对出售慈善信托财产（动产、不动产、股权）应免征增值税。

第七章　慈善信托终止研究

第一节　慈善信托终止的概念与比较

一、慈善信托终止的概念

《慈善法》仅第50条提到了慈善信托终止问题，但并没有具体明确的规定，根据该条指引，慈善信托终止应适用《信托法》关于公益信托终止的相关规定，而《信托法》涉及公益信托终止的有第70、71、72条，对公益信托终止报告、清算报告以及近似原则的适用进行了明确规定。但是并没有慈善信托终止的含义以及具体终止事由。则根据《信托法》第59条，关于慈善信托终止可以适用《信托法》关于非慈善信托终止的一般规定。但值得注意的是，《慈善信托管理办法》第40、41、42、43条针对慈善信托的终止进行了较为清晰的规定，不过在法律位阶上较低而已，而且与《慈善法》第50条在表述上存在冲突。

根据《信托法》第53－58条规定，可知慈善信托的终止是指因为出现法定或者约定的事由而使信托关系归于消灭。因为委托人设立信托，形式上是为了转移财产与管理财产，实质上却是为了实现其设定的公益信托目的。因此《信托法》关于信托终止的原则是以信托目的为中心加以确定的。一方面，《信托法》确立了“信托连续性”原则和“近似原则”，从而公益信托设立后，不因委托人、受托人的欠缺而终止，并在信托文件没有约定信托财产权利归属人时，可将信托财产继续用于相同的或相近似的慈善目的，从而确保慈善信托尽可能长久地存续。同时，《信托法》又确立了“信托终止”的原则，规定一旦出现信托的存续违反信托目的或者信托已经实现或者不能实现信托目的等情形，公益信托即予以终止。

二、慈善信托终止与非慈善信托终止

慈善信托终止时，受托人除了要履行与私益信托终止时受托人应当履行的一般义务外，比如清理信托财产、向权利归属人分配信托财产、制作清算报告等，还要履行法律规定的特殊义务。根据我国《信托法》的相关规定，慈善信托终止时，受托人应当履行以下三项特殊义务。

（一）信托终止的报告义务

私益信托终止时，受托人不需要履行特定的报告义务，但公益信托终止时，受托人则应当履行向公益事业管理机构的特别报告义务。我国《信托法》第 70 条规定："公益信托终止的，受托人应当于终止事由发生之日起十五日内，将终止事由和终止日期报告公益事业管理机构。"法律之所以作出如此规定，目的是加强对公益信托的监管。《慈善信托管理办法》第 41 条则规定自慈善信托终止事由发生之日起 15 日内，受托人应当将终止事由、日期、剩余信托财产处分方案和有关情况报告备案的民政部门。比较来看，后者报告的对象不再是公益事业管理机构，而是统一为民政部门，汇报的内容也不仅仅限于终止事由和终止日期，还包括剩余信托财产的处分方案和有关情况。但后者在法律位阶上低于前者。

（二）清算报告的公告义务

私益信托终止时，受托人做出处理清算事务的清算报告，只需要报受益人或者信托财产权利归属人确认即可。但慈善信托与此不同，根据《信托法》第 71 条，受托人做出的清算报告，并不需要报受益人或者信托财产的权利归属人确认，而是应当经信托监察人认可和公益事业管理机构批准，并由受托人予以公告。《慈善信托管理办法》第 42 条则规定慈善信托终止的，受托人应当在 30 日内作出处理慈善信托事务的清算报告，向备案的民政部门报告，受托人予以公告。慈善信托若设置信托监察人，清算报告应事先经监察人认可。相比较之下，后者给出了时间限制，即必须在 30 日内制作清算报告，而汇报对象是民政部门，不再是公益事业管理机构，而且民政部门仅仅是接受"报告"，而不是"批准"，同时后者区分了两种情形，即设置监察人的慈善信托和不设置监察人的慈善信托。

（三）“近似原则”的适用

根据《信托法》第72条规定，慈善信托终止时，如果没有信托财产权利归属人或者信托财产权利归属人是不特定的社会公众的，受托人有义务报经公益事业管理机构批准，将信托财产用于与原公益目的相近似的目的，或者将信托财产转移给具有近似目的的公益组织或其他公益信托。而在私益信托终止的情形，受托人没有类似的义务。私益信托终止时，如果信托文件没有规定信托财产的最终权利归属人，则可以按照《信托法》第54条规定的顺位来确定信托财产的最终归属，即依次由受益人或其继承人、委托人或其继承人为信托财产的最终归属人。《慈善信托管理办法》第43条则规定慈善信托终止，没有信托财产权利归属人或者信托财产权利归属人是不特定的社会公众，经备案的民政部门批准，受托人应当将信托财产用于与原慈善目的相近似的目的，或者将信托财产转移给具有近似目的的其他慈善信托或慈善组织。最大的不同是批准机关由公益事业管理机构变为备案的民政部门。

在比较法上，日本学者也认为公益信托的终了①和私益信托的终了在处理方式上有两点很大的区别：② 第一是终了原因不同。在公益信托中适用《日本信托法》第56条，就是把信托行为所规定的事由发生或者信托目的的实现不能作为信托终了的原因，在这一点上公益信托和私益信托是相同的。但是在公益信托中，由于不存在受益人，不能通过委托人和受益人之间的合意来终了信托。甚至信托管理人、委托人和受托人三方的合意也不能终了信托。同样，也不应该适用《日本信托法》第57条以及第59条关于解除的规定。在公益信托中，只有是否存在终了的客观原因的问题。第二是终了之时信托财产的处分方法不同。在私益信托中，信托财产属于信托文件所规定的权利人，在不存在归属权利人的时候属于委托人或者委托人的继承人（《日本信托法》第62条），但是为了公益的目的而缴出的信托财产因信托终了而归属于委托人或者其继承人，这是不适当的，所以，就制定了这样的规则，即为了类似公益目的的活动而使用和处分该信托财产的规则（《日本信托法》第73条），这就是所谓的“最近似原则”。

---

① 日本信托法通常将信托的终止表述为信托的终了，意义等同。

② ［日］能见善久：《现代信托法》，赵廉慧译，中国法制出版社2011年版，第315页。

三、慈善信托终止与慈善组织终止

慈善组织与慈善信托是慈善事业的重要实现方式，在《慈善法》中对两者都有明确规定，为社会爱心人士从事慈善事业、奉献爱心、回馈社会提供了更多的选择路径。不过由于慈善组织是依法成立，以面向社会开展慈善活动为宗旨的非营利组织，在民法上可能构成非营利法人，可以采取基金会、社会团体、社会服务机构等多种组织形式，而且应当建立健全内部治理结构，明确决策、执行、监督等方面的职责权限，开展慈善活动。而慈善信托则是委托人基于慈善目的，依法将其财产委托给受托人，由受托人按照委托人意愿以受托人名义进行管理和处分，开展慈善活动的行为。从根本上来说，慈善组织是一个组织，而慈善信托是一个行为，这也决定了慈善组织的终止和慈善信托的终止有诸多不同之处。

（一）终止原因不同

根据《慈善法》第 17 条规定，慈善组织出现下列情形的，应当终止：出现章程规定的终止情形的；因分立、合并需要终止的；连续二年未从事慈善活动的；依法被撤销登记或者吊销登记证书的；法律、行政法规规定应当终止的其他情形。而根据《慈善法》第 50 条、《信托法》第 59、53 条并结合慈善信托的性质，一般认为慈善信托可因下述原因而终止：信托文件规定的终止事由发生；信托的存续违反信托目的；信托目的已经实现或者不能实现；信托被撤销。①

（二）清算组的组成与否

根据《慈善法》第 18 条规定，慈善组织的决策机构根据该法第 17 条规定的终止情形出现之日起 30 日内要成立清算组进行清算，并向社会公告。不成立清算组或者清算组不履行职责的，民政部门可以申请人民法院指定有关人员组成清算组进行清算。而慈善信托终止则无需成立清算组，根据《信托法》第 71 条，公益信托终止的，受托人作出的处理信托事务的清算报告，应当经信托监察人认可后，报公益事业管理机构核准，并由受托人予以公告。

① 《慈善信托管理办法》第 40 条对慈善信托规定的终止原因有六种，个别规定有值得质疑之处。

当然《慈善信托管理办法》则规定须向备案的民政部门报告。

（三）注销登记与否

由于慈善组织属于组织，因此《慈善法》第 18 条规定，慈善组织清算结束后，应当向其登记的民政部门办理注销登记，并由民政部门向社会公告。而慈善信托本身只是一种法律行为，不具有独立人格，因此无需办理注销登记。

（四）慈善财产归属

根据《慈善法》第 18 条第 3 款规定，慈善组织终止的，剩余的慈善财产应当按照慈善组织章程的规定转让给宗旨相同或者相近似的慈善组织；章程未规定的，由民政部门主持转让给宗旨相同或者相近的慈善组织，并向社会公告。相比之下，慈善信托终止后剩余慈善财产的去向则更加多样化。根据《信托法》第 72 条规定，公益信托终止，没有信托财产权利归属人或者信托财产权利归属人是不特定的社会公众的，经公益事业管理机构批准，受托人应当将信托财产用于与原公益目的相近似的目的，或者将信托财产转移给具有近似目的的公益组织或者其他公益信托。《慈善信托管理办法》第 43 条对此予以重申。

四、慈善信托、慈善捐赠与赠与——以广西横县“爱心官司”为例

慈善信托与慈善捐赠、赠与具有相似性，都涉及财产转移，往往都有乐于助人、慈爱济世的美好愿望，但是三者是不同的制度设计，有不同的法律后果，因此在处理上应当本着相同事物相同处理、不同事物不同处理的基本法律原则，如此方能协调好各方关系，更好地解决可能的利益纠纷。广西横县“爱心官司”案具有典型的说明意义。[①]

（一）基本案情

1995 年 7 月，广西横县地税局公务员余辉被确诊为白血病。为了帮助余辉筹集巨额医疗费，横县地税局主动向全国部分税务机关发出“紧急救援信”

---

① https：//www. chinacourt. org/article/detail/2003/08/id/76532. shtml，2019 年 5 月 17 日最后访问。

来募集医疗费，并成立“抢救余辉资金管理委员会”，对各地捐款的使用进行管理和监督。到1996年6月，该委员会共收到单位及个人捐款共24万余元。捐款汇款单上大多标注“余辉治疗费”“余辉住院费”“捐给余辉治病”等字样。但是余辉还是于1998年11月2日不治身亡。

此时委员会所收捐款还剩14万余元，对于该笔财产的处理横县地税局与余辉的父亲余其山产生纠纷。2000年5月，余其山向横县法院提起诉讼，请求法院判令横县地税局将捐款余额交付自己支配。2001年12月，横县法院作出一审判决驳回余其山的诉讼请求。2002年4月，余其山向南宁地区中级法院提起上诉。同年7月29日，南宁地区中级法院作出与一审判决截然不同的判决：撤销一审判决；由横县地税局将捐款余额交给余其山。随后横县地税局以二审判决错误为由提请广西壮族自治区检察院抗诉。自治区检察院审查后认为，南宁地区中级法院对此案的民事判决适用法律不当，判决错误。2003年3月8日，广西壮族自治区检察院依法向广西壮族自治区高级法院提出抗诉。7月7日，广西壮族自治区高级法院依法按审判监督程序公开开庭再审此案。经审理，广西壮族自治区高级法院认为，本案的募捐行为是以“抢救余辉资金管理委员会”的名义，而不是以余辉个人的名义，捐款直接汇给了资金管理委员会，而不是余辉本人，捐款为资金管理委员会占有，而不是余辉占有，余辉作为捐款的受益人仅在支付医疗费用上享有特定的请求权，而对捐款并不享有所有权。在余辉死亡后，捐款余额不应作为余辉的遗产处理。余其山请求将捐款余额作为余辉的遗产没有法律依据，应予驳回。2003年8月14日广西壮族自治区高级法院提出了司法建议：该款属于公益财产，在余辉已经死亡，捐款不能继续用于治疗余辉疾病的情况下，建议横县地税局将捐款交给当地慈善机构或民政部门，以更好地实现捐款人的愿望。

（二）赠与与捐赠之争

在案件审理中，双方律师对该财产属于赠与还是捐赠产生激烈辩论。余其山及其代理人主张本案涉及的是一种赠与法律关系，余辉就是受赠人，受赠人实际上已经接受并使用了捐赠款项，已经取得了该合法财产的所有权，而横县地税局只是该财产的代理人，与余辉之间是委托代理关系，因此其无权处分捐款。横县地税局及其代理人则认为该财产是捐赠财产，与赠与不同。因为赠与是无特定目的的所有权转移，注重的是受赠人本人，而捐赠则是有特定性的、明确的目的，附条件的所有权转移，其并不是针对某特定个体，而是为了某一类或者某几类慈善目的，具体受益的人不是受赠人，其享受捐赠利益时慈善目的实现的表现。本案中捐款活动是由横县地税局发起的，余辉只是受益人。这份捐款本身具有特定的目的，只能用来支付余辉的医疗费用，但是这个特殊目的因为余辉的死亡而无法实现。因此这部分财产本质上不属于余辉的遗产。作为捐赠财产应当充分尊重捐赠人的目的，而不是强调特定受益主体。

（三）慈善信托理念及近似原则的适用可能

该案例触及我国当时立法上的一个空白，因为我国《公益事业捐赠法》并没有明确规定这种“目的无法实现的特殊财产”的性质与归属。但是如果不局限于赠与、捐赠、继承等民事法律关系的分析，而将其纳入信托法理关系进行分析，则该案中捐款人、捐款管理人、捐款受益人的关系本质上就是信托法律关系中的委托人、受托人、受益人的关系。捐款人出于资助余辉医疗费用的目的将钱款的所有权转移给横县地税局的“抢救余辉资金管理委员会”，委员会负责管理该资金的收支，余辉则是财产的受益人。如果该信托能进一步成立公益信托，那么广西省高院的判决就更加有理有据。对于公益信托，在其终止后，没有信托财产归属人的，有关部门可以依据近似原则，将剩余的信托财产用于与原公益目的近似的其他公益目的，当然该信托尚不满足《信托法》规定的条件，比如缺乏书面形式、没有经过有关公益事业管理机构批准、没有设置监察人、受益人过于特定等。可以说各方当事人之间的法律关系介于私益信托与公益信托之间，在现行法律制度中没有确切的相应规定，只能运用基本法律原则进行分析判断，而广西高院的司法建议也缺乏法律的强制约束力，因此我国《信托法》《慈善法》对于这种不完全满足形式要件但是又具有公益、慈善本旨的信托如何妥当终止、能否适用近似原则应当尽快明确并作出详细规定，而慈善信托本身如何终止又是值得深入研究的重要课题。

第二节 慈善信托终止的原因分析

一、《信托法》与《慈善法》的规定

根据《慈善法》第50条规定，慈善信托的终止适用《信托法》的有关规定，而《信托法》对公益信托终止的事由并没有比较明确的规定，仅仅在第70条提到“终止事由”一词，至于哪些情形构成公益信托的终止事由《信托法》第六章没有明确规定，则根据《信托法》第59条规定，公益信托未规定的，适用《信托法》的其他规定。而《信托法》中明确规定信托终止情形的只有《信托法》第53条，根据该条的规定，信托终止的情形有以下六种：第一，信托文件规定的终止事由发生；第二，信托的存续违反信托目的；第三，信托目的已经实现或者不能实现；第四，信托当事人协商同意；第五，信托被解除；第六，信托被撤销。但是由于公益信托与私益信托具有本质不同，上述六种情形能否一律导致公益信托终止值得探讨。

二、慈善信托可否因约定而终止

根据《信托法》第53条第四种情形，即信托当事人协商同意虽然可以导致私益信托终止，但对公益信托应当没有适用余地，因为我国《信托法》规定的当事人包括委托人、受托人、受益人，所以“信托当事人协商同意”实际上指的是就是委托人、受托人、受益人三方协商一致同意。但是公益信托并不存在法律意义上的受益人，或者说公益信托的受益人为不特定的社会公众，因为公益信托的终止是不可能获得不特定的社会公众的同意的，而信托监察人作为受益人的代表，在本质上只能为了保护受益人利益而行动，不能代表受益人同意终止公益信托而损害受益人利益，所以“信托当事人协商同意终止信托”的情形，慈善信托中并不存在。而且委托人可能过于分散难以寻找，或者不关心慈善信托事后管理，在委托人人数众多的情况下，如何设计决策机制就是个复杂的问题。

三、慈善信托可否因解除而终止

至于《信托法》第53条第五种情形，实际上我国《信托法》对于信托解除的情形有比较明确的规定。第一种情形即委托人是唯一受益人的，委托人或其继承人可以解除信托（《信托法》第50条），此种情形只能发生在自益信托的情形中，而慈善信托是为了公益目的而设立的，属于典型的他益信托，因此这种解除情形不适用于慈善信托。第二种情形是受益人对委托人有重大侵权行为或者经受益人的同意的，委托人可以解除信托（《信托法》第51条）。由于慈善信托的实际受益人是不特定的社会公众，不会出现受益人对委托人有重大侵权行为或者经受益人同意的情形，因此这种解除情形也不适用于慈善信托。第三种情形是信托文件规定的条件成就时，委托人可以解除信托（《信托法》第51条）。这种情形可以适用于慈善信托，属于信托终止的第一种情形，即“信托文件规定的终止事由”。

四、慈善信托可能的终止原因

（一）信托文件规定的终止事由发生

慈善信托虽然涉及公共利益，并且受到官方的严格监管，但其设立、变更和终止，依然属于典型的民事法律行为，应当遵循“意思自治”的基本原则，在信托文件中规定特定的终止事由，一旦该事由出现，信托应当予以终止。比如信托文件可以规定本慈善信托存续期限为100年，期限届满，信托终止。

（二）信托的存续违反信托目的

慈善信托的设立旨在实现特定的信托目的，若信托继续存续将违反信托目的，则该信托应当终止。在信托存续期限较长的情形，某信托目的可能因客观情事的变化而不再具有公益性质，比如某慈善信托的目的是保护动物权益，其中包括反对进行动物活体实验，但是随着医学发展，进行动物活体实验成为促进医疗技术的必要手段，也是治疗某些动物常见疾病的重要研发途径，可以认为该信托的存续违反了信托目的，即使该信托期限没有届满，也应当予以终止。

（三）信托目的已经实现，或者注定不能实现

如果慈善信托设立时所确定的信托目的已经实现或者不能实现，则信托的存续便失去意义，应当终止。比如美国历史上曾经存在以反对歧视黑人、推进废奴运动为目的的公益信托，后来美国宪法修正案废止了黑奴制度，该慈善信托的目的便已经实现，应该终止。或者某慈善信托的目的在于为当地社区建立一座老年大学，后来发现信托财产远远不足以建设一座老年大学，该慈善信托的目的无法实现，应当予以终止。

（四）公益信托被撤销

根据《信托法》第 12 条规定，当委托人设立的信托损害了其债权人利益，债权人有权申请人民法院撤销该信托。所以若某慈善信托的设立损害了委托人的债权人的利益，则该债权人可以基于该规定撤销该信托，信托一旦被法院撤销，即予以终止。但从法理上，撤销使法律行为的效力溯及既往地消灭，视同从来没有成立过该法律行为，因此其与法律行为的终止完全不同，《信托法》第 53 条将撤销作为终止的情形，立法上硬伤太过明显。不过《慈善信托管理办法》第 40 条完全照抄了《信托法》第 53 条，再一次重复了这种历史性错误实属不该，反映了立法上操之过急，没有详细区分慈善信托与私益信托的本质区别，在将来的立法中应该避免。

第三节　慈善信托终止的报告与清算

一、《信托法》的规定

由于公益信托的受益人是不特定社会公众或者社会公众的组成部分，信托财产的运营管理涉及社会公共利益，《信托法》对公益信托从设立、运营、终止进行全过程监管。在公益信托终止环节受托人需履行严格的报告及公告程序，这些是公益信托终止的必经环节。

《信托法》第 70 条规定公益信托终止的，受托人应当于终止事由发生之

日起十五日内，将终止事由和终止日期报告公益事业管理机构。第 71 条规定公益信托终止的，受托人作出的处理信托事务的清算报告，应当经信托监察人认可后，报公益事业管理机构核准，并由受托人予以公告。

由上述规定可见，终止事由和终止日期的报告对象是公益事业管理机构，而清算报告由受托人作出后，首先需要经过监察人认可，然后报公益事业管理机构核准，才能由受托人予以公告。需要注意的是，《慈善信托管理办法》第 41 条有不同的规定。

二、《慈善法》生效对终止报告的影响

《慈善法》本身对慈善信托的终止没有任何规定，提及“终止”字眼的仅仅有第 50 条，该条规定：“慈善信托的设立、信托财产的管理、信托当事人、信托的终止和清算等事项，本章未规定的，适用本法其他有关规定；本法未规定的，适用《中华人民共和国信托法》的有关规定。”可见对于慈善信托终止时的报告、公告事项依然要适用《信托法》第 70、71 条。但是由于《慈善法》立法理念和配套制度的变化，这两个条文在适用于慈善信托终止情形时会遇到一些问题。《慈善法》立法理念上的一个重要变化是监管机构的变化，《信托法》规定公益事业管理机构是公益信托的监管机构，这种监管从公益信托设立到终止全程存续。但是《慈善法》取消了“公益事业管理机构”的提法，慈善信托的监管机构统一为“受托人所在地县级以上人民政府民政部门”，即在慈善信托的运行管理过程中没有“公益事业管理机构”的存在余地，体现在：

首先，《信托法》第 62 条规定公益信托的设立和确定其受托人必须经过有关公益事业管理机构批准。未经公益事业管理机构的批准，不得以公益信托的名义进行活动，即公益信托的设立需要经过公益事业管理机构事前审批。而《慈善法》已经改变了立法政策，该法第 45 条规定慈善信托的受托人应当在慈善文件签订之日起七日内，将相关文件向受托人所在地县级以上人民政府民政部门备案，取消了公益事业管理机构的事前审批权力，改为统一由民政部门事后备案即可。

其次，《信托法》第 64 条规定，公益信托文件应该规定信托监察人，否则由公益事业管理机构指定。《慈善法》第 49 条取消了公益事业管理机构补充指定的权力，将是否设置信托监察人完全交由委托人决定。

再次，《信托法》第68条规定公益信托的受托人违反信托义务或者无能力履行其职责的，由公益事业管理机构变更受托人。而《慈善法》第47条则规定慈善信托的受托人违反信托义务或者难以履行职责的，委托人可以变更受托人。变更后的受托人应当自变更之日起七日内，将变更情况报原备案的民政部门重新备案。

最后，《信托法》第67条规定受托人应当至少每年一次作出信托事务处理情况及财产状况报告，经信托监察人认可后，报公益事业管理机构核准，并由受托人予以公告。而《慈善法》第48条则规定慈善信托的受托人应当每年至少一次将信托事务处理情况及财务状况向其备案的民政部门报告，并向社会公开。

三、《信托法》第70、71条适用于慈善信托产生的问题

首先，按照《信托法》第70条、《慈善法》第50条，慈善信托终止也应当于终止事由发生之日起十五日内，将终止事由和终止日期报告公益事业管理机构。而如上所述，《慈善法》已经取消了“公益事业管理机构”的提法而代之以“受托人所在地县级以上人民政府民政部门”。如果坚持按照《信托法》第79条处理，则必须要根据慈善目的确定某慈善信托的公益事业管理机构究竟是民政部门、教育部门、环保部门、体育部门还是卫生部门，况且某些慈善目的可能涉及多个主管部门，有些慈善目的可能并没有针对性的主管部门，如此处理又将重蹈公益信托的覆辙，而且和《慈善法》最新的立法精神亦背道而驰。结合《慈善法》第45、47、48、49条的规定，从立法论上讲，慈善信托终止的，受托人应当于终止事由发生之日十五日内，将终止事由和终止日期报告原备案的民政部门，这样处理可与《慈善法》的立法精神保持一致，且便于慈善信托的操作，也实现了民政部门对慈善信托从设立到终止的全程监管，目前《慈善信托管理办法》第41条基本上采取了这种立法态度。①

其次，对于《信托法》第71条会产生同样的问题，而且问题更严重。因为根据《慈善法》第50条，慈善信托终止的，受托人作出清算报告后应当经信托监察人认可，然后报公益事业管理机构核准才能由受托人予以公告。这

① 《广东省民政厅　中国银行保险监督管理委员会广东监管局关于慈善信托管理工作的实施细则》（粤民规字〔2019〕2号）第48条同样采用了向备案的民政部门报告的做法。

里存在两个问题，一是《慈善法》第 49 条规定慈善信托的委托人根据需要可以设置信托监察人，也可以不设置信托监察人。如果某慈善信托设置了信托监察人，当然可以依据《信托法》第 71 条先由信托监察人认可。但是如果委托人没有设置信托监察人，则受托人的清算报告势必无法经过信托监察人认可，进而无法顺利清算。要想顺利清算则必须设置信托监察人，这样《慈善法》第 49 条的规定将沦为具文。二是《信托法》第 71 条规定清算报告经过信托监察人认可后还要由公益事业管理机构核准，则与上述《信托法》70 条一样，也会遇到《慈善法》取消"公益事业管理机构"的问题，为了与《慈善法》的最新精神保持一致，从立法论上讲慈善信托终止时清算报告的处理应当分为两种情况，若某慈善信托设置有信托监察人，则其清算报告先由信托监察人认可，然后由原备案的民政部门核准，最后由受托人予以公告；若该慈善信托没有设置信托监察人，则其清算报告无从经由信托监察人认可，只要报由原备案的民政部门核准即可。

值得注意的是，对于慈善信托清算报告的认可与核准问题，目前《慈善信托管理办法》第 41、42 条进行了补充性的明确规定，一定程度上解决了实务中的困扰，但需要注意的是，第 42 条的用词是"报告"，不再是"核准"。但是毕竟《慈善信托管理办法》只是一个部门规章，而且《慈善法》第 50 条明确规定本法未规定的适用《信托法》的规定，因此最根本的解决方案是将来修改《慈善法》，免得法条之间互相打架。

第四节　慈善信托的清算报告

一、《信托法》对清算报告程序的规定

信托终止后，受托人负有对信托事务进行清算的义务。信托事务的清算一般包括清收信托财产的债权、处置、变现信托财产、清偿信托财产的债务、分配信托财产、制作并提交清算报告等。由于慈善信托涉及社会公众利益，且往往有特定管理机构、监察人介入，因此在慈善信托终止环节信托事务的清算问题至关重要。

《信托法》，第 71 条对公益信托的清算程序有比较具体的规定，即公益信

托终止的，受托人做出的处理信托事务的清算报告，应当经信托监察人认可后，报公益事业管理机构核准，并由受托人予以公告。据此规定公益信托的清算要经过以下四个步骤：第一步由受托人做出处理信托事务的清算报告；第二步由信托监察人认可上述清算报告；第三步将该清算报告报公益事业管理机构核准；第四步由受托人公告上述清算报告。只有经过上述四个步骤，一个公益信托才能经过清算而最终合法终止。

二、《慈善法》的最新规定

《慈善法》第 50 条规定慈善信托的设立、信托财产的管理、信托当事人、信托的终止和清算等事项，《慈善法》第五章未规定的，适用《慈善法》其他有关规定；《慈善法》未规定的，适用《信托法》的有关规定。事实上，《慈善法》其他各章也没有关于慈善信托清算的规定，因此按照《慈善法》第 50 条的指引，在慈善信托清算的问题上仍然要适用《信托法》第 71 条的规定。

三、存在的问题：没有设置信托监察人如何清算

从形式看，按照《慈善法》第 50 条适用《信托法》第 71 条来处理慈善信托的清算好像没有问题，事实上由于关联法条协调配合不当，慈善信托清算可能面临困难。

首先，《信托法》第 71 条要求慈善信托清算必须要经过信托监察人认可，否则无法完成清算。但是根据《慈善法》第 49 条是否设置信托监察人可由慈善信托的委托人根据实际需要自由裁量。这样就出现了潜在的法律冲突，如果委托人确实设置了信托监察人，固然可以按照《信托法》第 71 条经过信托监察人认可后顺利完成清算。但是如果委托人考虑实际需要没有设置信托监察人，则实际上就无法满足《信托法》第 71 条必须经过监察人认可的要求，从而无法完成清算，慈善信托无法合法终止。之所以出现这样的困难，根本原因在于《信托法》第 64 条强制要求设置信托监察人，因此可以和该法第 71 条互相配合，但是《慈善法》第 49 条将是否设置信托监察人的权利赋予委托人，即由强制设置改为自由设置，这种立法态度的改变在《慈善法》中没有得到相关法条的支持，即一方面慈善信托设立时授权委托人可以不设置监察

人，另一方面又要求信托清算时必须要有监察人认可，显然在立法时缺乏通盘考虑，存在法律漏洞。

其次，《信托法》第 71 条还要求公益信托的清算要经过公益事业管理机构核准，否则不能完成清算。这一规定是和《信托法》62 条的规定相呼应、配合的，因为第 62 条要求公益信托在开始设立阶段必须经公益事业管理机构批准，那么在公益信托终止、清算阶段当然也要经过公益事业管理机构核准方可，正所谓“有始有终”，在形式逻辑和价值判断上都没有问题。可是目前的问题是《慈善法》第 45 条已经放弃了慈善信托设立需要公益事业管理机构事前审批的立场，改为在慈善信托文件签订之日起七日内向县级以上人民政府民政部门备案，即改事前审批制为事后备案制，新法的基本精神显然是要弱化公益事业管理机构对慈善信托从设立到终止整个过程的监管权力。那么在新设的慈善信托经过向民政部门备案运行一段时间后，是否仍然要经过有关公益事业管理机构核准后才能完成清算就成为一个重要的问题。

此外《信托法》第 71 条规定的核准主体是公益事业管理机构，其可能包括民政、环保、教育、体育、文物等各种部门，而《慈善法》规定的备案部门只有县级以上人民政府的民政部门，若原来依照《信托法》由环保部门审批了一个以环保为信托目的的公益信托，则该信托终止清算时的核准部门是环保部门还是民政部门也有进一步明确的必要。为了防止出现上述困难，委托人可能在信托设立阶段就必须设置一个信托监察人，以确保在清算时可以得到监察人的认可。但如此处理等于变相废止了《慈善法》第 49 条，从而使新法的立法精神不能实现。若遵守《慈善法》第 49 条不设置信托监察人则必然在清算环节出现困难。由此慈善信托的清算问题将处于首鼠两端、左右为难的尴尬境地。

上述困难根源于立法设计时没有通盘考虑，对关联法条缺乏体系性思维，以至于导致小范围内法条之间彼此废止、形成“血栓”，影响法律的顺畅运行。在目前立法环境下，如何使慈善信托能够顺利清算、合法终止关系到慈善信托的生死存亡，必须在实操和立法方面尽快解决。在实操方面，作为委托人最好在慈善信托设立时就设置信托监察人，以防信托终止没有监察人认可而无法完成清算，这样处理虽然变相剥夺了《慈善法》第 49 条授予委托人自由决定是否设置监察人的权利，但在目前的立法环境下也只能不得已而为之。在立法方面应当明确《慈善法》生效后设立的慈善信托若没有设置信托监察人，则无需监察人认可，若设置有信托监察人，则需经过监察人认可方能清算。至于是否需要经过民政部门核准方能清算完毕，则属于立法政策的问题，考虑到慈善信托牵涉甚广，笔者以为还是以经过民政部门核准为宜。对于《慈善法》生效前设立的公益信托清算时则必须经过信托监察人认可，并由负责审批的公益事业管理机构核准方可清算终止。

值得关注的是，《慈善信托管理办法》第 42 条明确了没有设置监察人的，直接向民政部门报告；设置监察人的，清算报告应事先经过监察人认可。一定程度上解决了上述问题，但是考虑到《慈善法》第 50 条的规定，问题并没有从根本上解决，因为《慈善法》第 50 条与《慈善信托管理办法》第 63 条起码在表述上就是冲突的，考虑到法律位阶的不同，似乎应该优先适用《慈善法》第 50 条。

四、清算报告的基本内容

《慈善法》第 50 条、《信托法》第 71 条虽然规定了慈善信托终止的，受托人应当作成清算报告，但是至于该清算报告应当包括哪些内容没有明确。而公益信托实践中由于《信托法》第 62 条、64 条对公益信托设立要求极高，事实上完全满足《信托法》要求的公益信托极少。

表 7.1　我国近年来设立的部分“公益性信托”

项目名称	业务结构
1. 爱心满中华集合资金信托计划	重庆国投任受托人，初始资金 10 亿元，部分收益用于捐赠中国残疾人福利基金会用于救助白内障患者的复明手术，成立于 2007 年 8 月
2. 同心慈善 1 号新股申购集合资金信托计划	北京信托任受托人，初始资金 4599 万元，收益用于北京地区贫困民工子弟学校，成立于 2007 年 8 月
3. 四川灾区赈灾公益信托计划	金港信托任受托人，信托资金用于捐赠四川灾区，成立于 2008 年 5 月
4. 5.12 抗震救灾公益信托计划	西安信托任受托人，初始资金 1000 万元，用于陕西地震灾区受损中小学校舍重建或援建新的希望小学，审批机构为民政部门，西格玛会计事务所任信托监察人，成立于 2008 年 6 月，是我国第一款标准的公益信托
5. 爱心系列信托理财产品	衡平信托任受托人，募集资金的 1% 定向捐助灾区支持中小学校园重建，成立于 2008 年 6 月

续表

项目名称	业务结构
6. 郑州慈善公益信托计划	百瑞信托任受托人，初始资金 159 万元，用于资助地震灾区及贫困地区教育项目，经郑州民政局审批，郑州慈善总会，2008 年 10 月成立
7. 中信开行爱心信托	中信信托任受托人，初始资金 10 亿元，收益部分全部捐赠给宋庆龄基金会用于四川灾区重建，成立于 2008 年 8 月
8. 金色盾牌·重庆人民警察英烈救助基金公益信托	重庆信托任受托人，初始资金 1.07 亿元，专项用于帮助特困、伤残、牺牲的公安干警及其家属，经重庆市公安局审批，某会计师事务所任监察人，成立于 2009 年 9 月
9. 紫金·厚德一号公益信托计划	紫金信托任受托人，初始资金 100 万元，信托资金用于资助患重病的儿童，立信会计事务所江苏分所任监察人，成立于 2011 年
10. 长安信托奖学金公益信托	长安信托任受托人，信托规模不低于 10 万年/年，用于奖励西安交通大学经济与金融学院研究生，陕西简能律师事务所任监察人，成立于 2013

从上述资料可知，同时满足公益事业管理机构事前审批并设置有信托监察人的只有 4、6、8 三个公益信托，且根据目前的公开资料，上述信托只有一个已经终止，因此可以说实践中如何撰写公益信托、慈善信托的终止清算报告并没有多少经验积累。

考虑到慈善信托和一般信托的相同之处，并结合慈善信托的自身特点，笔者以为慈善信托终止时的清算报告应包括以下基本内容：

第一，慈善信托的基本信息。这部分内容需明确慈善信托的名称、信托目的、受托人名称、实际存续期间、委托人姓名、名称、备案的民政部门、信托监察人、有没有组织实施机构或合作的基金会、合作的律师事务所和会计师事务所等。

第二，慈善信托财产的管理、运用及处分情况。这部分内容需明确信托财产形式、初始规模、存续期间每年年底存续规模、信托终止时剩余规模、闲置资金投资收益情况、每年支付的各种费用、开放式慈善信托每年新增的信托财产规模等。

第三，选定资助对象的决策程序。这部分内容要明确如何决定资助对象、资助额度如何、资助对象的遴选程序和机制如何、决策机构如何等。

第四，慈善信托所资助的慈善项目、实际受益人情况。要按照慈善信托实际存续年限列举每年信托财产的运用情况，即资助了哪些慈善项目、具体资助了哪些人、资助方式如何、资助效果、具体资助额度等。

第五，是否适用近似原则以及如何适用。明确信托文件中有没有明确信托财产权利归属人、归属人是不是不特定的社会公众、剩余信托财产将用于何种近似目的、是否需要移交给其他公益组织或慈善信托。

第六，法律法规和主管部门及信托文件要求披露的其他内容。例如受托人是否发生变更、是否及时向委托人报告信托事务处理情况、是否每年至少一次向备案的民政部门报告信托事务处理情况及财务状况、信托监察人提起信托诉讼的情况、民政部门的监察监督情况等。①

第五节　近似原则

一、近似原则的概念与起源

所谓近似原则，就是慈善信托终止时，没有信托财产的权利归属人时，受托人应将信托财产用于与原来的慈善目的相近似的公益事业，该公益事业可以是目的近似的慈善组织或者慈善信托。

近似原则是慈善信托的重要原则。与私益信托终止截然不同，在私益信托终止时，如果没有规定信托财产的最终权利归属人，则信托财产应当归属于受益人、委托人或其继承人，根本没有近似原则的适用可能。慈善信托终止时的近似原则是英美法系国家的学术称谓，大陆法系国家如日本、韩国等一般称之为“公益信托的继承性”。我国《信托法》第 72 条则明确规定为“近似原则”，即公益信托终止，没有信托财产权利归属人或者信托财产权利归属人是不特定的社会公众的，经公益事业管理机构批准，受托人应当将信托财产用于与原公益目的相近似的目的，或者将信托财产转移给具有近似目

① 《广东省民政厅　中国银行保险监督管理委员会广东监管局关于慈善信托管理工作的实施细则》（粤民规字〔2019〕2 号）第 49 条：……清算报告应包括以下内容：（一）慈善信托设立备案情况；（二）清算组报备情况；（三）清算公告情况；（四）资产及债权、债务清算情况；（五）支付清算费用；（六）税费补交情况；（七）剩余财产处置情况；（八）银行账户销户情况；（九）工作台账与会计资料保管情况。不主动启动清算程序的，委托人或信托监察人可以依法申请人民法院启动清算程序。

的的公益组织或者其他公益信托。由于《慈善法》对慈善信托终止以及近似原则的适用没有明文规定，则根据《慈善法》第 50 条，《信托法》第 72 条规定的近似原则对于慈善信托当然适用。值得注意的是，《慈善信托管理办法》第 43 条对近似原则进行了重申，规定慈善信托终止，没有信托财产权利归属人或者信托财产权利归属人是不特定的社会公众，经备案的民政部门批准，受托人应当将信托财产用于与原慈善目的相近似的目的，或者将信托财产转移给具有近似目的的其他慈善信托或者慈善组织。

事实上由于公益慈善事业的本质属性使然，近似原则不仅仅是慈善信托终止时的重要原则，而且是整个公益慈善事业法中的一个重要原则，例如《公益事业捐赠法》第 28 条规定："受赠人未征得捐赠人的许可，擅自改变捐赠财产的性质、用途的，由县级以上人民政府有关部门责令改正，给予警告。拒不改正的，经征求捐赠人的意见，由县级以上人民政府将捐赠财产交由与其宗旨相同或相似的公益性社会团体或者公益性非营利的事业单位管理。"此外，《基金会管理条例》第 33 条也规定："基金会注销后的剩余财产应当按照章程的规定用于公益目的；无法按照章程规定处理的，由登记管理机关组织捐赠给与该基金会性质、宗旨相同的社会公益组织，并向社会公告。"《慈善法》第 57 条规定："慈善项目终止后捐赠财产有剩余的，按照募捐方案或者捐赠协议处理；募捐方案未规定或者捐赠协议未约定的，慈善组织应当将剩余财产用于目的相同或者相近的其他慈善项目，并向社会公开。"

二、《慈善法》《信托法》对近似原则的规定

《慈善法》本身对慈善项目终止时近似原则的适用是有明文规定的，即该法的第 57 条规定："慈善项目终止后捐赠财产有剩余的，按照募捐方案或者捐赠协议处理；募捐方案未规定或者捐赠协议未约定的，慈善组织应当将剩余财产用于目的相同或者相似的其他慈善项目，并向社会公开。"从体系解释上看，该条规定于《慈善法》第六章慈善财产，而不是规定在第五章慈善信托，且从该条的文义表达来看，其仅仅适用于"捐赠财产"，适用的前提是"募捐方案"或"捐赠协议"没有约定，而适用的主体是"慈善组织"，可见该条并不是适用于慈善信托终止的情形，因为后者的财产为信托财产而不是捐赠财产，该财产来源于慈善信托行为，而不是来源于慈善捐赠或慈善募捐，相关的适用主体是信托公司而不是慈善组织。可见《慈善法》第 57 条规定的

近似原则只能适用于慈善组织接受慈善募捐或者慈善捐赠而成立的慈善项目终止的情形，而不适用于慈善信托终止的情形。

而《慈善法》第五章慈善信托则对于慈善信托终止时近似原则的适用没有明确规定，仅于第50条规定慈善信托的终止和清算，如果《慈善法》没有规定的，则适用《信托法》的有关规定，即《信托法》第72条。

根据《信托法》第72条的规定，公益信托终止时近似原则的适用要满足一个基本前提，即必须是在公益信托终止后，剩余财产没有财产归属人，或者剩余财产的财产归属人是不特定的社会公众的场合才有近似原则的适用可能，此时法律推定委托人具有将信托财产永久用于公益事业的意思表示，适用“近似原则”符合委托人的意思。如果信托文件本身具体规定了特定的信托财产权利归属人，则公益信托终止后，应当遵循委托人的意思，将信托财产分配给该权利归属人，不能适用“近似原则”。

三、近似原则的适用条件

根据《信托法》第72条以及《慈善信托管理办法》第43条规定，慈善信托终止时需满足以下条件才能适用近似原则。

（一）慈善信托发生终止事由

慈善信托因信托文件规定的终止事由发生、信托的存续违反信托目的、信托目的已经实现或者不能实现、信托被撤销四种事由而终止。在慈善信托没有发生上述终止事由而正常存续期间，受托人应当充分尊重委托人的意愿，将信托财产运用于信托文件规定的慈善目的，而不能利用近似原则，不能随意改变慈善信托设立时所定的目的。但是如果慈善信托因为欺诈债权人被撤销而终止的，信托财产应当首先用于清偿申请撤销该信托的委托人的债权，只有对清偿后剩余的信托财产，才轮到是否有可能适用近似原则。

（二）没有信托财产权利归属人或财产权利归属人是不特定的社会公众

慈善信托终止时，如果信托文件没有规定信托财产的权利归属人或者信托文件所规定的信托财产权利归属人本身就是不特定的社会公众时，才能适用近似原则。在慈善信托，当信托文件没有规定信托财产的权利归属人或者信托文件所规定的信托财产的权利归属人是不特定的社会公众时，法律上推定委托人具有将信托财产永久用于公益事业的意思表示，适用近似原则就符合委托人的意愿。如果信托文件本身规定了特定信托财产权利归属人，则慈善信托终止后，应当遵循委托人的意愿，将信托财产分配给信托文件确定的权利归属人，不能适用近似原则。

（三）信托财产只能用于近似的慈善目的、慈善组织、慈善信托

适用近似原则时，信托财产必须用于与原慈善目的相近似的公益事业，不能将信托财产用于与原公益目的不相关联的公益事业。法律之所以如此处理，是为了最大限度地遵循委托人的意愿。所谓“原慈善目的”，是指慈善信托设立时信托文件规定的慈善目的；所谓“相近似”，是指与原慈善目的相同或者尽可能与原慈善目的相近似。具体是将信托财产用于与原慈善目的相同的慈善事业还是相近似的慈善事业，应当根据慈善信托终止时的情形来确定。当慈善信托是因为信托文件规定的终止事由发生或者信托被撤销而终止的，此时，原慈善目的仍然具有可实施性，应当将信托财产用于与原慈善目的相同的事业。当慈善信托是因为信托的存续违反信托目的或者原信托目的已经实现或者已经注定不能实现而终止时，原慈善目的已不具有可实施性，应当将信托财产用于与原慈善目的相近似的慈善事业。

四、比较法的视角

（一）英国信托法上的近似原则

英国《1960 年慈善法》实施前，只有慈善信托目的变得不可能或行不通（imppssible or impracticable）时，法院才能适用近似原则。如果信托被认为不能有效地实现慈善目的，或者随着经济的变化，某种慈善目的被认为不能适应不断变化的社会需要，都不允许法院适用近似原则。

为避免出现僵化的不公平结果，长期以来，法院不断放宽对“不可能或者行不通”的检验标准的要求和解释。尽管如此，法院仍然不能在必要时改变信托目的，况且，法院的解释必须遵循法律解释规则。结果，一些案件仍然出现僵化甚至有些荒谬的结果。

对此，英国议会制定了综合性慈善法律——《1960 年慈善法》。为了比较彻底地解决上述问题，该法第 13 条规定，在一定情况下，法院可以改变慈

善赠与的最初目的，从而运用近似原则。第 14 条规定，赠与特定慈善目的的款项，如果初始慈善目的变得不能实现，同时又难以找到捐赠者，该款项可以适用近似原则，用于类似的慈善目的。1993 年通过的新慈善法取代《1960 年慈善法》，但保留了第 13 条和第 14 条的规定。[①]

根据第 13 条的规定，下列情况下可以改变慈善赠与的最初目的：（1）最初的慈善目的已经全部或部分地得以实现；（2）最初的慈善目的已不能实现，或者不能按照赠与人的指示或精神实现；（3）最初的慈善目的只运用赠与财产的一部分；（4）赠与的财产与其他可用于类似目的的财产放在一起运用肯定更有效，考虑到赠与的精神，一起运用于共同的目的也是适当的；（5）最初目的是使一个地区受益，但由于某些原因，该地区后来不再作为一个行政或教区单位；（6）最初目的是使一群人或者一个地区受益，但由于某些原因，考虑到赠与精神，受益对象已不适宜，或者已不能有效地管理赠与财产；（7）最初目的已经全部或部分地通过其他手段得到适当的满足；（8）最初目的由于没有什么作用或对社会有害，或者由于其他原因，在法律上已不是慈善性的；（9）考虑到赠与的精神，最初目的已经不能通过其他途径提供适当和有效的方法，来运用赠与的财产，下面的判例就运用了这一规定。

基本案情：1716 年立遗嘱人将一笔资金设立信托，从信托收入中拿出 3 英镑给牧师，其余收入赠给当地穷人和老年人。当年信托的年收入是 5 英镑，到 1967 年已达 791 英镑，但牧师仍然只得 3 英镑。受托人向法院提出申请，根据规定，将支付给牧师的款项提高到每年 100 英镑。

主审本案的 Pennycuick VC 法官指出：根据《1960 年慈善法》第 13 条第（2）项，原始的信托目的已经不能根据赠与的精神实现了；根据第（9）项，已经不能按照赠与的精神提供适当的方法运用信托财产了。信托的收入要在两个目的人之间分配，所谓的原始目的是把信托作为一个整体而言的。立遗嘱人的意图是将大部分收入赠与牧师，其余部分才赠给另一个目的。在 1716 年牧师取得的 3 英镑，占信托收入的五分之三，在现代条件下，信托的年收入已经增加的 791 英镑，仍然只给牧师 3 英镑，显然没有很好地实现立遗嘱人的意图。根据本案具体情况，法院将依据《1960 年慈善法》，将赠给牧师的部分提高到受托人所要求的 100 英镑。[②]

初始慈善目的不能实现，信托财产需要适用近似原则的，必须满足规定

---

① 何宝玉：《信托法原理与判例》，中国法制出版社 2013 年版，第 374 页。

② 何宝玉：《信托法原理与判例》，中国法制出版社 2013 年版，第 375 页。

的条件。需要注意，不能把这种要求与信托财产形式的变化混为一谈，初始慈善目的并不依附于特定的财产形式，因此，只要信托财产本身不是慈善性的，比如不是历史文物，慈善组织就有权改变信托财产的形式，用于实现同一信托目的，这样做并非适用近似原则。在 Oldhan Borough Council v AG (1993) 案中，某人签署赠与契约将一处运动场设立慈善信托，指示该地只能作为运动场地或者为当地人的利益而使用。原告是信托的受托人，也是一个自治市的地方政府，计划将该处土地出售，用售地收入建立一个装备更好的运动场。双方对该计划是否合法产生争议。上诉法院判决：慈善目的不一定依附于财产本身，只要信托财产不具有与初始慈善目的联系在一起的内在慈善价值（比如说是一处历史文物），那么，信托财产就可以出售，并将所得收入用于初始目的。据此，法院运用它的固有管辖权，授权许可原告的计划。

当然，能否适用近似原则，关键取决于信托目的是否已经实现或者无法实现，最终还在于法院如何认定和解释。例如在 Dean v Burne（2009）案中，1962 年在伦敦的俄罗斯人居住区建立一个东正教教区，Anthony Bloom 担任主教，改革了礼拜仪式和教会管理，不同于其他莫斯科主教相应的教区财产都被认为属于追求特定宗教目的的慈善信托财产。1991 年苏联解体后大批俄罗斯人涌入该社区，他们得到莫斯科支持，希望教区采用更传统的方式，因此与原居民的关系趋于紧张。2003 年长期领导教区的 Bloom 主教去世，其继任者在 2006 年决定从原来遵从莫斯科大主教转向君士坦丁堡普世牧首，并创造一个新的东正教区，带走了许多原居民。2007 年 6 月新教区居民主张，因教区分立，信托目的已不能实现，要求适用近似原则分割教区财产，遭到老教区居民反对，并诉至法院。高等法院审理认为，按照信托契据的解释，信托目的是为了俄罗斯东正教社区的利益，既然教区继续存在，就不能适用近似原则，据此拒绝发布命令分割教区财产。

但在 Kings v Bultitude（2010）案中，某天主教堂是慈善组织，其主教去世后，他的寡妇作为教堂的最后一位牧师立下遗嘱，将遗产赠与教堂，法院认为，既然她去世后没有牧师，不再聚会，教堂也不复存在，教堂的财产可以适用近似原则，用于其他类似的慈善活动。

《1960 年慈善法》实施前，经常遇到这样的问题：有人为特定慈善目的筹集一笔款项，但事实证明该慈善目的无法实现，这笔款项该怎么办？按道理应该退还给捐赠者，但这些款项通常是向不特定社会公众募集的，无法或者很难找到捐献者，因此无法一一退还。例如 Re Ulverston and New Hospital Building Trusts（1956）案，有人从不同来源汇集款项准备建一家医院，但后来事实证明这个目的不能实现。同时该项赠与显然不具有普遍的慈善意图，因而不能适用近似原则，只能退还捐款人。由于许多捐款者都是不具名的社会大众，因而，上诉法院判决：该款项纳入复归信托，等待归还捐款者。①

《1960 年慈善法》第 14 条就是要解决这个问题，根据该条规定：第一，一笔财产赠与特定慈善目的后，如果该财产属于一个不能确认的捐献者，或者属于经过合理的广告、查询后仍不能找到捐献者，或者属于书面表示放弃的捐献者，那么，该财产可以适用近似原则，就像它具有普遍的慈善意图一样。第二，如果上述财产是募捐盒、捐款箱的收入，属于从社会公众那里募集的不可辨认属于谁的捐款；或者是任何博彩、比赛或类似集资活动筹集的款项扣除费用后的收入，那么，该财产被排他性地假定是属于不可辨认的捐献者，而不需要进行广告、查询。第三，考虑到应退还的捐款的数额以及将捐款退还捐献者所需要的费用，法院如果认为将捐款退还捐献者是不合理的；或者，考虑到捐款的性质、当时的情况、捐款的数额以及捐款后的时间长短，法院如果认为捐献者预期会将捐款返还给他是不合理的，那么法院可以发布命令，决定将货币或者财产看成属于不能确认的捐款者。

因此，在 Re Ulverston and New Hospital Building Trusts（1956）这类案件中，捐款者是不能确认的社会大众，退还捐款非常困难，只要经过合理的广告或查询仍不能找到捐款人，就可以适用近似原则。如果是博彩等类似收入，甚至不需要进行广告、查询，就可以适用近似原则。而且，如果退还捐款的费用过高或者捐款额小、捐款已经过去很长时间，因而，退还捐款是不合理的，那么，法院还可以直接发布命令，将捐款看成是不能确认捐款人的财产，从而适用近似原则。

此外，在英国近似原则适用时，有几个非常常见的问题或案型值得关注，对我国未来近似原则适用也具有非常明显的借鉴意义。

一是慈善信托成立生效的时间问题。英国法院认为一旦慈善财产有效地赠与给慈善组织，它就应该用于慈善目的，除非赠与人有其他要求。如果慈善目的变得不存在、不可能或行不通，应该适用近似原则。Re Slevin（1891）

---

① 何宝玉：《信托法原理与判例》，中国法制出版社 2013 年版，第 377 页。

案显示了慈善赠与是何时有效成立的，也显示出这个时间的重大意义。[①]

二是接受赠与的慈善组织合并。在英国，为了把财产捐献给慈善组织，法院常常要证明，原始的慈善目的事实上还存在，并且能够实现。所以，如果一笔财产赠送给某慈善组织，但是赠与生效前，这个慈善组织已经被合并了，可是其慈善工作尚在运行，那么法院会判决赠与并没有失败，这种情况下没有必要运用近似原则，因为慈善组织仍然存在，尽管采用了其他名字，英国的典型案例是 Re Faraker（1912）案。[②] 这个案件表明，只要财产纳入一项信托，用于特定的慈善目的，那么即使该慈善组织的章程、名称、目的发生变化，甚至慈善组织与其他慈善组织合并，也不会破坏慈善信托的合法地位，该慈善信托继续有效。

三是赠与的对象是特定慈善目的而不是慈善组织时，即使慈善组织事实上不存在或者曾经存在但后来终止了，信托的条款都可以适用近似原则，因为即使慈善组织不存在了，类似的目的仍在，这些财产是赠与给特定慈善目的而不是赠与给特定慈善组织的。这方面的典型案例是 Re Vernon's Will Trusts（1972）案，[③]

---

① 本案中，立遗嘱人将吉祥财产遗赠给多个慈善组织，其中包括一家孤儿院，这家孤儿院的主要职责是收容孤儿。立遗嘱人去世时孤儿院还在，但是立遗嘱人去世时，孤儿院已经解散了，遗产还没有来得及给孤儿院。立遗嘱人的继承人认为赠与失败，这些财产应该是剩余遗产。初审法官判决，既然在立遗嘱人去世后、财产授予孤儿院之前，孤儿院已不复存在，应当认定立易主任赠与失败，财产归入剩余遗产。总检察长向上诉法院上诉，请求对该部分财产适用近似原则。上诉法院判决：上诉成立。主审法官认为一笔遗产赠与给某个人，立遗嘱人先去世，受赠人随后去世，那么立遗嘱人的继承人不能说遗赠的财产是他们的，事实上在立遗嘱人去世时这笔遗产就是受赠人的了，也就是说，必须将财产授予他。本案中孤儿院在立遗嘱人去世时还存在，赠与的财产在此时已经属于孤儿院了，孤儿院终止时，这笔财产可用于近似目的的慈善事业。

② 本案中，Mrs Faraker 在 1911 年身故，在遗嘱中将 200 英镑赠给某地一家慈善组织 Mrs Bailey's Charity。当时确实有一个名字是"Mrs Hannah Bayly's Charity"的慈善组织，建立于 1756 年，该组织的宗旨是救助该地的贫困寡妇。1905 年英国的慈善委员会通过一个计划，把这个慈善组织与其他几家慈善组织合并，成立了一个救助本地穷人的信托，但是并未特别提及对贫困寡妇的救助。虽然大家都认为立遗嘱人所说的 Mrs Bailey's Charity 就是 Mrs Hannah Bayly's Charity。但是由于慈善组织已被合并，而且慈善目的有所改变，初审法院判决赠与失败，总检察长上诉。上诉法院判决：赠与并未失败。

③ 某女士在 1937 年所立的遗嘱中表示，其剩余遗产由三个慈善组织平分，这三个慈善组织分别是考文垂跛脚儿童救助会、全国救生艇协会、皇家中部地区绝症患者之家。在她立遗嘱时确实有一个名为"考文垂地区跛脚儿童救助会"的组织，并进行了公司注册，其工作就是跛脚儿童提供矫正手术和康复期间的住宿。根据英国《1946 年国民健康法》，救助会的财产在 1948 年转移给了国民健康服务局，1952 年这一慈善组织解散，但是它设立的一家诊所和医院仍在经营，直到 1960 年立遗嘱人去世时仍然存在。但在 1949 年又成立一家名为"考文垂地区跛脚者救助会"的未登记慈善机构，其目的也是支持和帮助跛脚人士，但不进行任何矫正手术。这里的问题是，这个慈善组织是否取得"考文垂地区跛脚儿童救助会"余下的资产？如果有权，立遗嘱人的赠与是否依然有效？最终法院判决：立遗嘱人的赠与有效。

本案中，立遗嘱人显然计划将财产赠与给一个当时她认为存在的慈善组织，可她的遗嘱将慈善组织的名称误写为“考文垂地区跛脚儿童救助会”，但是这依然是一项有效的慈善信托，因为没有证据表明立遗嘱人的意图是让该慈善组织受益，而不是为了当时存在的慈善目的。所以虽然该慈善组织已经终止，但是在国民健康服务局管理下，这个慈善组织设立的诊所和医院仍在开展慈善工作，立遗嘱人的赠与有效。

四是慈善目的最初失败，如赠与人将财产赠与特定慈善组织，该组织在赠与生效时并不存在，就属于慈善目的最初失败，法院必须要决定，这项赠与是否适用近似原则。赠与给慈善组织的款项显然无效，但问题是，这些款项能否用于其他类似的慈善目的？这里的关键在于赠与人是否有普遍的慈善意图，也就是能否确认赠与人希望从总体上有益于慈善目的或者特定慈善目的，而并不是有益于特定的慈善组织或指明的慈善组织。原则上，法院都会千方百计地证明赠与人有普遍的慈善意图以防止慈善赠与失效，这里的典型判例是 Biscoe v Jackson（1887）案，[①] 法院就认为立遗嘱人的赠与显示出普遍的慈善意图，修建诊所和施食处只是实现慈善目的的方法之一，这两项工作不能实现并不能导致整个慈善目的的失败，因为立遗嘱人的真实想法是将这1万英镑用于该教区的穷人和病人，同时也指出了希望如何应用这笔钱的方法。虽然他指定的方法无法实现，但是救助穷人、病人的慈善目的本身没有问题，可以适用近似原则。有时候赠与人同时将财产赠给不同的慈善组织，法院也会从这个事实推断赠与人具有普遍的慈善意图，这方面的典型案例是1966年的 Re Satterthwaite's Will 案。[②]

五是赠与从未存在的慈善组织，就是说赠与人指示将财产赠给某个指名的慈善组织，但没有证据表明该慈善组织曾经存在过，或者说这个慈善组织根本就没有存在过。这种情况下，英国法院多会直接推测立遗嘱人具有普遍

---

① 立遗嘱人在遗嘱中指示受托人从其遗产中拿出1万英镑用于慈善目的，其中4000英镑用于修建一个小诊所和一个施舍情人的施食处。但是最终没有买到土地，建造诊所和施食处的慈善目的无法实现。立遗嘱人的后代请求获得这1万英镑，上诉法院终审判决赠与有效，适用近似原则。

② 本案中，立遗嘱人将其全部财产，以相同的份额分别留给了9个动物协会，这些慈善组织的名字都是从伦敦电话号码簿上随机选择的。其中6个是非常有名的动物保护慈善组织，另外3个受赠组织，一个是反对动物活体解剖协会，一个人是“伦敦动物医院”，还有一个无法确认。有个兽医曾经营一个名为“伦敦动物医院”的诊所，但在立遗嘱人立遗嘱前很久就停业了，他请求获得赠与“伦敦动物医院”的那部分财产，遭到拒绝。官司打到上诉法院，法院最终判决：驳回兽医的请求。法官认为立遗嘱人通过列明不同的受赠人，变现了一种普遍的慈善意图，即善待动物，因此这项赠与适用近似原则。

的慈善意图，只是赠与人用了一个特定的名字，并且其最为关心的是慈善目的，而对慈善组织是“李逵”还是“李鬼”反而不太关注，这里的典型判例是 Re Harwood（1936）案，[①] 法官认为赠送给威斯比奇和平协会的200英镑失效，不能适用近似原则；但是赠送给贝尔法斯特和平协会的300英镑可以适用近似原则，因为立遗嘱人显然打算存进慈善事业，具有普遍的慈善意图。

六是慈善目的随后失败，一项慈善信托有效成立后，接受捐赠的慈善组织却不复存在了，这时完全可以适用近似原则，而且不需要确认有普遍的慈善意图的存在，因为财产一旦有效地赠与某个机构，就永远地属于该慈善目的的，赠与人指明的慈善目的失败后，应适用近似原则将财产用于其他近似目的。这方面的典型案例是 Varsani v Jesani（1998）案。[②]

从某种意义上说，英国法上的“近似原则”是慈善信托“近似原则”的鼻祖，经过数百年的发展，期间有无数智慧的头脑为这一原则的发展倾注了大量心血，也积累了非常丰富的判例，形成了各式各样的案型以及大量具有里程碑意义的经典判决，这些宝贵的司法遗产是全人类的财富，对于我们刚刚起步不久的“慈善信托”具有非常重要的借鉴意义。但需要注意的是，英国的情况与我国不同。首先，英国的公益信托非常普遍，甚至是非常主流的信托形式，对英国社会产生过并仍在产生重大的影响力，而在我国营业信托是信托的主流形式，非常发达，民事信托、慈善信托的发展严重不足，对社会进程的影响微乎其微。其次，英国的很多公益信托的受托人是慈善组织，而且其信托目的侧重实现特定的慈善目的，理财的属性不明显，并且一般的慈善捐赠也有可能被认为是慈善信托，受赠的慈善组织就是受托人，这点与我国不同，我国慈善捐赠和慈善信托的界限非常清楚，即使受托人是慈善组织时也是如此。再次，英国的慈善法律以及慈善监管是将慈善组织和慈善信托统一安排的，并规定在一部法律当中，而目前我国对慈善组织和慈善信托仍然是区分对待的，大部分慈善立法、税收、慈善监管等都是围绕慈善组织

---

① 该案中，立遗嘱人在1925年立下遗嘱，将200英镑赠给威斯比奇和平协会，将300英镑赠给贝尔法斯特和平协会，1934年立遗嘱人去世，贝尔法斯特和平协会已经终止。同时，没有证据表明曾经存在一个名叫“威斯比奇和平协会”的组织。

② 该案中一个宗教慈善信托的受益人是某个印度教派，后来教派分裂为两支，都宣称是正宗，因而信托财产（一座寺庙）应交由自己继续使用以实现教派的真正信仰。法院认为教派已经分裂，少数派分支不能继续利用寺庙，表明初始的信托目的已经失败，判决制定一个新计划以适用近似原则。在随后制定新计划的诉讼中，法院继续明确，这种情况下法院必须选择本质上不可知论的角色，避免陷入不同宗教组织优劣的争议之中。法院应集中解决信托财产的分割问题，以实现两个新的慈善目的，在两个分支之间寻求适当的平衡。最终，少数派分支获得25万英镑，多数派分支保留了寺庙。

展开，慈善信托的相关规定非常之少。最后，英国是判例法国家，之前的经典判决，尤其是其附属理由可以作为下一次类似案例的说理依据，这也是为什么英国法会如此重视判决的原因，而我国是制定法国家，以往的判例并不具有“法的渊源”的效力，况且目前为止几乎没有发生过涉及公益信托、慈善信托的判例，相关的司法经验几乎为零，可以说司法机关目前对慈善信托的认知也是极其有限的。

（二）美国信托法上的近似原则

传统的英美信托法中将信托条款变更和信托财产处分截然分开。在变更信托的管理方法的相关信托条款（Odministrative Terms）的情形，限于达到信托目的的必要情形，法院随时可以对此进行变更。该法理被称为“衡平的信托条款变更法理（Doctrine of Equitable Deviation）”，该法理同时适用于私益信托和公益信托，在我国《信托法》第 21 条、第 69 条也有相似的规定。而关于受益人和信托财产的处分的信托条款（Dispositive Terms）的变更，一般的私益信托和公益信托是不同的。私益信托中，违反在信托目的中客观化的委托人的意思是违法的。而在公益信托中，在继续追求原来的公益目的变得不适当的时候，能够变更信托的目的，即传统的最近似原则（Cy Pres）。

美国统一信托法典对传统的信托法理进行了局部修改，在第 412 条、第 413 条中涉及了信托变更以及最近似原则。① 其第 412 条规定，在以无法预见

---

① 美国公益信托法典第 412 条、第 413 条的条文表述如下：
Section 412. MODIFICATION OR TEAMINATION BECAUSE OF UNATICIPATED CIRCUMSTANCES OR INABILITITY TO ADMINISTER TRUST EFFECTIVELY
(a) The court may modify the administrative or dispositive terms of a trust or terminate the trust if, because of circumstances not anticipated by the settlor, modification or termination will further the purposes of the trust. To the extent practicable, the modification must be made in accordance with the settlor's probable intention.
(b) The court may modify the administrative terms of a trust if continuation of the trust on its existing terms would be impracticable or wasteful or impair the trust's administration.
(c) Upon termination of a trust under this section, the trustee shall distribute the trust property in a manner consistent with the purposes of the trust.
564 - B: 4 - 413 Cy Pres.
(a) Except as otherwise provided in subsection (b), if a particular charitable purpose becomes impossible, impracticable, illegal, obsolete, ineffective or prejudicial to the public interest to achieve:
(1) the trust does not fail, in whole or in part;
(2) the trust property does not revert to the settlor or the settlor's successors in interest; and
(3) upon petition by the trustee or trustees, the director of charitable trusts or an interested party other than the settlor, the court may apply cy pres to modify or terminate the trust by directing that the trust property be applied or distributed, in whole or in part, to a charitable purpose which is useful to the community and which fulfills as nearly as possible the general charitable intent of the settlor.
(b) A provision in the terms of a charitable trust that would result in distribution of the trust property to a noncharitable beneficiary prevails over the power of the court under subsection (a) to apply cy pres to modify or terminate the trust only if, when the provision takes effect:
(1) The trust property is to vevert to the settlor and the settlor is still living; or
(2) Fewer than 21 years have elapsed since the date of the trust's creation.

的事由作为变更的原因且变更成为必要的时候，并不区分管理方法的条款和关于信托财产处分的条款，法院可以对此进行变更。这是把“信托条款变更的法理”的适用范围扩张至“关于信托财产的处分条款”。而且，第413条规定了最近似原则，在公益信托中信托目的构成违法、无法实现和非效率的情形下，限于不违反委托人设立公益信托的意图，法院可以命令变更或者终了该公益信托。和传统的最近似原则相比，其适用要件得以缓和。也就是说，在传统的最近似原则之中，对变更后的信托目的是否包含了委托人“当初的信托设立的意思”作比较严格的解释，而统一信托法典第413条是根据是否存在“一般的公益信托设立的意思”进行判断。但是扩大了“信托条款变更法理”的适用范围，和“最近似原则”的区别就变得不清晰了，适用于最近似原则的“信托目的的违法、信托目的不能实现以及非实效性和非效率性”，包含在适用于“信托条款变更法理”的不能预见的事由的变更中。无论如何，美国信托法对信托变更和终了相关的原则采缓和的倾向，特别是公益信托是长期存在的，由于发生不能预知的情况无法使原来的信托继续下去，或者，长期存在下去欠妥的情形很容易发生。统一信托法典第412、413条就是应对这类问题的规定。[①]

（三）日本信托法上的近似原则

《日本信托法》第73条规定：“公益信托终了的时候，其信托财产如无归属权利人时，主管官厅可以按照其信托本旨，运用于类似目的，使信托继续下去。”

本条是关于信托终了情形的规定。该规定认可了在信托原本应该终了的时候，为了能让信托“以类似的目的继续下去”的特别处理方法，一般把这一条理解为和英美法中的近似原则类似的规定。《日本信托法》第70条也规定了“公益信托中，发生信托行为当时未能预见的特别情况，只要不违反信托本旨，主管官厅得改变信托条款”。在信托变更这一点上和第73条基本类似，但是适用第70条的情形并非就存在信托终了事由，仅仅是置之不理的话，会出现不利于妥善执行信托事务的情形。学说上也有学者认为《日本信托法》第70条也是对近似原则的规定。围绕《日本信托法》第73条有几个问题在实践中十分重要。

---

① ［日］能见善久：《现代信托法》，赵廉慧译，中国法制出版社2011年版，第321页。

第一是应当如何理解“使信托继续下去”的含义。首先从《日本信托法》第73条的文义来看，当出现信托目的不能达成等信托终了原因之时，原来存在的信托本应终了，这时把信托目的变更为类似的目的，使得信托得以继续存在。在此场合，适用第73条，最终使得信托得以存续，目的变更之前的信托和目的变更之后的类似目的的信托作为同一个信托继续存在，受托人并不变化，也无需进行信托的清算。但是在这个类似目的下重新开始的公益信托中，需要决定适当的信托条款和信托管理人等，因此也有必要变更之前存在的信托条款，即需要同时适用第70条和第73条方可圆满。其次，学者认为当初的公益信托将其信托财产转让给类似目的的公益信托或者公益法人，从而自行终了。就公益法人解散之时剩余信托财产的处分，其采用的就是这种方法（《日本民法典》第72条)。《日本信托法》第73条并没有采取“信托财产以类似目的进行了处分从而使公益信托终了”这样的方法。作为立法论，学者认为应该认可把信托财产以类似目的进行处分作为信托得以终了的方法的可行性。

第二是如何理解“公益信托终了”。对此，严格来说，即使在信托终了原因发生之前，若发生了难以使信托继续下去的状况，也会出现包括必须变更信托目的在内的重大变更的情况。《日本信托法》第73条对这种终了的原因发生之前的重大变更没有规定。从立法论来说这样的规定过于狭窄。信托终了原因虽然没有发生，但是在不能使信托存续的场合，似乎应该修改所适用的条文。

第三是如何理解“没有权利归属人”。《日本信托法》第73条是在信托条款中没有规定信托终了时剩余财产的处分方法之时所适用的规定。如果信托条款中对剩余信托财产的处分方法作出了规定，即可根据此规定处理。不过，公益信托设立之际的主管官厅的许可之中，和公益法人的情形相同，并不允许约定把剩余信托财产归属于私人。例如据说很多的信托条款中都写入了这样的内容：“受托人自信托终了之际，若有信托财产，取得信托管理人的认可，且取得主管大臣的许可，可以采取下列措施：1. 作为类似目的的公益信托继续存在下去；2. 向国家、地方公共团体或者有类似目的的其他公益信托进行捐献。”这是在信托条款中采用了和信托法第73条相同的内容，不过《日本信托法》第73条并没有就剩余财产的处分作出规定。从《日本信托法》第73条并不能推导出此信托条款，因此信托条款在确定以类似的目的处分这一点上是有意义的。英美所谓的最近似原则，认可这种方式信托财产处分，通过信托条款的约定可以接近这一原则。

（四）小结

英美法系国家信托法对类似原则在公益信托中的适用态度非常明确肯定，法律赋予法院在公益信托领域非常广泛地适用类似原则的权利，包括信托不成立、无效、被撤销、目的违法、对象不存在、自始失败、嗣后失败、复归不可能等诸多情形，法院总是千方百计地将信托财产以近似原则名义留在公益领域，而未必非要等信托终止时才这样操作。而大陆法系国家信托法的规定则有所不同，如日本、韩国等国的信托法只是部分承认了近似原则，适用范围及情形非常狭窄。只有当公益信托终止，且无信托财产权利归属人时，才允许公益信托事业主管机关适用近似原则，使公益信托为类似目的而继续存在。我国《信托法》第 72 条与日本的做法相似，规定只有在信托终止，且剩余信托财产无权利归属人的前提下，才能经公益事业管理机构批准，由受托人运用近似目的原则，将信托财产用于与原公益目的相近似的目的，或者将信托财产转移给具有近似目的的公益组织或者其他公益信托，使得公益信托继续发挥促进社会公共利益的作用。[①] 这就意味着首先慈善信托必须是已经成立生效，对于因为各种原因不成立、不生效、失效、无效的慈善信托则不能适用近似原则，这部分资金可能要重新回到私人领域。

五、是否近似的判断标准

从前述《日本信托法》第 73 条可知，适用近似原则必须“依照该信托的本旨”且“为了类似目的的信托”。这是因为，以违反最初的信托目的使信托继续存在，违反了捐出财产的委托人的意思。这也是在适用美国信托法中的最近似原则时经常引起争论的一个要件。在美国，也有很多以委托人的意思并没有包含这种用途而否认最近似原则的例子，但是如果过于严格地考虑委托人的意思也是有问题的。若过分严格地考虑类似目的的公益信托，就往往不容易找到类似的目的，其结果很可能是只能把声音与财产向国家或者地方公共团体捐献这一条路了。如果考虑到公益信托这一法律制度不受行政干预，而是作为自律的从事公益活动的工具这样的性质，这种做法明显是不合

---

① 徐孟洲：《信托法》，法律出版社 2015 年版，第 221 - 222 页。

适的。[①]

学者也认为法律之所以规定近似原则，是为了尽可能地遵循委托人的意愿。所谓“原公益目的”，是指公益信托设立时信托文件规定的公益目的；所谓“相近似”，是指应与原公益目的相同或者尽可能与原公益目的相类似。具体是将信托财产用于与原公益目的相同的公益事业还是相近似的公益事业，应当根据公益信托终止的情形来确定。当公益信托是因为信托文件规定的终止事由发生或者信托被撤销而终止的，此时，原公益目的仍然具有可实施性，应当将信托财产用于与公益目的相同的公益事业。当公益信托是因为信托的存续违反信托目的或者信托目的已实现或不能实现的原因而终止的，此时，原公益目的已不具有可实施性，应当将信托财产用于与公益目的相近似的公益事业。[②]

六、近似原则的适用程序和法律效果

根据《信托法》规定，慈善信托适用“近似原则”的具体方案，即如何确定“相近似”的慈善事业，由受托人确定，但应报公益事业管理机构批准。解释论上，公益事业管理机构可以对受托人确定的方案提出异议甚至直接决定“相近似”的公益事业。如果公益事业管理机构没有正当理由不予批准，或者受托人对公益事业管理机构就方案提出的异议或者作出的决定不认同，委托人、受托人均有权依据《信托法》第 73 条的规定，向人民法院起诉，请求人民法院予以裁定。

慈善信托近似原则的适用方案经公益事业管理机构批准后，由委托人加以实施。实施的法理后果依据方案的内容而有所不同。根据《信托法》第 72 条，近似原则的适用方案可以确定将信托财产用于与原公益目的相近似的目的，也可以确定将信托财产转移给具有近似目的的公益组织或者其他公益信托。在第一种情况下，原慈善信托终止，同时成立一项新的法定慈善信托，该项信托仍由原受托人担任受托人，信托条款依据经过公益事业管理机构批准的方案确定。在第二种情况下，原慈善信托终止，但并不同时成立新的法定慈善信托，此时信托财产在法律上是对方案确定的具有近似目的的慈善组织或其他慈善信托的赠与，并由受托人据此进行信托财产的转移。

---

① ［日］能见善久：《现代信托法》，赵廉慧译，中国法制出版社 2011 年版，第 318 页。

② 周小明：《信托制度：法理与实务》，中国法制出版社 2012 年版，第 378－389 页。

七、慈善信托财产的归属人

如上所述，在决定能否适用近似原则时一个重要问题是如何理解第 72 条及《慈善信托管理办法》第 43 条中所说的“信托财产权利归属人”的概念。根据《信托法》第 54 条，这里的权利归属人应当是信托文件规定的人、受益人及其继承人、委托人及其继承人。若对《信托法》第 72 条予以反面解释，则应当允许公益信托在终止的时候通过约定的方式把信托财产留给委托人或其他的私人。

作为比较，《日本公益信托法》的条文本身也并不禁止把剩余的信托财产归属于委托人等私人，只是其公益信托监管当局在实务中还不允许这样操作，即尽管《日本信托法》第 73 条规定没有明确，主管官厅也不允许把私人确定为公益信托财产的权利归属人，所以公益信托的设立人和信托利益的权利归属人不会产生对立关系。[①] 不允许把剩余信托财产归属于委托人等私主体的担心之一似乎是委托人可能会利用公益信托取得税收优惠，之后又通过终止信托取得信托财产。而且从法理上看，一旦设立了公益信托，信托财产即脱离委托人成为“社会财产”，只能用于社会公益，委托人丧失所有权。此时不能通过约定的方式保留把信托财产“反弹”回委托人的可能。

但是从信托实践来看，如果法律允许在信托被清算之后能够把信托财产返还给委托人，或许可以鼓励更多的人去为公共利益提供更多的财产。从鼓励公益信托发展繁荣的角度来看，应当允许委托人在公益信托文件中明确约定在信托终止时信托财产归属于委托人等私人，[②] 所需要做的不过是分割公益和私益，并确立不尽相同的税收规则而已。因此，起码从《信托法》第 72 条的文字解释来看，委托人设立所谓的“公益先行信托”在我国制定法上是有合法根据的。禁止此类信托，并迫使委托人不得不设立所谓的“准公益信托”或“类公益信托”并不能享受任何税收优惠，这样的做法似乎违背了《信托法》第 72 条的立法政策，剥夺了公益信托的委托人在信托文件中自由约定

---

① ［日］能见善久：《现代信托法》，赵廉慧译，中国法制出版社 2011 年版，第 314 页。

② 目前法律、行政法规、部门规章都没有明确这一问题，只有《北京市慈善信托管理办法》（京民慈发〔385〕号）第 9 条涉及这一问题，该条规定慈善信托终止后剩余财产处理的约定要符合慈善目的，否则民政部门不给出具备案回执。此规定似乎认为委托人等私人不可以成为慈善信托财产的权利归属人，因为这样操作显然不符合慈善目的。

“信托财产权利归属人”的权利。如果非要在我国禁止“公益先行信托”，则必须对第72条的“信托财产权利归属人”进行目的性限缩解释，即此类公益信托财产权利归属人只能是公益组织或者其他的公益信托，而不能是委托人指定的私人，但这样处理则和《信托法》第54条出现了背离，出现了同一法律中相同法律术语却有不同解释的问题。

另一个理由是慈善信托合同中虽然没有明确信托财产权利归属人，也没有规定信托财产归属于不特定的社会公众，即有可能适用《信托法》第72条来处理，但是如果原慈善目的非常狭窄以至于很难找到近似目的或者相同目的，此时如何确定该慈善信托财产的归属就成为问题。在解释论上似乎可以回归一般信托终止时信托财产的处理方式，即根据《信托法》第59条的指引适用该法第54条来处理。实际上日本公益信托实践中也出现过类似的争论，即对公益信托能否适用《日本信托法》第62条（相当于我国《信托法》第54条），根据该条，在私益信托终了之际没有归属权利人的情况下，把信托财产归属于委托人。就公益信托，信托条款中没有规定归属权利人，而且根据《日本信托法》第73条（相当于我国《信托法》第72条），使信托继续下去有困难的情况下，就该剩余财产如何处理《日本信托法》没有规定。学者认为可以考虑适用或者类推适用《日本信托法》第62条来处理，把财产返还给委托人。在委托人所确定的公益信托的目的过分狭窄而很难找到类似目的的场合中，也有学说认为应当适用《日本信托法》第62条把信托财产返还给委托人。但如果信托合同中有“受托人自信托终了之际，若有剩余信托财产的时候，取得信托管理人的认可，且取得主管大臣的许可，可以采取下列任何措施：1. 作为类似目的的信托继续存在下去；2. 向国家、地方公共团体或者有类似目的的其他公益信托进行捐赠”这样的表述，则主管官厅认为此时绝对不能向委托人归还财产。①

从立法论的角度讲，无条件地认可把公益信托的财产向作为权利归属人的委托人归还的合理性可能存疑，因为委托人及其继承人享受预想外的利益是不妥当的。例如，以某种理由终止原本预定要存续很长时间的某个公益信托，然后把财产归还给委托人，对此，委托人事实上并没有合理期待。在这种情况下，向委托人归还财产显然并不恰当。但是如果委托人在最初约定了自己限于一定的年数把财产作为公益信托财产捐出，然后在一定的年数经过

---

① ［日］能见善久：《现代信托法》，赵廉慧译，中国法制出版社2011年版，第320页。

后再把财产归还自己这样的条款的时候，由于这并不是使委托人取得预想外的利益，似乎并没有理由予以禁止。也就是说承认前述的“公益先行信托”在法理上完全没有问题。当然除了最初已经明确约定在经过一定的年数之后把信托财产归还委托人及其继承人的情形之外，在一般的公益信托中，把信托财产归还给委托人及其继承人并不恰当，即在慈善信托中，此际不应适用《信托法》第 54 条，而应尽量适用第 72 条来处理。

从比较法上看，英美信托法上均认可公益和私益相结合的信托。

第一种是所谓的“剩余公益信托”（Charitable Reminder Trust），在美国，这种形态的公益信托非常盛行。该信托首先是私益信托先行，作为受益人的个人死亡之后或者经过一定的期间之后，把剩余的财产作为为了预定的公益目的的信托而继续存在。[①] 学者认为，在信托的一般理论上，毫无疑问应该承认这种类型的信托，可能的问题是在税法上该如何对待这种信托类型。基本的考虑方法是在当初设立私益信托的时候，可以把将来为公益信托而支出的部分从委托人的所得中扣除，详细的条件在税法中明确规定即可。而这些满足一定条件就能得到税收的优惠待遇的信托类型其实包括两种。第一种是 Charitable Reminder Unitrust（CRUT）中，信托设立者在其生存期间或者是一定期间，把信托财产的一定比例（如 10%）作为收益受领（委托人即受益人），其受益人死后或经过一段期间，把剩余的财产用于事前决定的公益目的（如支持某困难群体），而使这一信托存续。第二是所谓的“Charitable Remainder Annuity Trust”（CRAT），信托的设立人在其活着期间或一定的期间内接受固定数额的给付（如每年 5 万美元），之后就和 CRUT 相同了。在我国信托法下存在认可这种剩余公益信托的可能吗？如果不考虑课税的问题，这种信托在信托法上是没有异议的。在当初设立私益信托时就事先决定，在一定的条件成就时，信托的目的就变更为特定的公益目的，在向公益信托转换的时候受托人可向原备案的民政部门申请许可其作为公益信托继续存在。这样私益信托和公益信托被作为同一个信托连续存在，在私益信托终了之后可以不进行最终的清算而是转化为公益信托这一点上，剩余公益信托无疑具有明显的优点。

第二种是所谓“公益先行信托”（Charitable Lead Trust），即设立人先设立公益信托，在一定期间把信托财产中的一定比例或者一定数额以公益目的

---

① Kalpan, Amournt deductible for property contributed to charity under §170 of IRC of 1954（§26 U. S. S. 170）as affected by nature of form of contribution——current cases, 40 A. L. R. Fed.

支付给选定的受益人，在公益信托存续期间终了之后由委托人或者委托人指定的个人受领剩余的信托财产，这种类型的信托在美国能享受到税收优惠，是常见的公益信托形态。[①] 在我国信托法上，在信托终止的时候如果能确定作为权利归属人的私人，这种公益先行信托在信托法理上是没有任何障碍的。

但基于《信托法》《慈善法》对公益信托、慈善信托的审慎监管态度，尤其是出于税收的考虑，在操作实务上，无论是剩余公益信托还是公益先行信托，估计都很难得到公益事业管理机构的批准或民政部门的备案。但从立法论上讲，在将来已经积累了更多慈善信托管理经验的基础上，有必要放开对剩余公益信托、公益先行信托的严格管制，以鼓励更多的社会力量能够更方便地参与慈善事业。

八、《信托法》第 72 条与《慈善法》的冲突

根据《信托法》第 72 条规定，近似原则适用的另一个前提是必须要经过公益事业管理机构批准，否则无法将信托财产适用于近似目的。由于《慈善法》第 44 条明确慈善信托属于公益信托，因此近似原则对于慈善信托有当然的适用性。而《慈善法》本身没有对慈善信托终止时近似原则的适用作出明确规定，则根据《慈善法》第 50 条规定，慈善信托的终止和清算事项应当适用《信托法》第 72 条的规定。而《慈善法》第五章关于慈善信托的规定取消了“公益事业管理机构”的概念，且在设立上由事前审批变为事后备案，备案机关为“受托人所在地县级以上人民政府的民政部门”，如此若要严格遵循《信托法》第 72 条的规定，可能会使慈善信托终止时无法满足近似原则的适用条件。对此可能的解决方案有以下三种：

第一种方案是严格坚持《信托法》第 72 条，即在慈善信托终止时，若没有规定信托财产权利归属人或者归属人为不特定社会公众，则必须考虑该慈善信托的慈善目的，经特定的公益事业管理机构批准方可适用近似原则来处理慈善信托财产。例如某慈善信托以资助贫困小学生参加体育锻炼为信托目的，根据《慈善法》第 45 条规定该信托成立后由民政部门负责备案，可是在该慈善信托终止时，根据《信托法》第 72 条规定，必须由公益事业管理机构批准方能适用近似原则，那么这里的公益事业管理机构可能是民政部门、教

---

① Richard Schmalbeck SYMPOSIUM：THE DEATH OF THE “DEATH TAX”? 48 Clev. St. l. Rev. 749.

育部门或者体育部门，如此又可能出现部门间互相推诿的老问题，而且这样处理从本质上与《慈善法》取消公益事业管理机构对慈善信托的监管权力，并以民政部门取而代之的立法政策背道而驰，在立法上站不住脚。

第二种方案是既然《慈善法》以民政部门取代《信托法》中的“公益事业管理机构”的角色，则当然应当由民政部门负责近似原则适用的批准程序，这和民政部门负责慈善信托的备案和监管的角色相符合。随着民政部门对慈善信托的监管工作经验的积累和对慈善信托理解的深入，由民政部门享有该批准权应当在操作上没有任何问题。《慈善信托管理办法》第 43 条即采用这种方案，即经备案的民政部门批准，受托人应将信托财产用于与原慈善目的相近似的目的，或者将信托财产转移给具有近似目的的其他慈善信托或慈善组织。

第三种方案由委托人来负责审批近似原则的适用，理由是《慈善法》改变了《信托法》的立法政策，赋予了委托人比较大的权利，比如确定受托人（《慈善法》第 46 条）、变更受托人（《慈善法》第 47 条）、是否设置监察人（《慈善法》第 49 条第 1 款）等权利都完全赋予委托人，按照这一立法逻辑，则是否应当适用近似原则来处理信托终止时的慈善信托财产也应当由委托人来决定。从逻辑上讲这种方案没有障碍，但在实操层面面临挑战。一是委托人可能多而分散，并不关心信托的后续管理；二是委托人可能并不具备相关的经验，无从判断某目的是否是与原慈善目的相近似；三是若慈善信托为单一信托时，委托人若去世且没有继承人，或者继承人不行使该批准权时，甚至继承人没有行为能力，都会影响批准权的行使，进而影响近似原则的适用。

第六节　慈善信托终止过程中民政部门的职责

一、《信托法》与《慈善法》的相关规定

如上所述，《慈善法》本身对于慈善信托终止没有具体性规定，只是通过第 50 条的指引，明确《信托法》关于公益信托终止的条文也同样适用于慈善信托的终止，而《信托法》关于公益信托终止的条文共有三个，即第 70、71、72 条。但是这三个条文中涉及的公益信托监管机构是“公益事业管理机

构”，而《慈善法》中已经取消了公益事业管理机构的监管职能，将慈善信托的监管职能统一收归受托人所在地县级以上人民政府民政部门，则慈善信托终止时民政部门的职责如何就值得研究。

表 7.2　慈善信托终止时监管机构职责

《信托法》规定	第 70 条	第 71 条	第 72 条
公益信托监管机构	公益事业管理机构		
公益信托终止时监管机构职责	接收受托人报告公益信托终止事由和终止日期	核算受托人作出的公益信托清算报告	批准适用近似原则
《慈善法》规定	第 50 条		
慈善信托监管机构	受托人所在地县级以上人民政府民政部门		
慈善信托终止时监管机构职责	?	?	?

如上表所示，根据《信托法》规定，公益信托终止时，作为《信托法》确定的法定监管机构，公益事业管理机构负有法定的监管职责。一是公益信托终止的，受托人应当于终止事由发生之日起十五日内，将终止事由和终止日期报告公益事业管理机构；二是受托人作出的处理信托事务的清算报告经过监察人认可后，要报公益事业管理机构核准后才能由受托人予以公告；三是公益信托终止时如果没有信托财产权利归属人或者信托财产权利归属人是不特定的社会公众的，经公益事业管理机构批准，可以适用近似原则处理剩余信托财产。但《慈善法》虽然确定了慈善信托的监管机构是受托人所在地县级以上人民政府的民政部门，但是对于该民政部门在慈善信托从设立到终止的职责并没有重新予以规定，不少环节都须根据《慈善法》第 50 条来寻找慈善信托监管部门职责。在慈善信托终止环节，虽然根据该条可以参考《信托法》第 70、71、72 条来处理，但是实际上是无法处理的。原因如上所述，即《慈善法》已经确立民政部门的监管机构角色，而《信托法》规定的公益信托的监管机构却是公益事业管理机构，能否完全照搬《信托法》的规定存在可疑之处，起码《慈善法》本身没有明确。之所以出现这种立法上的衔接断档，大概是因为立法时盲目求快，缺乏对慈善法法律体系的整体考量，往往只及一点不及其余，甚至眉毛胡子一把抓，结果货不对板，引起法律适用上的困难。

二、慈善信托终止时受托人向谁报告终止事由、终止日期？

根据《慈善法》第50条、《信托法》第70条，受托人应当在公益信托终止事由发生之日起十五日内将终止事由和终止日期主动报告。但是向谁报告，《慈善法》和《信托法》明显冲突，按照后者规定报告对象是公益事业管理机构，根据慈善目的不同可能是环保部门、教育部门、卫生部门、体育部门或者民政部门，但这样处理完全不符合《慈善法》的立法精神，因为后者规定慈善信托的监管部门统一为民政部门，不可能也不应该向所谓的“公益事业管理机构”报告慈善信托终止的事由和日期。按照《慈善法》的立法精神，慈善信托终止时，受托人报告终止事由和终止日期的对象显然应当是原备案的民政部门。但目前的问题是解释论上存在困难，毕竟《慈善法》第50条的文义是慈善信托终止完全适用《信托法》第70、71、72条处理，而目前《慈善信托管理办法》第41条已经明确汇报的对象是备案的民政部门，① 这两者之间确实存在法条打架的问题。

三、慈善信托受托人的清算报告应报经谁审核呢？

根据《信托法》71条，慈善信托终止时，受托人的清算报告经信托监察人认可后须报公益事业管理机构核准后才能由受托人予以公告。慈善信托终止时受托人的清算报告应当报经谁审核呢？完全按照《慈善法》第50条的答案是公益事业管理机构，又会遇到同样的问题，即《慈善法》根本上废除了公益事业管理机构对慈善信托的监管权力，如果清算报告依然需要经过其核准岂不自相矛盾，与《慈善法》确立受托人所在地民政部门作为慈善信托监管机构的立法精神南辕北辙。则符合新法意旨的做法当然是该清算报告应由原备案的民政部门负责核准，从立法论角度上应明确民政部门核准受托人清算报告的职权。此外由于《慈善法》第49条授权委托人根据实际情况可以设置信托监察人，也可以不设置信托监察人，即采取监察人任意设置主义，改变了《信托法》第64条监察人强制设置主义，则《信托法》第71条确定的程序也应当根据新法予以调整。若慈善信托设置了信托监察人，则信托终止

---

① 《北京市慈善信托管理办法》（京民慈发〔385〕号）第25条也规定自慈善信托终止事由发生之日起15日内，受托人将终止事由和终止日期报告慈善信托备案民政部门。

时，清算报告先经信托监察人认可，然后报经原备案的民政部门核准，最后由受托人予以公告；若慈善信托没有设置信托监察人，则受托人的清算报告无法经信托监察人认可，只须报经原备案的民政部门核准即可。目前《慈善信托管理办法》第42条大致采用了这种处理方式，只不过用的是“报告”，而不是“核准”，在一定程度上弥补了《慈善法》的立法漏洞。

四、慈善信托终止是否适用近似原则是否还需要审批？由谁审批？

第三个问题是《信托法》第72条规定若公益信托终止，没有信托财产权利归属人或者信托财产权利归属人是不特定的社会公众的，经公益事业管理机构批准，受托人应当将信托财产用于与原公益目的相近似的目的，或者将信托财产转移给具有近似目的的公益组织或者其他公益信托。申言之，公益信托终止时适用近似原则，应当经公益事业管理机构批准方可，受托人无权自行决定是否适用近似原则以及如何适用。按照《慈善法》第50条规定，慈善信托终止时适用近似原则的按照《信托法》第72条处理，但由于《慈善法》废除了公益信托管理机构的监管权力，将慈善信托的监管职权统一收归由受托人所在地县级以上人民政府民政部门，则从立法论上讲是否适用近似原则以及如何适用近似原则的批准机关应该是慈善信托原备案的民政部门，而不应该再是公益事业管理机构。目前《慈善信托管理办法》第43条已经明确授予了民政部门审批职责。

五、慈善信托终止时民政部门的职责

综上所述，慈善信托终止时原备案的民政部门作为慈善信托的监管部门应当享有以下职责：

第一，慈善信托终止的，受托人应当于终止事由发生之日起十五日内，将终止事由和终止日期报告原备案的民政部门。

第二，慈善信托终止的，受托人作出的处理信托事务的清算报告，经信托监察人认可后，报原备案的民政部门核准，并由受托人予以公告。没有设置信托监察人的，报原备案的民政部门核准后由受托人予以公告。

第三，慈善信托终止的，没有信托财产权利归属人或者信托财产权利归属人是不特定的社会公众的，经原备案的民政部门批准，受托人应当将信托财产用于与原慈善目的相近似的目的，或者将信托财产转移给具有近似目的的公益组织或其他慈善信托。

而以上职责在后来颁布的《慈善信托管理办法》中已经作出了大致明确的类似规定，只是考虑到《慈善法》第50条的规定，在法律适用上依然存在不太顺畅之处。

第七节 结论及对策建议

慈善信托终止是慈善信托运营管理的最后一环，也是极其重要的一环。与私益信托不同，慈善信托终止时，受托人应当履行以下三项特别义务：信托终止的报告义务、清算报告的公告义务、“近似原则”的适用。慈善信托终止与慈善组织终止也有不同之处，如终止原因不同；慈善组织终止要成立清算组，而慈善信托终止则无需成立清算组；慈善组织清算结束后，应向其登记的民政部门办理注销登记，而慈善信托终止无需办理注销登记；剩余信托财产归属不同，根据《慈善法》第18条第3款慈善组织终止的剩余的慈善财产应按照慈善组织章程的规定转让给宗旨相同或者相近似的慈善组织；章程未规定的，由民政部门主持转让给宗旨相同或者相近的慈善组织，并向社会公告。相比之下，慈善信托终止后剩余慈善财产的去向则更加多样化。

与私益信托不同，慈善信托不能因当事人约定而终止，也不能因解除而终止。其终止原因应该只有四种：信托文件规定的终止事由发生、信托的存续违反信托目的、信托目的已经实现或者注定不能实现、慈善信托被撤销，《慈善信托管理办法》第40条的规定不尽合理。

根据《慈善法》的最新立法精神，结合《慈善法》第45、47、48、49条的规定，从立法论上讲，慈善信托终止的，受托人应当于终止事由发生之日十五日内，将终止事由和终止日期报告原备案的民政部门。若某慈善信托设置有信托监察人，则其清算报告先由信托监察人认可，然后由原备案的民政部门核准，最后由受托人予以公告；若该慈善信托没有设置信托监察人，则其清算报告无从经由信托监察人认可，只要报由原备案的民政部门核准即可。这样处理可与《慈善法》的立法精神保持一致，且便于慈善信托的操作，也实现了民政部门对慈善信托从设立到终止的全程监管，目前《慈善信托管理办法》基本上是如此处理的。在实操方面，委托人最好在慈善信托设立时就设置信托监察人，以防信托终止没有监察人认可而无法完成清算，这样处理虽然变相剥夺了《慈善法》第 49 条授予委托人自由决定是否设置监察人的权利，但在目前的立法环境下也只能不得已而为之。

考虑到慈善信托和一般信托的相同之处，并结合慈善信托的自身特点，慈善信托终止时的清算报告应包括以下基本内容：慈善信托的基本信息，慈善信托财产的管理、运用及处分情况，选定资助对象的决策程序，慈善信托所资助的慈善项目，实际受益人情况，是否适用近似原则以及如何适用，法律法规和主管部门及信托文件要求披露的其他内容。

近似原则是慈善信托终止的重要内容，根据《信托法》第 72 条规定，其适用条件包括：慈善信托发生终止事由、没有信托财产权利归属人或者信托财产权利归属人是不特定的社会公众、信托财产只能用于与原慈善目的近似的慈善事业。从比较法角度看，英美法系国家信托法对类似原则在公益信托中的适用态度非常明确肯定，法律赋予法院在公益信托领域适用类似原则的广泛权力。而大陆法系国家信托法的规定则有所不同，如日本、韩国等国的信托法只是部分承认了近似原则。只有当公益信托终止，且无信托财产权利归属人时，才允许公益信托事业主管机关适用近似原则，使公益信托为类似目的而继续存在。我国《信托法》第 72 条与日本的做法相似，规定只有在信托终止，且其信托财产或剩余信托财产无权利归属人的前提下，才能经公益事业管理机构批准，由受托人运用近似目的原则，将信托财产用于与原公益目的相近似的目的，或者将信托财产转移给具有近似目的的公益组织或者其他公益信托，使得公益信托继续发挥促进社会公共利益的作用。具体是将信托财产用于与原公益目的相同的公益事业还是相近似的公益事业，应当根据慈善信托终止的情形来确定。当公益信托是因为信托文件规定的终止事由发生或者信托被撤销而终止的，此时，原公益目的仍然具有可实施性，应当将信托财产用于与公益目的相同的公益事业。当公益信托是因为信托的存续违反信托目的或者信托目的已实现或不能实现的原因而终止的，此时，原公益目的已不具有可实施性，应当将信托财产用于与公益目的相近似的公益事业。

从鼓励公益信托发展繁荣的角度来看，应当允许委托人在公益信托文件中明确约定在信托终止时信托财产归属于委托人等私人，所需要做的不过是分割公益和私益，并确立不尽相同的税收规则而已。因此，起码从《信托法》第 72 条的文字解释来看，委托人设立所谓的“公益先行信托”在我国制定法上是有合法根据的。禁止此类信托，并迫使委托人不得不设立所谓的“准公益信托”或“类公益信托”并不能享受任何税收优惠，这样的做法似乎违背了《信托法》第72条的立法精神，剥夺了公益信托的委托人在信托文件中自由约定“信托财产权利归属人”的权利。此外慈善信托合同中虽然没有明确信托财产权利归属人，也没有规定信托财产归属于不特定的社会公众，即有可能适用《信托法》第72条来处理，但是如果原慈善目的非常狭窄以至于很难找到近似目的或者相同目的，此时在解释论上似乎可以回归一般信托终止时信托财产的处理方式，即根据《信托法》第59条的指引适用该法第54条来处理。实际上日本公益信托实践中也出现过类似的争论，即对公益信托能否适用《日本信托法》第62条（相当于我国《信托法》第54条），根据该条，在私益信托终了之际没有归属权利人的情况下，把信托财产归属于委托人。就公益信托，信托条款中没有规定归属权利人，而且根据《日本信托法》第73条（相当于我国《信托法》第72条），使信托继续下去有困难的情况下，就该剩余财产如何处理日本信托法没有规定。主流观点认为可以考虑适用或者类推适用《日本信托法》第62条来处理，把财产返还给委托人。在委托人所确定的公益信托的目的过分狭窄而很难找到类似目的的场合中，也有学说认为应当适用《日本信托法》第62条把信托财产返还给委托人。但基于《信托法》《慈善法》对公益信托、慈善信托的审慎监管态度尤其是出于税收的考虑，在操作实务上，无论是剩余公益信托还是公益先行信托，估计都很难得到公益事业管理机构的批准或民政部门的备案。但从立法论上讲，在将来已经积累了更多慈善信托管理经验的基础上，有必要放开对剩余公益信托、公益先行信托的严格管制，以鼓励更多的社会力量能够更方便地参与慈善事业。

根据《信托法》第72条规定，近似原则适用的一个前提是必须要经过公益事业管理机构批准，否则无法将信托财产适用于近似目的。由于《慈善法》第44条明确慈善信托属于公益信托，因此近似原则对于慈善信托有当然的适用性。而《慈善法》本身没有对慈善信托终止时近似原则的适用作出明确规定，则根据该《慈善法》第50条规定，慈善信托的终止和清算事项应当适用《信托法》第72条的规定。而《慈善法》第五章关于慈善信托的规定取消了“公益事业管理机构”的概念，且在设立上由事前审批变为事后备案，备案机关为“受托人所在地县级以上人民政府的民政部门”，如此若要严格遵循《信托法》第72条的规定，可能会使慈善信托终止时无法满足近似原则的适用条件。对此可能的解决方案是既然《慈善法》以民政部门取代《信托法》中的

“公益事业管理机构”的角色，则当然应当由民政部门负责近似原则适用的批准程序，这和民政部门负责慈善信托的备案和监管的角色相符合。随着民政部门对慈善信托的监管工作经验的积累和对慈善信托理解的深入，由民政部门享有该批准权应当在操作上没有任何问题，目前《慈善信托管理办法》基本上采用了类似的处理方式。

慈善信托终止原备案的民政部门作为慈善信托的监管部门其应当享有以下职责：第一，慈善信托终止的，受托人应当于终止事由发生之日起十五日内，将终止事由和终止日期报告备案的民政部门。第二，慈善信托终止的，受托人作出的处理信托事务的清算报告，经信托监察人认可后，报备案的民政部门核准，并由受托人予以公告。没有设置信托监察人的，报备案的民政部门核准后由受托人予以公告。第三，慈善信托终止的，没有信托财产权利归属人或者信托财产权利归属人是不特定的社会公众的，经备案的民政部门批准，受托人应当将信托财产用于与原慈善目的相近似的目的，或者将信托财产转移给具有近似目的的公益组织或其他慈善信托。《慈善信托管理办法》第 40 - 43 条的规定一定程度上缓解了上述问题，但是考虑到该办法仅仅是一个部门规章，且与《慈善法》第 50 条明显存在表述上的冲突，为理顺法律适用关系，最根本的办法就是在将来修改《慈善法》时再次予以明确重申。

附录

中华人民共和国信托法

（2001年4月28日第九届全国人民代表大会常务委员会第二十一次会议通过　2001年4月28日中华人民共和国主席令第50号公布　自2001年10月1日起施行）

目　　录

第一章　总　　则

第一条　为了调整信托关系，规范信托行为，保护信托当事人的合法权益，促进信托事业的健康发展，制定本法。

第二条　本法所称信托，是指委托人基于对受托人的信任，将其财产权委托给受托人，由受托人按委托人的意愿以自己的名义，为受益人的利益或者特定目的，进行管理或者处分的行为。

第三条　委托人、受托人、受益人（以下统称信托当事人）在中华人民共和国境内进行民事、营业、公益信托活动，适用本法。

第四条　受托人采取信托机构形式从事信托活动，其组织和管理由国务院制定具体办法。

第五条 信托当事人进行信托活动，必须遵守法律、行政法规，遵循自愿、公平和诚实信用原则，不得损害国家利益和社会公共利益。

第二章 信托的设立

第六条 设立信托，必须有合法的信托目的。

第七条 设立信托，必须有确定的信托财产，并且该信托财产必须是委托人合法所有的财产。

本法所称财产包括合法的财产权利。

第八条 设立信托，应当采取书面形式。

书面形式包括信托合同、遗嘱或者法律、行政法规规定的其他书面文件等。

采取信托合同形式设立信托的，信托合同签订时，信托成立。采取其他书面形式设立信托的，受托人承诺信托时，信托成立。

第九条 设立信托，其书面文件应当载明下列事项：

（一）信托目的；

（二）委托人、受托人的姓名或者名称、住所；

（三）受益人或者受益人范围；

（四）信托财产的范围、种类及状况；

（五）受益人取得信托利益的形式、方法。

除前款所列事项外，可以载明信托期限、信托财产的管理方法、受托人的报酬、新受托人的选任方式、信托终止事由等事项。

第十条 设立信托，对于信托财产，有关法律、行政法规规定应当办理登记手续的，应当依法办理信托登记。

未依照前款规定办理信托登记的，应当补办登记手续；不补办的，该信托不产生效力。

第十一条 有下列情形之一的，信托无效：

（一）信托目的违反法律、行政法规或者损害社会公共利益；

（二）信托财产不能确定；

（三）委托人以非法财产或者本法规定不得设立信托的财产设立信托；

（四）专以诉讼或者讨债为目的设立信托；

（五）受益人或者受益人范围不能确定；

（六）法律、行政法规规定的其他情形。

第十二条 委托人设立信托损害其债权人利益的，债权人有权申请人民法院撤销该信托。

人民法院依照前款规定撤销信托的，不影响善意受益人已经取得的信托利益。

本条第一款规定的申请权，自债权人知道或者应当知道撤销原因之日起一年内不行使的，归于消灭。

第十三条 设立遗嘱信托，应当遵守继承法关于遗嘱的规定。

遗嘱指定的人拒绝或者无能力担任受托人的，由受益人另行选任受托人；受益人为无民事行为能力人或者限制民事行为能力人的，依法由其监护人代行选任。遗嘱对选任受托人另有规定的，从其规定。

第三章 信托财产

第十四条 受托人因承诺信托而取得的财产是信托财产。

受托人因信托财产的管理运用、处分或者其他情形而取得的财产，也归入信托财产。

法律、行政法规禁止流通的财产，不得作为信托财产。

法律、行政法规限制流通的财产，依法经有关主管部门批准后，可以作为信托财产。

第十五条 信托财产与委托人未设立信托的其他财产相区别。设立信托后，委托人死亡或者依法解散、被依法撤销、被宣告破产时，委托人是唯一受益人的，信托终止，信托财产作为其遗产或者清算财产；委托人不是唯一受益人的，信托存续，信托财产不作为其遗产或者清算财产；但作为共同受益人的委托人死亡或者依法解散、被依法撤销、被宣告破产时，其信托受益权作为其遗产或者清算财产。

第十六条 信托财产与属于受托人所有的财产（以下简称固有财产）相区别，不得归入受托人的固有财产或者成为固有财产的一部分。

受托人死亡或者依法解散、被依法撤销、被宣告破产而终止，信托财产不属于其遗产或者清算财产。

第十七条 除因下列情形之一外，对信托财产不得强制执行：

（一）设立信托前债权人已对该信托财产享有优先受偿的权利，并依法行使该权利的；

（二）受托人处理信托事务所产生债务，债权人要求清偿该债务的；

（三）信托财产本身应担负的税款；

（四）法律规定的其他情形。

对于违反前款规定而强制执行信托财产，委托人、受托人或者受益人有权向人民法院提出异议。

第十八条 受托人管理运用、处分信托财产所产生的债权，不得与其固有财产产生的债务相抵销。

受托人管理运用、处分不同委托人的信托财产所产生的债权债务，不得相互抵销。

第四章 信托当事人

第一节 委托人

第十九条 委托人应当是具有完全民事行为能力的自然人、法人或者依法成立的其他组织。

第二十条 委托人有权了解其信托财产的管理运用、处分及收支情况，并有权要求受托人作出说明。

委托人有权查阅、抄录或者复制与其信托财产有关的信托账目以及处理信托事务的其他文件。

第二十一条 因设立信托时未能预见的特别事由，致使信托财产的管理方法不利于实现信托目的或者不符合受益人的利益时，委托人有权要求受托人调整该信托财产的管理方法。

第二十二条 受托人违反信托目的处分信托财产或者因违背管理职责、处理信托事务不当致使信托财产受到损失的，委托人有权申请人民法院撤销该处分行为，并有权要求受托人恢复信托财产的原状或者予以赔偿；该信托财产的受让人明知是违反信托目的而接受该财产的，应当予以返还或者予以赔偿。

前款规定的申请权，自委托人知道或者应当知道撤销原因之日起一年内不行使的，归于消灭。

第二十三条 受托人违反信托目的处分信托财产或者管理运用、处分信托财产有重大过失的，委托人有权依照信托文件的规定解任受托人，或者申请人民法院解任受托人。

第二节　受托人

第二十四条　受托人应当是具有完全民事行为能力的自然人、法人。

法律、行政法规对受托人的条件另有规定的，从其规定。

第二十五条　受托人应当遵守信托文件的规定，为受益人的最大利益处理信托事务。

受托人管理信托财产，必须恪尽职守，履行诚实、信用、谨慎、有效管理的义务。

第二十六条　受托人除依照本法规定取得报酬外，不得利用信托财产为自己谋取利益。

受托人违反前款规定，利用信托财产为自己谋取利益的，所得利益归入信托财产。

第二十七条　受托人不得将信托财产转为其固有财产。受托人将信托财产转为其固有财产的，必须恢复该信托财产的原状；造成信托财产损失的，应当承担赔偿责任。

第二十八条　受托人不得将其固有财产与信托财产进行交易或者将不同委托人的信托财产进行相互交易，但信托文件另有规定或者经委托人或者受益人同意，并以公平的市场价格进行交易的除外。

受托人违反前款规定，造成信托财产损失的，应当承担赔偿责任。

第二十九条　受托人必须将信托财产与其固有财产分别管理、分别记账，并将不同委托人的信托财产分别管理、分别记账。

第三十条　受托人应当自己处理信托事务，但信托文件另有规定或者有不得已事由的，可以委托他人代为处理。

受托人依法将信托事务委托他人代理的，应当对他人处理信托事务的行为承担责任。

第三十一条　同一信托的受托人有两个以上的，为共同受托人。

共同受托人应当共同处理信托事务，但信托文件规定对某些具体事务由受托人分别处理的，从其规定。

共同受托人共同处理信托事务，意见不一致时，按信托文件规定处理；信托文件未规定的，由委托人、受益人或者其利害关系人决定。

第三十二条　共同受托人处理信托事务对第三人所负债务，应当承担连带清偿责任。第三人对共同受托人之一所作的意思表示，对其他受托人同样有效。

共同受托人之一违反信托目的处分信托财产或者因违背管理职责、处理信托事务不当致使信托财产受到损失的，其他受托人应当承担连带赔偿责任。

第三十三条 受托人必须保存处理信托事务的完整记录。

受托人应当每年定期将信托财产的管理运用、处分及收支情况，报告委托人和受益人。

受托人对委托人、受益人以及处理信托事务的情况和资料负有依法保密的义务。

第三十四条 受托人以信托财产为限向受益人承担支付信托利益的义务。

第三十五条 受托人有权依照信托文件的约定取得报酬。信托文件未作事先约定的，经信托当事人协商同意，可以作出补充约定；未作事先约定和补充约定的，不得收取报酬。

约定的报酬经信托当事人协商同意，可以增减其数额。

第三十六条 受托人违反信托目的处分信托财产或者因违背管理职责、处理信托事务不当致使信托财产受到损失的，在未恢复信托财产的原状或者未予赔偿前，不得请求给付报酬。

第三十七条 受托人因处理信托事务所支出的费用、对第三人所负债务，以信托财产承担。受托人以其固有财产先行支付的，对信托财产享有优先受偿的权利。

受托人违背管理职责或者处理信托事务不当对第三人所负债务或者自己所受到的损失，以其固有财产承担。

第三十八条 设立信托后，经委托人和受益人同意，受托人可以辞任。本法对公益信托的受托人辞任另有规定的，从其规定。

受托人辞任的，在新受托人选出前仍应履行管理信托事务的职责。

第三十九条 受托人有下列情形之一的，其职责终止：

（一）死亡或者被依法宣告死亡；

（二）被依法宣告为无民事行为能力人或者限制民事行为能力人；

（三）被依法撤销或者被宣告破产；

（四）依法解散或者法定资格丧失；

（五）辞任或者被解任；

（六）法律、行政法规规定的其他情形。

受托人职责终止时，其继承人或者遗产管理人、监护人、清算人应当妥善保管信托财产，协助新受托人接管信托事务。

第四十条 受托人职责终止的，依照信托文件规定选任新受托人；信托文件未规定的，由委托人选任；委托人不指定或者无能力指定的，由受益人选任；受益人为无民事行为能力人或者限制民事行为能力人的，依法由其监护人代行选任。

原受托人处理信托事务的权利和义务，由新受托人承继。

第四十一条 受托人有本法第三十九条第一款第（三）项至第（六）项所列情形之一，职责终止的，应当作出处理信托事务的报告，并向新受托人办理信托财产和信托事务的移交手续。

前款报告经委托人或者受益人认可，原受托人就报告中所列事项解除责任。但原受托人有不正当行为的除外。

第四十二条 共同受托人之一职责终止的，信托财产由其他受托人管理和处分。

第三节 受益人

第四十三条 受益人是在信托中享有信托受益权的人。受益人可以是自然人、法人或者依法成立的其他组织。

委托人可以是受益人，也可以是同一信托的唯一受益人。

受托人可以是受益人，但不得是同一信托的唯一受益人。

第四十四条 受益人自信托生效之日起享有信托受益权。信托文件另有规定的，从其规定。

第四十五条 共同受益人按照信托文件的规定享受信托利益。信托文件对信托利益的分配比例或者分配方法未作规定的，各受益人按照均等的比例享受信托利益。

第四十六条 受益人可以放弃信托受益权。

全体受益人放弃信托受益权的，信托终止。

部分受益人放弃信托受益权的，被放弃的信托受益权按下列顺序确定归属：

（一）信托文件规定的人；

（二）其他受益人；

（三）委托人或者其继承人。

第四十七条 受益人不能清偿到期债务的，其信托受益权可以用于清偿债务，但法律、行政法规以及信托文件有限制性规定的除外。

第四十八条 受益人的信托受益权可以依法转让和继承，但信托文件有限制性规定的除外。

第四十九条 受益人可以行使本法第二十条至第二十三条规定的委托人享有的权利。受益人行使上述权利，与委托人意见不一致时，可以申请人民法院作出裁定。

受托人有本法第二十二条第一款所列行为，共同受益人之一申请人民法院撤销该处分行为的，人民法院所作出的撤销裁定，对全体共同受益人有效。

第五章 信托的变更与终止

第五十条 委托人是唯一受益人的，委托人或者其继承人可以解除信托。信托文件另有规定的，从其规定。

第五十一条 设立信托后，有下列情形之一的，委托人可以变更受益人或者处分受益人的信托受益权：

（一）受益人对委托人有重大侵权行为；

（二）受益人对其他共同受益人有重大侵权行为；

（三）经受益人同意；

（四）信托文件规定的其他情形。

有前款第（一）项、第（三）项、第（四）项所列情形之一的，委托人可以解除信托。

第五十二条 信托不因委托人或者受托人的死亡、丧失民事行为能力、依法解散、被依法撤销或者被宣告破产而终止，也不因受托人的辞任而终止。但本法或者信托文件另有规定的除外。

第五十三条 有下列情形之一的，信托终止：

（一）信托文件规定的终止事由发生；

（二）信托的存续违反信托目的；

（三）信托目的已经实现或者不能实现；

（四）信托当事人协商同意；

（五）信托被撤销；

（六）信托被解除。

第五十四条 信托终止的，信托财产归属于信托文件规定的人；信托文件未规定的，按下列顺序确定归属：

（一）受益人或者其继承人；

（二）委托人或者其继承人。

第五十五条 依照前条规定，信托财产的归属确定后，在该信托财产转移给权利归属人的过程中，信托视为存续，权利归属人视为受益人。

第五十六条 信托终止后，人民法院依据本法第十七条的规定对原信托财产进行强制执行的，以权利归属人为被执行人。

第五十七条 信托终止后，受托人依照本法规定行使请求给付报酬、从信托财产中获得补偿的权利时，可以留置信托财产或者对信托财产的权利归属人提出请求。

第五十八条 信托终止的，受托人应当作出处理信托事务的清算报告。受益人或者信托财产的权利归属人对清算报告无异议的，受托人就清算报告所列事项解除责任。但受托人有不正当行为的除外。

第六章　公益信托

第五十九条 公益信托适用本章规定。本章未规定的，适用本法及其他相关法律的规定。

第六十条 为了下列公共利益目的之一而设立的信托，属于公益信托：

（一）救济贫困；

（二）救助灾民；

（三）扶助残疾人；

（四）发展教育、科技、文化、艺术、体育事业；

（五）发展医疗卫生事业；

（六）发展环境保护事业，维护生态环境；

（七）发展其他社会公益事业。

第六十一条 国家鼓励发展公益信托。

第六十二条 公益信托的设立和确定其受托人，应当经有关公益事业的管理机构（以下简称公益事业管理机构）批准。

未经公益事业管理机构的批准，不得以公益信托的名义进行活动。

公益事业管理机构对于公益信托活动应当给予支持。

第六十三条 公益信托的信托财产及其收益，不得用于非公益目的。

第六十四条 公益信托应当设置信托监察人。

信托监察人由信托文件规定。信托文件未规定的，由公益事业管理机构指定。

第六十五条 信托监察人有权以自己的名义，为维护受益人的利益，提起诉讼或者实施其他法律行为。

第六十六条 公益信托的受托人未经公益事业管理机构批准，不得辞任。

第六十七条 公益事业管理机构应当检查受托人处理公益信托事务的情况及财产状况。

受托人应当至少每年一次作出信托事务处理情况及财产状况报告，经信托监察人认可后，报公益事业管理机构核准，并由受托人予以公告。

第六十八条 公益信托的受托人违反信托义务或者无能力履行其职责的，由公益事业管理机构变更受托人。

第六十九条 公益信托成立后，发生设立信托时不能预见的情形，公益事业管理机构可以根据信托目的，变更信托文件中的有关条款。

第七十条 公益信托终止的，受托人应当于终止事由发生之日起十五日内，将终止事由和终止日期报告公益事业管理机构。

第七十一条 公益信托终止的，受托人作出的处理信托事务的清算报告，应当经信托监察人认可后，报公益事业管理机构核准，并由受托人予以公告。

第七十二条 公益信托终止，没有信托财产权利归属人或者信托财产权利归属人是不特定的社会公众的，经公益事业管理机构批准，受托人应当将信托财产用于与原公益目的相近似的目的，或者将信托财产转移给具有近似目的的公益组织或者其他公益信托。

第七十三条 公益事业管理机构违反本法规定的，委托人、受托人或者受益人有权向人民法院起诉。

第七章　附　　则

第七十四条 本法自 2001 年 10 月 1 日起施行。

中华人民共和国慈善法

（2016年3月16日第十二届全国人民代表大会第四次会议通过 2016年3月16日中华人民共和国主席令第43号公布 自2016年9月1日起施行）

目　录

第一章　总　　则

第一条　为了发展慈善事业，弘扬慈善文化，规范慈善活动，保护慈善组织、捐赠人、志愿者、受益人等慈善活动参与者的合法权益，促进社会进步，共享发展成果，制定本法。

第二条　自然人、法人和其他组织开展慈善活动以及与慈善有关的活动，适用本法。其他法律有特别规定的，依照其规定。

第三条　本法所称慈善活动，是指自然人、法人和其他组织以捐赠财产或者提供服务等方式，自愿开展的下列公益活动：

（一）扶贫、济困；

（二）扶老、救孤、恤病、助残、优抚；

（三）救助自然灾害、事故灾难和公共卫生事件等突发事件造成的损害；

（四）促进教育、科学、文化、卫生、体育等事业的发展；

（五）防治污染和其他公害，保护和改善生态环境；

（六）符合本法规定的其他公益活动。

第四条 开展慈善活动，应当遵循合法、自愿、诚信、非营利的原则，不得违背社会公德，不得危害国家安全、损害社会公共利益和他人合法权益。

第五条 国家鼓励和支持自然人、法人和其他组织践行社会主义核心价值观，弘扬中华民族传统美德，依法开展慈善活动。

第六条 国务院民政部门主管全国慈善工作，县级以上地方各级人民政府民政部门主管本行政区域内的慈善工作；县级以上人民政府有关部门依照本法和其他有关法律法规，在各自的职责范围内做好相关工作。

第七条 每年9月5日为“中华慈善日”。

第二章 慈善组织

第八条 本法所称慈善组织，是指依法成立、符合本法规定，以面向社会开展慈善活动为宗旨的非营利性组织。

慈善组织可以采取基金会、社会团体、社会服务机构等组织形式。

第九条 慈善组织应当符合下列条件：

（一）以开展慈善活动为宗旨；

（二）不以营利为目的；

（三）有自己的名称和住所；

（四）有组织章程；

（五）有必要的财产；

（六）有符合条件的组织机构和负责人；

（七）法律、行政法规规定的其他条件。

第十条 设立慈善组织，应当向县级以上人民政府民政部门申请登记，民政部门应当自受理申请之日起三十日内作出决定。符合本法规定条件的，准予登记并向社会公告；不符合本法规定条件的，不予登记并书面说明理由。

本法公布前已经设立的基金会、社会团体、社会服务机构等非营利性组织，可以向其登记的民政部门申请认定为慈善组织，民政部门应当自受理申请之日起二十日内作出决定。符合慈善组织条件的，予以认定并向社会公告；不符合慈善组织条件的，不予认定并书面说明理由。

有特殊情况需要延长登记或者认定期限的，报经国务院民政部门批准，可以适当延长，但延长的期限不得超过六十日。

第十一条 慈善组织的章程，应当符合法律法规的规定，并载明下列事项：

（一）名称和住所；

（二）组织形式；

（三）宗旨和活动范围；

（四）财产来源及构成；

（五）决策、执行机构的组成及职责；

（六）内部监督机制；

（七）财产管理使用制度；

（八）项目管理制度；

（九）终止情形及终止后的清算办法；

（十）其他重要事项。

第十二条 慈善组织应当根据法律法规以及章程的规定，建立健全内部治理结构，明确决策、执行、监督等方面的职责权限，开展慈善活动。

慈善组织应当执行国家统一的会计制度，依法进行会计核算，建立健全会计监督制度，并接受政府有关部门的监督管理。

第十三条 慈善组织应当每年向其登记的民政部门报送年度工作报告和财务会计报告。报告应当包括年度开展募捐和接受捐赠情况、慈善财产的管理使用情况、慈善项目实施情况以及慈善组织工作人员的工资福利情况。

第十四条 慈善组织的发起人、主要捐赠人以及管理人员，不得利用其关联关系损害慈善组织、受益人的利益和社会公共利益。

慈善组织的发起人、主要捐赠人以及管理人员与慈善组织发生交易行为的，不得参与慈善组织有关该交易行为的决策，有关交易情况应当向社会公开。

第十五条 慈善组织不得从事、资助危害国家安全和社会公共利益的活动，不得接受附加违反法律法规和违背社会公德条件的捐赠，不得对受益人附加违反法律法规和违背社会公德的条件。

第十六条 有下列情形之一的，不得担任慈善组织的负责人：

（一）无民事行为能力或者限制民事行为能力的；

（二）因故意犯罪被判处刑罚，自刑罚执行完毕之日起未逾五年的；

（三）在被吊销登记证书或者被取缔的组织担任负责人，自该组织被吊销登记证书或者被取缔之日起未逾五年的；

（四）法律、行政法规规定的其他情形。

第十七条 慈善组织有下列情形之一的，应当终止：

（一）出现章程规定的终止情形的；

（二）因分立、合并需要终止的；

（三）连续二年未从事慈善活动的；

（四）依法被撤销登记或者吊销登记证书的；

（五）法律、行政法规规定应当终止的其他情形。

第十八条 慈善组织终止，应当进行清算。

慈善组织的决策机构应当在本法第十七条规定的终止情形出现之日起三十日内成立清算组进行清算，并向社会公告。不成立清算组或者清算组不履行职责的，民政部门可以申请人民法院指定有关人员组成清算组进行清算。

慈善组织清算后的剩余财产，应当按照慈善组织章程的规定转给宗旨相同或者相近的慈善组织；章程未规定的，由民政部门主持转给宗旨相同或者相近的慈善组织，并向社会公告。

慈善组织清算结束后，应当向其登记的民政部门办理注销登记，并由民政部门向社会公告。

第十九条 慈善组织依法成立行业组织。

慈善行业组织应当反映行业诉求，推动行业交流，提高慈善行业公信力，促进慈善事业发展。

第二十条 慈善组织的组织形式、登记管理的具体办法由国务院制定。

第三章 慈善募捐

第二十一条 本法所称慈善募捐，是指慈善组织基于慈善宗旨募集财产的活动。

慈善募捐，包括面向社会公众的公开募捐和面向特定对象的定向募捐。

第二十二条 慈善组织开展公开募捐，应当取得公开募捐资格。依法登记满二年的慈善组织，可以向其登记的民政部门申请公开募捐资格。民政部门应当自受理申请之日起二十日内作出决定。慈善组织符合内部治理结构健全、运作规范的条件的，发给公开募捐资格证书；不符合条件的，不发给公开募捐资格证书并书面说明理由。

法律、行政法规规定自登记之日起可以公开募捐的基金会和社会团体，由民政部门直接发给公开募捐资格证书。

第二十三条 开展公开募捐，可以采取下列方式：

（一）在公共场所设置募捐箱；

（二）举办面向社会公众的义演、义赛、义卖、义展、义拍、慈善晚会等；

（三）通过广播、电视、报刊、互联网等媒体发布募捐信息；

（四）其他公开募捐方式。

慈善组织采取前款第一项、第二项规定的方式开展公开募捐的，应当在其登记的民政部门管辖区域内进行，确有必要在其登记的民政部门管辖区域外进行的，应当报其开展募捐活动所在地的县级以上人民政府民政部门备案。捐赠人的捐赠行为不受地域限制。

慈善组织通过互联网开展公开募捐的，应当在国务院民政部门统一或者指定的慈善信息平台发布募捐信息，并可以同时在其网站发布募捐信息。

第二十四条 开展公开募捐，应当制定募捐方案。募捐方案包括募捐目的、起止时间和地域、活动负责人姓名和办公地址、接受捐赠方式、银行账户、受益人、募得款物用途、募捐成本、剩余财产的处理等。

募捐方案应当在开展募捐活动前报慈善组织登记的民政部门备案。

第二十五条 开展公开募捐，应当在募捐活动现场或者募捐活动载体的显著位置，公布募捐组织名称、公开募捐资格证书、募捐方案、联系方式、募捐信息查询方法等。

第二十六条 不具有公开募捐资格的组织或者个人基于慈善目的，可以与具有公开募捐资格的慈善组织合作，由该慈善组织开展公开募捐并管理募得款物。

第二十七条 广播、电视、报刊以及网络服务提供者、电信运营商，应当对利用其平台开展公开募捐的慈善组织的登记证书、公开募捐资格证书进行验证。

第二十八条 慈善组织自登记之日起可以开展定向募捐。

慈善组织开展定向募捐，应当在发起人、理事会成员和会员等特定对象的范围内进行，并向募捐对象说明募捐目的、募得款物用途等事项。

第二十九条 开展定向募捐，不得采取或者变相采取本法第二十三条规定的方式。

第三十条 发生重大自然灾害、事故灾难和公共卫生事件等突发事件，需要迅速开展救助时，有关人民政府应当建立协调机制，提供需求信息，及时有序引导开展募捐和救助活动。

第三十一条 开展募捐活动，应当尊重和维护募捐对象的合法权益，保障募捐对象的知情权，不得通过虚构事实等方式欺骗、诱导募捐对象实施捐赠。

第三十二条 开展募捐活动，不得摊派或者变相摊派，不得妨碍公共秩序、企业生产经营和居民生活。

第三十三条 禁止任何组织或者个人假借慈善名义或者假冒慈善组织开展募捐活动，骗取财产。

第四章 慈善捐赠

第三十四条 本法所称慈善捐赠，是指自然人、法人和其他组织基于慈善目的，自愿、无偿赠与财产的活动。

第三十五条 捐赠人可以通过慈善组织捐赠，也可以直接向受益人捐赠。

第三十六条 捐赠人捐赠的财产应当是其有权处分的合法财产。捐赠财产包括货币、实物、房屋、有价证券、股权、知识产权等有形和无形财产。

捐赠人捐赠的实物应当具有使用价值，符合安全、卫生、环保等标准。

捐赠人捐赠本企业产品的，应当依法承担产品质量责任和义务。

第三十七条 自然人、法人和其他组织开展演出、比赛、销售、拍卖等经营性活动，承诺将全部或者部分所得用于慈善目的的，应当在举办活动前与慈善组织或者其他接受捐赠的人签订捐赠协议，活动结束后按照捐赠协议履行捐赠义务，并将捐赠情况向社会公开。

第三十八条 慈善组织接受捐赠，应当向捐赠人开具由财政部门统一监（印）制的捐赠票据。捐赠票据应当载明捐赠人、捐赠财产的种类及数量、慈善组织名称和经办人姓名、票据日期等。捐赠人匿名或者放弃接受捐赠票据的，慈善组织应当做好相关记录。

第三十九条 慈善组织接受捐赠，捐赠人要求签订书面捐赠协议的，慈善组织应当与捐赠人签订书面捐赠协议。

书面捐赠协议包括捐赠人和慈善组织名称，捐赠财产的种类、数量、质量、用途、交付时间等内容。

第四十条 捐赠人与慈善组织约定捐赠财产的用途和受益人时，不得指定捐赠人的利害关系人作为受益人。

任何组织和个人不得利用慈善捐赠违反法律规定宣传烟草制品，不得利用慈善捐赠以任何方式宣传法律禁止宣传的产品和事项。

第四十一条 捐赠人应当按照捐赠协议履行捐赠义务。捐赠人违反捐赠协议逾期未交付捐赠财产，有下列情形之一的，慈善组织或者其他接受捐赠的人可以要求交付；捐赠人拒不交付的，慈善组织和其他接受捐赠的人可以依法向人民法院申请支付令或者提起诉讼：

（一）捐赠人通过广播、电视、报刊、互联网等媒体公开承诺捐赠的；

（二）捐赠财产用于本法第三条第一项至第三项规定的慈善活动，并签订书面捐赠协议的。

捐赠人公开承诺捐赠或者签订书面捐赠协议后经济状况显著恶化，严重影响其生产经营或者家庭生活的，经向公开承诺捐赠地或者书面捐赠协议签订地的民政部门报告并向社会公开说明情况后，可以不再履行捐赠义务。

第四十二条 捐赠人有权查询、复制其捐赠财产管理使用的有关资料，慈善组织应当及时主动向捐赠人反馈有关情况。

慈善组织违反捐赠协议约定的用途，滥用捐赠财产的，捐赠人有权要求其改正；拒不改正的，捐赠人可以向民政部门投诉、举报或者向人民法院提起诉讼。

第四十三条 国有企业实施慈善捐赠应当遵守有关国有资产管理的规定，履行批准和备案程序。

第五章 慈善信托

第四十四条 本法所称慈善信托属于公益信托，是指委托人基于慈善目的，依法将其财产委托给受托人，由受托人按照委托人意愿以受托人名义进行管理和处分，开展慈善活动的行为。

第四十五条 设立慈善信托、确定受托人和监察人，应当采取书面形式。受托人应当在慈善信托文件签订之日起七日内，将相关文件向受托人所在地县级以上人民政府民政部门备案。

未按照前款规定将相关文件报民政部门备案的，不享受税收优惠。

第四十六条 慈善信托的受托人，可以由委托人确定其信赖的慈善组织或者信托公司担任。

第四十七条 慈善信托的受托人违反信托义务或者难以履行职责的，委托人可以变更受托人。变更后的受托人应当自变更之日起七日内，将变更情况报原备案的民政部门重新备案。

第四十八条 慈善信托的受托人管理和处分信托财产，应当按照信托目的，恪尽职守，履行诚信、谨慎管理的义务。

慈善信托的受托人应当根据信托文件和委托人的要求，及时向委托人报告信托事务处理情况、信托财产管理使用情况。慈善信托的受托人应当每年至少一次将信托事务处理情况及财务状况向其备案的民政部门报告，并向社会公开。

第四十九条 慈善信托的委托人根据需要，可以确定信托监察人。

信托监察人对受托人的行为进行监督，依法维护委托人和受益人的权益。信托监察人发现受托人违反信托义务或者难以履行职责的，应当向委托人报告，并有权以自己的名义向人民法院提起诉讼。

第五十条 慈善信托的设立、信托财产的管理、信托当事人、信托的终止和清算等事项，本章未规定的，适用本法其他有关规定；本法未规定的，适用《中华人民共和国信托法》的有关规定。

第六章 慈善财产

第五十一条 慈善组织的财产包括：

（一）发起人捐赠、资助的创始财产；

（二）募集的财产；

（三）其他合法财产。

第五十二条 慈善组织的财产应当根据章程和捐赠协议的规定全部用于慈善目的，不得在发起人、捐赠人以及慈善组织成员中分配。

任何组织和个人不得私分、挪用、截留或者侵占慈善财产。

第五十三条 慈善组织对募集的财产，应当登记造册，严格管理，专款专用。

捐赠人捐赠的实物不易储存、运输或者难以直接用于慈善目的的，慈善组织可以依法拍卖或者变卖，所得收入扣除必要费用后，应当全部用于慈善目的。

第五十四条 慈善组织为实现财产保值、增值进行投资的，应当遵循合法、安全、有效的原则，投资取得的收益应当全部用于慈善目的。慈善组织的重大投资方案应当经决策机构组成人员三分之二以上同意。政府资助的财产和捐赠协议约定不得投资的财产，不得用于投资。慈善组织的负责人和工作人员不得在慈善组织投资的企业兼职或者领取报酬。

前款规定事项的具体办法，由国务院民政部门制定。

第五十五条 慈善组织开展慈善活动，应当依照法律法规和章程的规定，按照募捐方案或者捐赠协议使用捐赠财产。慈善组织确需变更募捐方案规定的捐赠财产用途的，应当报民政部门备案；确需变更捐赠协议约定的捐赠财产用途的，应当征得捐赠人同意。

第五十六条 慈善组织应当合理设计慈善项目，优化实施流程，降低运行成本，提高慈善财产使用效益。

慈善组织应当建立项目管理制度，对项目实施情况进行跟踪监督。

第五十七条 慈善项目终止后捐赠财产有剩余的，按照募捐方案或者捐赠协议处理；募捐方案未规定或者捐赠协议未约定的，慈善组织应当将剩余财产用于目的相同或者相近的其他慈善项目，并向社会公开。

第五十八条 慈善组织确定慈善受益人，应当坚持公开、公平、公正的原则，不得指定慈善组织管理人员的利害关系人作为受益人。

第五十九条 慈善组织根据需要可以与受益人签订协议，明确双方权利义务，约定慈善财产的用途、数额和使用方式等内容。

受益人应当珍惜慈善资助，按照协议使用慈善财产。受益人未按照协议使用慈善财产或者有其他严重违反协议情形的，慈善组织有权要求其改正；受益人拒不改正的，慈善组织有权解除协议并要求受益人返还财产。

第六十条 慈善组织应当积极开展慈善活动，充分、高效运用慈善财产，并遵循管理费用最必要原则，厉行节约，减少不必要的开支。慈善组织中具有公开募捐资格的基金会开展慈善活动的年度支出，不得低于上一年总收入的百分之七十或者前三年收入平均数额的百分之七十；年度管理费用不得超过当年总支出的百分之十，特殊情况下，年度管理费用难以符合前述规定的，应当报告其登记的民政部门并向社会公开说明情况。

具有公开募捐资格的基金会以外的慈善组织开展慈善活动的年度支出和管理费用的标准，由国务院民政部门会同国务院财政、税务等部门依照前款规定的原则制定。

捐赠协议对单项捐赠财产的慈善活动支出和管理费用有约定的，按照其约定。

第七章　慈善服务

第六十一条　本法所称慈善服务，是指慈善组织和其他组织以及个人基于慈善目的，向社会或者他人提供的志愿无偿服务以及其他非营利服务。

慈善组织开展慈善服务，可以自己提供或者招募志愿者提供，也可以委托有服务专长的其他组织提供。

第六十二条　开展慈善服务，应当尊重受益人、志愿者的人格尊严，不得侵害受益人、志愿者的隐私。

第六十三条　开展医疗康复、教育培训等慈善服务，需要专门技能的，应当执行国家或者行业组织制定的标准和规程。

慈善组织招募志愿者参与慈善服务，需要专门技能的，应当对志愿者开展相关培训。

第六十四条　慈善组织招募志愿者参与慈善服务，应当公示与慈善服务有关的全部信息，告知服务过程中可能发生的风险。

慈善组织根据需要可以与志愿者签订协议，明确双方权利义务，约定服务的内容、方式和时间等。

第六十五条　慈善组织应当对志愿者实名登记，记录志愿者的服务时间、内容、评价等信息。根据志愿者的要求，慈善组织应当无偿、如实出具志愿服务记录证明。

第六十六条　慈善组织安排志愿者参与慈善服务，应当与志愿者的年龄、文化程度、技能和身体状况相适应。

第六十七条　志愿者接受慈善组织安排参与慈善服务的，应当服从管理，接受必要的培训。

第六十八条　慈善组织应当为志愿者参与慈善服务提供必要条件，保障志愿者的合法权益。

慈善组织安排志愿者参与可能发生人身危险的慈善服务前，应当为志愿者购买相应的人身意外伤害保险。

第八章　信息公开

第六十九条　县级以上人民政府建立健全慈善信息统计和发布制度。

县级以上人民政府民政部门应当在统一的信息平台，及时向社会公开慈善信息，并免费提供慈善信息发布服务。

慈善组织和慈善信托的受托人应当在前款规定的平台发布慈善信息，并对信息的真实性负责。

第七十条 县级以上人民政府民政部门和其他有关部门应当及时向社会公开下列慈善信息：

（一）慈善组织登记事项；

（二）慈善信托备案事项；

（三）具有公开募捐资格的慈善组织名单；

（四）具有出具公益性捐赠税前扣除票据资格的慈善组织名单；

（五）对慈善活动的税收优惠、资助补贴等促进措施；

（六）向慈善组织购买服务的信息；

（七）对慈善组织、慈善信托开展检查、评估的结果；

（八）对慈善组织和其他组织以及个人的表彰、处罚结果；

（九）法律法规规定应当公开的其他信息。

第七十一条 慈善组织、慈善信托的受托人应当依法履行信息公开义务。信息公开应当真实、完整、及时。

第七十二条 慈善组织应当向社会公开组织章程和决策、执行、监督机构成员信息以及国务院民政部门要求公开的其他信息。上述信息有重大变更的，慈善组织应当及时向社会公开。

慈善组织应当每年向社会公开其年度工作报告和财务会计报告。具有公开募捐资格的慈善组织的财务会计报告须经审计。

第七十三条 具有公开募捐资格的慈善组织应当定期向社会公开其募捐情况和慈善项目实施情况。

公开募捐周期超过六个月的，至少每三个月公开一次募捐情况，公开募捐活动结束后三个月内应当全面公开募捐情况。

慈善项目实施周期超过六个月的，至少每三个月公开一次项目实施情况，项目结束后三个月内应当全面公开项目实施情况和募得款物使用情况。

第七十四条 慈善组织开展定向募捐的，应当及时向捐赠人告知募捐情况、募得款物的管理使用情况。

第七十五条 慈善组织、慈善信托的受托人应当向受益人告知其资助标准、工作流程和工作规范等信息。

第七十六条 涉及国家秘密、商业秘密、个人隐私的信息以及捐赠人、慈善信托的委托人不同意公开的姓名、名称、住所、通讯方式等信息，不得公开。

第九章 促进措施

第七十七条 县级以上人民政府应当根据经济社会发展情况，制定促进慈善事业发展的政策和措施。

县级以上人民政府有关部门应当在各自职责范围内，向慈善组织、慈善信托受托人等提供慈善需求信息，为慈善活动提供指导和帮助。

第七十八条 县级以上人民政府民政部门应当建立与其他部门之间的慈善信息共享机制。

第七十九条 慈善组织及其取得的收入依法享受税收优惠。

第八十条 自然人、法人和其他组织捐赠财产用于慈善活动的，依法享受税收优惠。企业慈善捐赠支出超过法律规定的准予在计算企业所得税应纳税所得额时当年扣除的部分，允许结转以后三年内在计算应纳税所得额时扣除。

境外捐赠用于慈善活动的物资，依法减征或者免征进口关税和进口环节增值税。

第八十一条 受益人接受慈善捐赠，依法享受税收优惠。

第八十二条 慈善组织、捐赠人、受益人依法享受税收优惠的，有关部门应当及时办理相关手续。

第八十三条 捐赠人向慈善组织捐赠实物、有价证券、股权和知识产权的，依法免征权利转让的相关行政事业性费用。

第八十四条 国家对开展扶贫济困的慈善活动，实行特殊的优惠政策。

第八十五条 慈善组织开展本法第三条第一项、第二项规定的慈善活动需要慈善服务设施用地的，可以依法申请使用国有划拨土地或者农村集体建设用地。慈善服务设施用地非经法定程序不得改变用途。

第八十六条 国家为慈善事业提供金融政策支持，鼓励金融机构为慈善组织、慈善信托提供融资和结算等金融服务。

第八十七条 各级人民政府及其有关部门可以依法通过购买服务等方式，支持符合条件的慈善组织向社会提供服务，并依照有关政府采购的法律法规向社会公开相关情况。

第八十八条 国家采取措施弘扬慈善文化，培育公民慈善意识。

学校等教育机构应当将慈善文化纳入教育教学内容。国家鼓励高等学校培养慈善专业人才，支持高等学校和科研机构开展慈善理论研究。

广播、电视、报刊、互联网等媒体应当积极开展慈善公益宣传活动，普及慈善知识，传播慈善文化。

第八十九条 国家鼓励企业事业单位和其他组织为开展慈善活动提供场所和其他便利条件。

第九十条 经受益人同意，捐赠人对其捐赠的慈善项目可以冠名纪念，法律法规规定需要批准的，从其规定。

第九十一条 国家建立慈善表彰制度，对在慈善事业发展中做出突出贡献的自然人、法人和其他组织，由县级以上人民政府或者有关部门予以表彰。

第十章 监督管理

第九十二条 县级以上人民政府民政部门应当依法履行职责，对慈善活动进行监督检查，对慈善行业组织进行指导。

第九十三条 县级以上人民政府民政部门对涉嫌违反本法规定的慈善组织，有权采取下列措施：

（一）对慈善组织的住所和慈善活动发生地进行现场检查；

（二）要求慈善组织作出说明，查阅、复制有关资料；

（三）向与慈善活动有关的单位和个人调查与监督管理有关的情况；

（四）经本级人民政府批准，可以查询慈善组织的金融账户；

（五）法律、行政法规规定的其他措施。

第九十四条 县级以上人民政府民政部门对慈善组织、有关单位和个人进行检查或者调查时，检查人员或者调查人员不得少于二人，并应当出示合法证件和检查、调查通知书。

第九十五条 县级以上人民政府民政部门应当建立慈善组织及其负责人信用记录制度，并向社会公布。

民政部门应当建立慈善组织评估制度，鼓励和支持第三方机构对慈善组织进行评估，并向社会公布评估结果。

第九十六条 慈善行业组织应当建立健全行业规范，加强行业自律。

第九十七条 任何单位和个人发现慈善组织、慈善信托有违法行为的，可以向民政部门、其他有关部门或者慈善行业组织投诉、举报。民政部门、其他有关部门或者慈善行业组织接到投诉、举报后，应当及时调查处理。

国家鼓励公众、媒体对慈善活动进行监督，对假借慈善名义或者假冒慈善组织骗取财产以及慈善组织、慈善信托的违法违规行为予以曝光，发挥舆论和社会监督作用。

第十一章　法律责任

第九十八条　慈善组织有下列情形之一的，由民政部门责令限期改正；逾期不改正的，吊销登记证书并予以公告：

（一）未按照慈善宗旨开展活动的；

（二）私分、挪用、截留或者侵占慈善财产的；

（三）接受附加违反法律法规或者违背社会公德条件的捐赠，或者对受益人附加违反法律法规或者违背社会公德的条件的。

第九十九条　慈善组织有下列情形之一的，由民政部门予以警告、责令限期改正；逾期不改正的，责令限期停止活动并进行整改：

（一）违反本法第十四条规定造成慈善财产损失的；

（二）将不得用于投资的财产用于投资的；

（三）擅自改变捐赠财产用途的；

（四）开展慈善活动的年度支出或者管理费用的标准违反本法第六十条规定的；

（五）未依法履行信息公开义务的；

（六）未依法报送年度工作报告、财务会计报告或者报备募捐方案的；

（七）泄露捐赠人、志愿者、受益人个人隐私以及捐赠人、慈善信托的委托人不同意公开的姓名、名称、住所、通讯方式等信息的。

慈善组织违反本法规定泄露国家秘密、商业秘密的，依照有关法律的规定予以处罚。

慈善组织有前两款规定的情形，经依法处理后一年内再出现前款规定的情形，或者有其他情节严重情形的，由民政部门吊销登记证书并予以公告。

第一百条　慈善组织有本法第九十八条、第九十九条规定的情形，有违法所得的，由民政部门予以没收；对直接负责的主管人员和其他直接责任人员处二万元以上二十万元以下罚款。

第一百零一条　开展募捐活动有下列情形之一的，由民政部门予以警告、责令停止募捐活动；对违法募集的财产，责令退还捐赠人；难以退还的，由民政部门予以收缴，转给其他慈善组织用于慈善目的；对有关组织或者个人处二万元以上二十万元以下罚款：

（一）不具有公开募捐资格的组织或者个人开展公开募捐的；

（二）通过虚构事实等方式欺骗、诱导募捐对象实施捐赠的；

（三）向单位或者个人摊派或者变相摊派的；

（四）妨碍公共秩序、企业生产经营或者居民生活的。

广播、电视、报刊以及网络服务提供者、电信运营商未履行本法第二十七条规定的验证义务的，由其主管部门予以警告，责令限期改正；逾期不改正的，予以通报批评。

第一百零二条 慈善组织不依法向捐赠人开具捐赠票据、不依法向志愿者出具志愿服务记录证明或者不及时主动向捐赠人反馈有关情况的，由民政部门予以警告，责令限期改正；逾期不改正的，责令限期停止活动。

第一百零三条 慈善组织弄虚作假骗取税收优惠的，由税务机关依法查处；情节严重的，由民政部门吊销登记证书并予以公告。

第一百零四条 慈善组织从事、资助危害国家安全或者社会公共利益活动的，由有关机关依法查处，由民政部门吊销登记证书并予以公告。

第一百零五条 慈善信托的受托人有下列情形之一的，由民政部门予以警告，责令限期改正；有违法所得的，由民政部门予以没收；对直接负责的主管人员和其他直接责任人员处二万元以上二十万元以下罚款：

（一）将信托财产及其收益用于非慈善目的的；

（二）未按照规定将信托事务处理情况及财务状况向民政部门报告或者向社会公开的。

第一百零六条 慈善服务过程中，因慈善组织或者志愿者过错造成受益人、第三人损害的，慈善组织依法承担赔偿责任；损害是由志愿者故意或者重大过失造成的，慈善组织可以向其追偿。

志愿者在参与慈善服务过程中，因慈善组织过错受到损害的，慈善组织依法承担赔偿责任；损害是由不可抗力造成的，慈善组织应当给予适当补偿。

第一百零七条 自然人、法人或者其他组织假借慈善名义或者假冒慈善组织骗取财产的，由公安机关依法查处。

第一百零八条 县级以上人民政府民政部门和其他有关部门及其工作人员有下列情形之一的，由上级机关或者监察机关责令改正；依法应当给予处分的，由任免机关或者监察机关对直接负责的主管人员和其他直接责任人员给予处分：

（一）未依法履行信息公开义务的；

（二）摊派或者变相摊派捐赠任务，强行指定志愿者、慈善组织提供服务的；

（三）未依法履行监督管理职责的；

（四）违法实施行政强制措施和行政处罚的；

（五）私分、挪用、截留或者侵占慈善财产的；

（六）其他滥用职权、玩忽职守、徇私舞弊的行为。

第一百零九条 违反本法规定，构成违反治安管理行为的，由公安机关依法给予治安管理处罚；构成犯罪的，依法追究刑事责任。

第十二章 附 则

第一百一十条 城乡社区组织、单位可以在本社区、单位内部开展群众性互助互济活动。

第一百一十一条 慈善组织以外的其他组织可以开展力所能及的慈善活动。

第一百一十二条 本法自 2016 年 9 月 1 日起施行。

民政部、中国银行业监督管理委员会关于做好慈善信托备案有关工作的通知

（2016 年 8 月 25 日 民发〔2016〕151 号）

各省、自治区、直辖市民政厅（局），各计划单列市民政局，新疆生产建设兵团民政局；各银监局：

慈善信托是社会各界参与慈善事业的载体之一，是推动慈善事业创新发展的重要方式。根据《中华人民共和国慈善法》（以下简称《慈善法》）、《中华人民共和国信托法》、《中华人民共和国银行业监督管理法》等法律法规，现就做好慈善信托备案有关工作通知如下：

一、确定备案管辖机关

信托公司担任慈善信托受托人的，由其登记注册地设区市的民政部门履行备案职责；慈善组织担任慈善信托受托人的，由其登记的民政部门履行备案职责。

信托公司设立慈善信托项目实行报告制度，新设立的慈善信托项目应当在信托成立前 10 日逐笔向银行业监督管理机构报告。

二、明确程序和要求

（一）设立备案。

慈善信托受托人按照《慈善法》规定向民政部门提出备案申请的，应提交以下书面材料：

1. 备案申请书（格式见附件 1）。

2. 委托人身份证明（复印件）。

3. 担任受托人的信托公司的金融许可证或慈善组织的社会组织法人登记证书（复印件）。

4. 信托合同、遗嘱或者法律、行政法规规定的其他书面信托文件。信托文件至少应载明以下内容：（1）慈善信托的名称；（2）慈善信托的慈善目的；（3）委托人、受托人的姓名、名称及其住所；（4）不与委托人存在利害关系的不特定受益人的范围；（5）信托财产的范围、种类、状况和管理方法；

(6) 受益人选定的程序和方法；(7) 信息披露的内容和方式；(8) 受益人取得信托利益的形式和方法；(9) 受托人报酬；(10) 如设置监察人，监察人的姓名、名称及其住所。

5. 开立慈善信托专用资金账户证明、商业银行资金保管协议。

6. 其他材料。

以上材料一式四份，提交民政部门指定的受理窗口。

申请备案材料符合要求的，由民政部门当场出具备案回执（见附件2）；不符合要求的，应当一次告知受托人补正相关材料。

（二）重新备案。

慈善信托设立后，出现受托人违反信托义务或者难以履行职责情形致使受托人变更的，变更后的受托人到原备案民政部门重新备案时，应提交以下书面材料：

1. 原备案的信托文件。

2. 重新备案申请书（见附件3）。

3. 原受托人出具的慈善信托财产管理运用情况报告。

4. 作为变更后受托人的信托公司的金融许可证或慈善组织的社会组织法人登记证书（复印件）。

5. 重新签订的信托合同等信托文件，信托文件应载明内容同设立备案要求。

6. 开立慈善信托专用资金账户证明、商业银行资金保管协议。

7. 其他材料。

以上书面材料一式四份，提交民政部门原备案受理窗口。

申请重新备案材料符合要求的，由民政部门当场出具备案回执（见附件4）；不符合要求的，应当一次告知受托人补正相关材料。

三、依法管理和监督

民政部门依法履行受理慈善信托受托人关于信托事务处理情况及财务状况报告、公开慈善信托有关信息、对慈善信托监督检查及对受托人进行行政处罚等管理职责。银行业监督管理机构依法履行对信托公司慈善信托业务和商业银行慈善信托账户资金保管业务监督管理职责。

民政部门和银行业监督管理机构根据各自法定管理职责，对慈善信托受托人应当履行的受托职责、管理慈善信托财产及其收益的情况、履行的信息公开和告知义务以及其他与慈善信托相关的活动进行监督检查。具体包括：

（一）受托人履行的受托职责：1. 依照慈善信托文件管理信托财产；2. 对不同的慈善信托财产，分别管理、分别记账；3. 根据慈善信托文件的约定，及时向受益人支付信托利益；4. 编制慈善信托财务会计报告；5. 妥善保存处理信托事务的完整记录；6. 自慈善信托终止事由发生之日起十五日内，将终止事由和终止日期报告慈善信托备案民政部门；7. 慈善信托终止后，编制处理信托事务的清算报告。

（二）受托人管理慈善信托财产及其收益的情况：1. 处理、使用慈善信托财产及其收益，符合慈善目的；2. 不得为自己或他人牟取私利；3. 除合同另有特别约定之外，慈善信托财产及其收益应当运用于银行存款、政府债券、中央银行票据、金融债券和货币市场基金等；4. 按照信托目的，恪尽职守，履行诚信、谨慎管理的义务。

（三）受托人履行的信息公开和告知义务：1. 根据慈善信托文件约定、慈善法规定，在民政部门统一指定的平台上发布真实慈善信息；2. 向社会公开信托事务处理情况及财务状况；3. 向受益人告知其资助标准、工作流程和工作规程等信息。

（四）除依法设立的信托公司或依法登记（认定）的慈善组织外，其他单位和个人不得以“慈善信托”“公益信托”等名义开展活动。

每年3月31日前，慈善信托的受托人应当向备案的民政部门报告上一年度信托事务处理情况及财务状况，具体包括但不限于上述四项内容。对受托人将信托财产及其收益用于非慈善目的，或未按照规定将信托事务处理情况及财务状况向民政部门报告或者向社会公开的，依法予以行政处罚。

四、加强信息公开

接受备案民政部门应当在统一的信息平台上，及时向社会公开慈善信托的下列信息：

（一）慈善信托备案事项；

（二）对慈善信托检查、评估的结果；

（三）对慈善信托受托人的行政处罚决定；

（四）慈善信托终止事由和终止日期；

（五）其他需要依法公开的信息。

五、做好组织保障

（一）加强组织领导。各级民政部门、银行业监督管理机构要高度重视慈善信托备案工作。明确接受备案的内设机构和责任人，并严格责任考核。建立民政部门和银行业监督管理机构的协同机制，加强沟通协调，及时通报情况，形成工作合力，共同履行好相应的监管职责。

（二）提高工作能力。针对慈善信托业务新、专业性强等特点，加强对工作人员的业务培训。通过信息化手段，提高备案受理及监督管理的工作效率，为信息公开、信息共享及其他服务工作提供支撑。

（三）注重研究探索。各地可依照相关法律法规和本通知精神制定相应的配套政策文件。对工作中遇到相关法律法规和本通知没有规定的情形，各地要从促进和规范慈善事业发展角度，根据慈善信托本质要义和立法本义研究相关处理措施。注重实践创新，鼓励有条件的地方结合当地实际先行先试，探索慈善信托发展的不同模式和支持举措，为完善后续法规政策措施奠定基础、积累经验。

（四）强化风险防控。各地要在发展慈善信托的同时，强化风险防控，确保慈善信托有序健康发展。监督受托人严格按照有关规定管理慈善信托财产，规范投资行为，保障资金安全。及时发现和化解苗头性问题，防止借慈善信托名义从事非法集资、洗钱等活动。

各地要将慈善信托备案和开展情况以及执行过程中发现的问题形成专报信息，自今年10月起，每季度末向民政部和中国银行业监督管理委员会报送。对工作中出现的问题，请及时报告。

附件：

1. 慈善信托备案申请书
2. 慈善信托备案存单及回执
3. 慈善信托重新备案申请书
4. 慈善信托重新备案存单及回执

附件1

慈善信托备案申请书

受理编号：

委托人姓名（名称）：

委托人身份证明号码：

住所：
邮政编码：
联系电话：

受托人名称：
受托人资格证书号码：
住所：
邮政编码：
联系电话：

（如设监察人）
监察人姓名（名称）：
监察人身份（资格）证明号码：
住所：
邮政编码：
联系方式：

慈善信托名称：
慈善信托目的：（不超过50字）

信托财产：

________：（接受备案民政机关）

为了促进慈善事业发展，________（委托人）为了________（慈善目的），设立________（慈善信托名称），由________（受托人）担任受托人。

根据《中华人民共和国慈善法》有关规定，申请备案。

________（委托人）承诺信托财产是合法所有的财产。

________（委托人）和________（受托人）承诺所填报的备案信息真实、准确、完整，所提供的备案书面材料完整、合法、有效。

委托人签章　　　　受托人签章
年　月　日　　　　年　月　日

注：1. 受理编号规则：行政区划代码+备案主体区别码+受理自然序号（六位）。

2. 备案主体区别码：信托公司作为受托人，区别码为0；慈善组织作为受托人，区别码为1。

附件2

（备案编号：　　　　）

慈善信托备案存单

（受托人）于________年____月____日办理____________（慈善信托文件名称）备案手续，备案文件符合备案要求，予以备案。

经办人签字：

备案回执单领取人签字：

身份证号：

联系电话：

（备案编号：　　　　）

慈善信托备案回执

________（受托人）：

你机构于________年____月____日办理____________慈善信托文件备案手续，备案文件符合备案要求，现予以备案。

慈善信托文件内容变更或慈善信托终止，请持此回执单重新办理相关手续。

年　　月　　日

注：1. 备案编号规则：行政区划代码+备案主体区别码+备案确定自然序号（六位）。

2. 备案主体区别码：信托公司作为受托人，区别码为0；慈善组织作为受托人，区别码为1。

附件3

慈善信托重新备案申请书

原慈善信托备案回执编号：
重新备案受理编号：

慈善信托名称：

原受托人名称：
原受托人资格证明号码：
住所：
邮政编码：
联系方式：

变更后受托人名称：
变更后受托人资格证明号码：
住所：
邮政编码：
联系方式：

变更受托人事由：（选择划√）
1、受托人违反信托合同义务
2、受托人出现分立、合并或者单程规定的解散事由，申请解散的
3、受托人被依法撤销的
4、受托人被宣告破产的
5、受托人申请注销主体资格的
6、其他原因

慈善信托目的：（不超过50字）

信托财产：

___________：（接受重新备案民政机关）

原备案号_______慈善信托因出现上述变更受托人事由第____项原因，现申请变更受托人为_______（受托人名称）。

根据《中华人民共和国慈善法》有关规定，申请重新备案。

_______（委托人）和_______（受托人）承诺所填报的备案信息真实、准确、完整，所提供的备案书面材料完整、合法、有效。

委托人签章　　　　　　　　受托人签章

年　月　日　　　　　　　　年　月　日

注：1. 重新备案受理编号规则：R＋行政区划代码＋备案主体区别码＋受理自然序号（六位）。

2. 备案主体区别码：信托公司作为受托人，区别码为0；慈善组织作为受托人，区别码为1。

附件4

原备案编号：

重新备案编号：

慈善信托重新备案存单

_______（受托人）于_______年____月____日办理___________（慈善信托文件名称）重新备案手续，备案文件符合备案要求，予以备案。

经办人签字：

备案回执单领取人签字：

身份证号：

联系电话：

原备案编号：

重新备案编号：__________

慈善信托重新备案回执

________（受托人）：

你机构于________年____月____日办理__________慈善信托文件重新备案手续，备案文件符合备案要求，现予以备案。

慈善信托文件内容变更或慈善信托终止，请持此回执单重新办理相关手续。

年　　月　　日

注：1. 重新备案编号规则：R + 行政区划代码 + 备案主体区别码 + 重新备案确定自然序号（六位）。

2. 备案主体区别码：信托公司作为受托人，区别码为0；慈善组织作为受托人，区别码为1。

《慈善信托管理办法》逐条解读*

第一条 为规范慈善信托，保护慈善信托当事人的合法权益，促进慈善事业发展，根据《中华人民共和国慈善法》（简称《慈善法》）、《中华人民共和国信托法》（简称《信托法》）、《中华人民共和国银行业监督管理法》（简称《银行业监督管理法》）等法律法规，制定本办法。

本条明确了《慈善信托管理办法》的制定依据——《慈善法》《信托法》《银行业监督管理法》等，由于本办法是由银监会、民政部联合制定的，从法律位阶上属于部门规章，对于对上述法律的细化，从效力上低于上述法律规定，即本办法若与上述法律规定冲突，则相应条款无效。

第二条 本办法所称慈善信托属于公益信托，是指委托人基于慈善目的，依法将其财产委托给受托人，由受托人按照委托人意愿以受托人名义进行管理和处分，开展慈善活动的行为。

本条规定了慈善信托的概念，与《慈善法》第44条的表述完全一致。从文义解释来看，慈善信托范围小于公益信托，但是公益信托多出的部分究竟为何，本办法没有明确。

第三条 开展慈善信托，应当遵循合法、自愿、诚信的原则，不得违背社会公德、危害国家安全、损害社会公共利益和他人合法权益。

本条为原则性规定，在出现法律漏洞时，可以作为法律解释或漏洞填补的根据，与《信托法》第5条的表述基本雷同。

第四条 国家鼓励发展慈善信托，支持自然人、法人和其他组织践行社会主义核心价值观，弘扬中华民族传统美德，依法开展慈善活动。

本条再次重申了国家鼓励慈善信托发展的基本立场，与《信托法》第61

---

* 本解读为作者所加。

条相似。

第五条 慈善信托的委托人、受托人、受益人以及监察人在中华人民共和国境内开展慈善信托，适用本办法。

本条明确了本办法的适用空间范围，但原则上应该排除港澳台地区。

第六条 国务院银行业监督管理机构及其派出机构、国务院民政部门及县级以上地方各级人民政府民政部门根据各自法定职责对慈善信托实施监督管理。

本条明确了慈善信托的监督管理职责的担当者是银监会及各地银监局以及县级以上人民政府民政部门，改变了《信托法》第62条由有关公益事业管理机构予以监管的立法政策，重申了《慈善法》第45条、民发〔2016〕151号文第三部分的立场。

第七条 设立慈善信托，必须有合法的慈善信托目的。

以开展下列慈善活动为目的而设立的信托，属于慈善信托：

（一）扶贫、济困；

（二）扶老、救孤、恤病、助残、优抚；

（三）救助自然灾害、事故灾难和公共卫生事件等突发事件造成的损害；

（四）促进教育、科学、文化、卫生、体育等事业的发展；

（五）防治污染和其他公害，保护和改善生态环境；

（六）符合《慈善法》规定的其他公益活动。

本条是对《信托法》第60条、《慈善法》第3条的重复，其中（六）的规定意义不大，因为《慈善法》除了第3条有对公益活动的几种规定外，并没有规定其他特定的公益活动，何况《慈善法》第3条（六）已经有了比较明确的兜底性规定。

第八条 慈善信托的委托人应当是具有完全民事行为能力的自然人、法人或者依法成立的其他组织。

本条明确了慈善信托委托人的范围，即只要有行为能力，任何人都可以作为慈善信托的委托人，体现了鼓励慈善的立法目的，与《信托法》第19条的规定完全一致。但严格来讲，即使不具有完全行为能力、甚至是无行为能力，也不应当剥夺其从事慈善事业的权利，根据《民法总则》第19、20、21、22条只需要有法定代理人代理为之或事后追认即可。

第九条 慈善信托的受托人可以由委托人确定其信赖的慈善组织或者信托公司担任。

本条明确慈善信托的受托人范围，再次重申《慈善法》第46条的立场，与规定私益信托的《信托法》第24条相比，受托人资格限制更严格。

第十条 慈善信托的委托人不得指定或者变相指定与委托人或受托人具有利害关系的人作为受益人。

本条属于历史性规定，明确了慈善信托的公众性，即慈善信托没有具体的受益人，或者说其受益人是不特定的社会公众，《信托法》《慈善法》都没有明确强调这一点。从条文表述来看，任何与委托人、受托人具有利害关系的人都不可以成为慈善信托的受益人，如果合同有类似设计，则该信托可能不能成其为慈善信托。法律不允许一个信托一方面作为慈善信托享受各种税收优惠，另一方面实质上又作为私益信托使特定的利害关系人受益。但如何理解“具有利害关系”存在很大的解释空间，为鼓励慈善信托发展，似乎对于利害关系过于间接的人群不应将其排除于受益人群范围之内。

通过慈善信托的管理、运作而从中获得资助或其他利益的人，仅仅是享受慈善信托的“反射利益”，严格来说不是信托法意义上的受益人，本办法以及《信托法》《慈善法》直接使用“受益人”表述欠妥。

从条文表述来看，是对《慈善法》第58条的演绎。

第十一条 慈善信托的委托人根据需要，可以确定监察人。

监察人对受托人的行为进行监督，依法维护委托人和受益人的权益。监察人发现受托人违反信托义务或者难以履行职责的，应当向委托人报告，并有权以自己的名义向人民法院提起诉讼。

本条是对监察人职责的具体规定，与《慈善法》第49条、《信托法》第65条的表述相似。

第十二条 设立慈善信托，必须有确定的信托财产，并且该信托财产必须是委托人合法所有的财产。

前款所称财产包括合法的财产权利。

本条明确慈善信托财产包括财产和财产权利，如股权、各类投资收益权等均可作为慈善信托财产，目前尽快放开股权和不动产进入信托财产是当务之急，与《信托法》第7条表述相同。

第十三条 设立慈善信托、确定受托人和监察人，应当采取书面形式。

书面形式包括信托合同、遗嘱或者法律、行政法规规定的其他书面文件等。

本条明确慈善信托相关行为只能是书面形式，即设立慈善信托属于要式行为，若没有采用书面形式可能会导致慈善信托设立失败或无效，与《信托法》第8条表述相似。

但根据《合同法》第36、42条，该非书面形式的慈善信托依然存在成立生效的可能。

第十四条 慈善信托文件应当载明下列事项：

（一）慈善信托名称；

（二）慈善信托目的；

（三）委托人、受托人的姓名或者名称、住所，如设置监察人，监察人的姓名或者名称、住所；

（四）受益人范围及选定的程序和方法；

（五）信托财产的范围、种类、状况和管理方法；

（六）年度慈善支出的比例或数额；

（七）信息披露的内容和方式；

（八）受益人取得信托利益的形式和方法；

（九）信托报酬收取标准和方法。

除前款所列事项外，可以载明信托期限、新受托人的选任方式、信托终止事由、争议解决方式等事项。

本条规定了慈善信托文件的必要记载事项，即如果信托文件没有规定这些事项，可能导致慈善信托文件无效。与《信托法》第9条相比，该条考虑了慈善信托的特性，增加了几项规定。

第十五条 受托人应当在慈善信托文件签订之日起7日内，将相关文件向受托人所在地县级以上人民政府民政部门备案。

未按照前款规定将相关文件报民政部门备案的，不享受税收优惠。

本条重申慈善信托备案的时间要求及备案机关，与《慈善法》第45条重复，重申不备案不享受税收优惠。

第十六条 信托公司担任受托人的，由其登记注册地设区市的民政部门履行备案职责；慈善组织担任受托人的，由准予其登记或予以认定的民政部门履行备案职责。

本条明确不同受托人（信托公司、慈善组织）的备案主管机构的确定，与民发〔2016〕151号文第一部分的相关规定重复。

第十七条 同一慈善信托有两个或两个以上的受托人时，委托人应当确定其中一个承担主要受托管理责任的受托人按照本章规定进行备案。备案的民政部门应当将备案信息与其他受托人所在地的县级以上人民政府民政部门共享。

本条属于崭新的规定，与《信托法》第31条完全不同，该条首次明确了慈善信托采用双受托人情况下的备案事宜，解决了实操过程中的重要问题。

第十八条 慈善信托的受托人向民政部门申请备案时，应当提交以下书面材料：

（一）备案申请书；

（二）委托人身份证明（复印件）和关于信托财产合法性的声明；

（三）担任受托人的信托公司的金融许可证或慈善组织准予登记或予以认定的证明材料（复印件）；

（四）信托文件；

（五）开立慈善信托专用资金账户证明、商业银行资金保管协议，非资金信托除外；

（六）信托财产交付的证明材料（复印件）；

（七）其他材料。

以上材料一式四份，由受托人提交履行备案职责的民政部门指定的受理窗口。

本条再次重申慈善信托设立备案时的申请文件，基本上是对民发〔2016〕

151号文第二部分(一)的重复。

第十九条 备案后,发生第三十八条规定的部分变更事项时,慈善信托的受托人应当在变更之日起7日内按照第十八条的规定向原备案的民政部门申请备案,并提交发生变更的相关书面材料。

如当月发生两起或两起以上变更事项的,可以在下月10日前一并申请备案。

本条属于崭新的规定,明确了在开放式慈善信托有新委托人加入或者追加投入时的备案时间、材料方面的要求,解决了目前所有采用开放式慈善信托面临的一个重要问题。

第二十条 慈善信托的受托人违反信托义务或者难以履行职责的,委托人可以变更受托人。变更后的受托人应当在变更之日起7日内,将变更情况报原备案的民政部门重新备案。

申请重新备案时,应当提交以下书面材料:

(一)原备案的信托文件和备案回执;

(二)重新备案申请书;

(三)原受托人出具的慈善信托财产管理处分情况报告;

(四)作为变更后受托人的信托公司的金融许可证或慈善组织准予登记或予以认定的证明材料(复印件);

(五)重新签订的信托合同等信托文件;

(六)开立慈善信托专用资金账户证明、商业银行资金保管协议,非资金信托除外;

(七)其他材料。

以上书面材料一式四份,由变更后的受托人提交原备案的民政部门受理窗口。

本条再次明确重新备案时的时间和材料要求,与《慈善法》第47条保持一致,即将变更受托人的权利赋予委托人,改变了《信托法》第68条由公益事业管理机构变更受托人的立法立场。本条规定基本上属于对民发〔2016〕151号文第二部分(二)的重复。

第二十一条 慈善信托备案申请符合《慈善法》、《信托法》和本办法规定的，民政部门应当在收到备案申请材料之日起7日内出具备案回执；不符合规定的，应当在收到备案申请材料之日起7日内一次性书面告知理由和需要补正的相关材料。

本条规定是对民政部门出具备案回执的时间要求，目的在于提高备案效率。该条规定与民发〔2016〕151号文第二部分（一）、（二）的最后规定一致。

第二十二条 信托公司新设立的慈善信托项目应当按照监管要求及时履行报告或产品登记义务。

目前慈善信托成立后需要向当地银监局报备，并录入中信登系统。

第二十三条 慈善信托财产及其收益，应当全部用于慈善目的。

本条非常明确但毫无疑义地重申了完全公益性原则，即所有的慈善信托财产包括本金和收益都必须用于慈善目的，而不能有任何慈善信托财产用于任何私益目的，否则构成违法，即违反本办法第59条的规定，属于对《信托法》第63条的再次重申。可见监管部门拒绝采纳英美法系中的公益先行信托、剩余公益信托的等公益私益可以并行的做法。仅仅捐赠部分信托本金或者仅仅捐赠信托收益的全部或一部不能成其为慈善信托，民政部门也不会予以备案。

第二十四条 受托人管理和处分慈善信托财产，应当按照慈善信托目的，恪尽职守，履行诚信、谨慎管理的义务。

本条属于对《信托法》第25条的重复。

第二十五条 受托人除依法取得信托报酬外，不得利用慈善信托财产为自己谋取利益。

本条是对《信托法》第26条的重复。

第二十六条 慈善信托财产与受托人固有财产相区别，受托人不得将慈善信托财产转为其固有财产。

本条是对《信托法》第27条、《慈善法》第52条第2款的重复。

第二十七条 受托人必须将慈善信托财产与其固有财产分别管理、分别记账，并将不同慈善信托的财产分别管理、分别记账。

本条是对《信托法》第29条的重复。

第二十八条 对于资金信托，应当委托商业银行担任保管人，并且依法开立慈善信托资金专户；对于非资金信托，当事人可以委托第三方进行保管。

本条属于崭新的规定。对资金慈善信托的保管人要求必须是商业银行，但目前慈善组织作为受托人开立慈善信托资金专户在操作上存在一定障碍。对其他财产形式的慈善信托保管人条件比较宽松。考虑到实践中几乎都是现金慈善信托，本条末段的当前实际意义不大。但从侧面再次明确了非资金信托是可以纳入慈善信托的。

第二十九条 受托人应当自己处理慈善信托事务，但信托文件另有规定或者有不得已事由的，可以委托他人代为处理。

受托人依法将慈善信托事务委托他人代理的，应当对他人处理慈善信托事务的行为承担责任。

受托人因依法将慈善信托事务委托他人代理而向他人支付的报酬，在其信托报酬中列支。

考虑到慈善信托的人身信赖性，受托人一般不能转托，委托、代理、信托莫不如此。本条属于对《信托法》第30条的重复性规定。

第三十条 慈善信托财产运用应当遵循合法、安全、有效的原则，可以运用于银行存款、政府债券、中央银行票据、金融债券和货币市场基金等低风险资产，但委托人和信托公司另有约定的除外。

本条对信托财产的投向予以限制性列举，需要注意的是，如果是信托公司担任受托人，则根据本条可以通过信托合同的约定突破该投资标的限制。若反面解释，则若慈善组织担任受托人则必须严格遵守该条规定的投资范围，即仅仅能投资银行存款、政府债券、中央银行票据、金融债券和货币市场基金等低风险资产；若相关约定突破该限制，则突破的部分无效。从表述来看，本条规定基本上是对民发〔2016〕151号文第三部分（二）规定的重复。

该条对于信托公司的广泛投资能力予以确认，凸显了信托公司作为慈善信托受托人时的一个重大比较优势，即信托公司作为慈善信托受托人可以约定非常广泛的投资范围，而慈善组织作为受托人的投资范围不能突破该条规定的范围。

第三十一条 受托人不得将其固有财产与慈善信托财产进行交易或者将不同委托人的信托财产进行相互交易，但信托文件另有规定或者经委托人同意，并以公平的市场价格进行交易的除外。

本条规定属于对关联交易的禁止性规定及例外，是对《信托法》第 28 条的重复。

第三十二条 委托人、受托人及其管理人员不得利用其关联关系，损害慈善信托利益和社会公共利益，有关交易情况应当向社会公开。

本条属于对相关人员利用关联关系损害慈善信托利益行为的禁止性规定，及相关信息披露义务的规定。从条文表述来看，本条规定借鉴了《慈善法》第 14 条的规定。

第三十三条 受托人应当根据信托文件和委托人的要求，及时向委托人报告慈善信托事务处理情况、信托财产管理使用情况。

本条重申了受托人的信息披露义务，属于对《慈善法》第 48 条的重复。

第三十四条 慈善信托的受托人应严格按照有关规定管理和处分慈善信托财产，不得借慈善信托名义从事非法集资、洗钱等活动。

本条是对慈善信托受托人相关活动的禁止性规定，防止借慈善信托作为掩护进行违法犯罪活动，属于对民发〔2016〕151 号文第五部分（四）相关规定的重复。

第三十五条 受托人应当妥善保存管理慈善信托事务的全部资料，保存期自信托终止之日起不少于十五年。

本条是对受托人资料保管义务和期限的重申。从条文表述来看，该条源自《集合资金信托计划管理办法》第 39 条。

第三十六条 受托人违反法律、行政法规和信托文件的规定，造成慈善信托财产损失的，应当以其固有财产承担相应的赔偿责任。

本条重申受托人不当履责时以固有财产予以赔偿，重复了《信托法》第37条。

第三十七条 慈善信托的受托人违反信托文件义务或者出现依法解散、法定资格丧失、被依法撤销、被宣告破产或者其他难以履行职责的情形时，委托人可以变更受托人。

与《慈善法》第47条一致，本条明确了委托人变更受托人的权利，改变了《信托法》第68条的做法。但是实践中可能由于委托人众多且捐款数额有限，从而无从寻找委托人，或者委托人并不十分关心慈善信托的事后运作，甚至召集委托人大会也十分困难，此时如何变更受托人是一个重要问题。一个可能的方案是由备案的民政部门代为行使该权利。

第三十八条 根据信托文件约定或者经原委托人同意，可以变更以下事项：

（一）增加新的委托人；

（二）增加信托财产；

（三）变更信托受益人范围及选定的程序和方法；

（四）国务院民政部门和国务院银行业监督管理机构规定的其他情形。

该条明确慈善信托可以采用开放式设计，事后完全可以允许新的委托人、新的资金加入。

但是在操作上存在第37条的类似问题，去哪里寻找原委托人有时构成一个难题。

第三十九条 慈善信托的受托人不得自行辞任，信托文件另有规定的除外。

本条明确了慈善信托受托人的持续管理义务，剥夺其单方面辞职的权利，但信托文件可以作相反约定，这改变了《信托法》第66条由公益事业管理机构批准受托人辞职的权利。

第四十条 有下列情形之一的，慈善信托终止：

（一）信托文件规定的终止事由出现；

（二）信托的存续违反信托目的；

（三）信托目的已经实现或者不能实现；

（四）信托当事人协商同意；

（五）信托被撤销；

（六）信托被解除。

从条文表述看，该条抄自《信托法》第53条，甚至复制了《信托法》第53条中存在的严重错误，即把“信托被撤销”作为慈善信托终止的一种情形，撤销与终止有着根本的区别，在法律效力上也完全不同，因此《合同法》第91条没有把撤销作为终止的事由，而是把撤销规定在第54条作为合同的效力规则。《合同法》于1999年颁布，《信托法》于2001年颁布，但《信托法》立法当时居然没有注意到《合同法》的相关规定，以至于出现这种立法硬伤，而本办法又完全把《信托法》第53条照搬过来，不可思议。

而且本条是一种限制性列举，没有兜底性规定，除此以外的其他情形都不能导致慈善信托终止吗？这种立法体例值得商榷。

第四十一条 自慈善信托终止事由发生之日起15日内，受托人应当将终止事由、日期、剩余信托财产处分方案和有关情况报告备案的民政部门。

本条规定了慈善信托终止时受托人的报告义务，与《信托法》第70条表述基本一致。但接受报告的机构由公益事业管理机构变成了民政部门，报告的内容增加了“剩余信托财产处分方案和有关情况”。

第四十二条 慈善信托终止的，受托人应当在30日内作出处理慈善信托事务的清算报告，向备案的民政部门报告后，由受托人予以公告。

慈善信托若设置信托监察人，清算报告应事先经监察人认可。

本条与《信托法》第71条表述类似，但增加了出具清算报告的时间要求，且由备案的民政部门接受报告后，即可由受托人予以公告。而原来《信托法》第71条的要求是必须先经监察人认可，报公益事业管理机构核准后才能由受托人公告。

从本条表述来看，对于未设置监察人的慈善信托，清算报告只需经过报告给民政部门即可公告。若设置了监察人，则要先经过监察人认可，再报告给民政部门，然后才能由受托人予以公告。

该规定是对《信托法》第71条的重大修改，只是一个部门规章能否修改法律存疑。

第四十三条 慈善信托终止，没有信托财产权利归属人或者信托财产权利归属人是不特定的社会公众，经备案的民政部门批准，受托人应当将信托财产用于与原慈善目的相近似的目的，或者将信托财产转移给具有近似目的的其他慈善信托或者慈善组织。

本条是对慈善信托终止时近似原则规定的规定，与《信托法》第72条、《慈善法》第57条表述一致。

第四十四条 慈善信托的委托人、受托人和受益人按照国家有关规定享受税收优惠。

本条仍然是对慈善信托税收优惠的笼统规定，缺乏可操作性，因为事实上关于慈善信托税后减免的“国家有关规定”并不存在，仍然是虚晃一招。估计将来要出台《慈善信托税收管理条例》之类的行政法规。

第四十五条 信托公司开展慈善信托业务免计风险资本，免予认购信托业保障基金。

本条属于新规定，明确慈善信托与营业信托不同，无需认购信托业保障基金。

第四十六条 鼓励地方各级人民政府根据经济社会发展情况，制定和出台促进慈善信托事业发展的政策和措施。

本条属于口号性规定，不具有实质意义，重复民发〔2016〕第五部分（三）的规定。

第四十七条 银行业监督管理机构负责信托公司慈善信托业务和商业银行慈善信托账户资金保管业务的监督管理工作。县级以上人民政府民政部门负责慈善信托备案和相关监督管理工作。

本条再次明确银监部门和民政部门的监管职责分工，重复民发〔2016〕第三部分的相关规定。

第四十八条 民政部门和银行业监督管理机构应当建立经常性的监管协作机制，加强事中、事后监管，切实提高监管有效性。

本条是对民发〔2016〕151号文第五部分（一）的重复。

第四十九条 民政部门和银行业监督管理机构根据各自法定管理职责，对慈善信托的受托人应当履行的受托职责、管理慈善信托财产及其收益的情况、履行信息公开和告知义务以及其他与慈善信托相关的活动进行监督检查。

本条是对民发〔2016〕151号文第三部分相关规定的重复。

第五十条 民政部门和银行业监督管理机构根据各自法定管理职责，联合或委托第三方机构对慈善信托的规范管理、慈善目的的实现和慈善信托财产的运用效益等进行评估。

本条是对民发〔2016〕151号文第三部分相关规定的借鉴。

第五十一条 民政部门和银行业监督管理机构根据履行职责的需要，可以与受托人的主要负责人和相关人员进行监督管理谈话，要求就受托人的慈善信托活动和风险管理的重大事项作出说明。

本条属于新规定，是对《集合资金信托计划管理办法》第53条的借鉴。

第五十二条 除依法设立的信托公司或依法予以登记或认定的慈善组织外，任何单位和个人不得以“慈善信托”等名义开展活动。

本条明确禁止任意使用“慈善信托”名义开展活动，源自民发〔2016〕151号文第三部分（四）的相关规定。

第五十三条 行业组织应当加强行业自律，反映行业诉求，推动行业交流，提高慈善信托公信力，促进慈善信托事业发展。

本条是对信托业协会职责的概括规定，源自《信托公司管理办法》第57条。

第五十四条 任何单位和个人发现慈善信托违法违规行为的，可以向民政部门、银行业监督管理机构和其他有关部门进行投诉、举报。民政部门、银行业监督管理机构和其他有关部门接到投诉、举报后，应当及时调查处理。

国家鼓励公众、媒体对慈善信托活动进行监督，对慈善信托违法违规行为予以曝光，发挥舆论和社会监督作用。

本条重申社会监督，确保慈善信托设立、管理、运作的规范、透明、合法，是对民发〔2016〕151号文第五部分（四）相关规定的重复。

第五十五条 民政部门和银行业监督管理机构应当及时向社会公开下列慈善信托信息：

（一）慈善信托备案事项；

（二）慈善信托终止事项；

（三）对慈善信托检查、评估的结果；

（四）对慈善信托受托人的行政处罚和监管措施的结果；

（五）法律法规规定应当公开的其他信息。

本条属于对信息披露内容的不完全列举性规定，是对民发〔2016〕151号文第四部分的重复。

第五十六条 受托人应当在民政部门提供的信息平台上，发布以下慈善信息，并对信息的真实性负责。

（一）慈善信托设立情况说明；

（二）信托事务处理情况报告、财产状况报告；

（三）慈善信托变更、终止事由；

（四）备案的民政部门要求公开的其他信息。

本条明确了受托人的信息披露义务及披露内容，是对民发〔2016〕151号文第三部分（三）规定的重复。

第五十七条 涉及国家秘密、商业秘密、个人隐私的信息以及慈善信托的委托人不同意公开的姓名、名称、住所、通讯方式等信息，不得公开。

本条属于新规定，授予委托人可以进行要求个人信息保密，借鉴了《慈善法》第76条的规定。

第五十八条 慈善信托的受托人应当于每年3月31日前向备案的民政部门报送慈善信托事务处理情况和慈善信托财产状况的年度报告。

本条重申受托人的主动报告义务，是对民发〔2016〕151号文第三部分尾段规定的重复。

第五十九条 慈善信托的受托人有下列情形之一的，由民政部门予以警告，责令限期改正；有违法所得的，由民政部门予以没收；对直接负责的主管人员和其他直接责任人员处二万元以上二十万元以下罚款：

（一）将信托财产及其收益用于非慈善目的的；

（二）未按照规定将信托事务处理情况及财务状况向民政部门报告或者向社会公开的。

本条属于对受托人相关违法责任的规定，是对《慈善法》第48条和民发〔2016〕151号文第三部分尾段规定的具体化，即明确了处罚标准和处罚对象。同时本条也是对《慈善法》第105条的重复性规定。

第六十条 信托公司违反本办法规定的，银行业监督管理机构可以根据《银行业监督管理法》等法律法规，采取相应的行政处罚和监管措施。

本条是典型的准用性规范，需结合《银行业监督管理法》才能实现处罚、监管。

第六十一条 慈善信托的当事人违反《慈善法》有关规定，构成违反治安管理行为的，依法移送公安机关给予治安管理处罚；构成犯罪的，依法移送公安、司法机关追究刑事责任。

本条属于准用性规范，需结合《治安管理处罚法》《刑法》方能实现。

第六十二条 本办法由国务院银行业监督管理机构与国务院民政部门共同负责解释。

本条明确本办法的解释权归属于银监会和民政部。

第六十三条 此前有关慈善信托的相关规定与本办法不一致的，以本办法为准。

本条明确本办法作为新法优先适用。但是由于本办法属于部门规章，而根据《慈善法》第50条，《慈善法》未规定的适用《信托法》的有关规定，而事实上本办法诸多规定与《信托法》不符，如何适用？按照该条，似乎应当是本办法优先于《信托法》。但是根据上位法优于下位法原则及《立法法》第88条，部门规章的效力低于法律，由此应当优先适用《信托法》。造成目前这种尴尬局面的原因是，《慈善法》立法时缺乏通盘考虑，现在想通过《慈善信托管理办法》这一个部门规章来纠错。

第六十四条 省、自治区、直辖市、计划单列市人民政府民政部门和国务院银行业监督管理机构的省一级派出机构可以按照本办法规定结合当地实际联合制定实施细则，但不得设置或变相设置限制性条件。

各地实施细则，不得实质设置限制性条件，体现了鼓励慈善的基本态度。

第六十五条　本办法自印发之日起施行。

本条明确了本办法的生效日期。

参考文献

中文书籍：

1. ［德］卡尔·拉伦茨：《法学方法论》，商务印书馆 2005 年版。

2. 黄茂荣：《法学方法与现代民法》，法律出版社 2007 年版。

3. 周小明：《信托制度：法理与实务》，中国法制出版社 2012 年版。

4. 周小明：《信托制度与比较法研究》，法律出版社 1997 年版。

5. 何宝玉：《信托法原理与判例》，中国法制出版社 2013 年版。

6. 何宝玉：《英国信托法原理与判例》，法律出版社 2001 年版。

7. 施天涛，余文然：《信托法》，人民法院出版社 1999 年版。

8. 谢哲胜：《信托法总论》，元照出版公司 2003 年版。

9. 何宝玉：《信托法原理研究》，中国政法大学出版社 2004 年版。

10. 张淳：《中国信托法特色论》，法律出版社 2013 年版。

11. 张淳：《信托法原论》，南京大学出版社 1994 年版。

12. 张淳：《信托法哲学初论》，法律出版社 2014 年版。

13. 张天民：《失去衡平法的信托——信托观念的扩张与中国信托法的机遇和挑战》，中信出版社 2004 年版。

14. 中野正俊、张军建：《信托法》，中国方正出版社 2004 年版。

15. 张军建：《信托法基础理论研究》，中国财政经济出版社 2009 年版。

16. 余辉：《英国信托法：起源、发展及其影响》，清华大学出版社 2007 年版。

17. 徐孟洲主编：《信托法》，法律出版社 2004 年版。

18. 吴宏、贾希波、程胜：《信托法论》，立信会计出版社 2003 年版。

19. 朱少平、葛毅主编：《中国信托法——起草资料汇编》，中国检察出版社 2002 年版。

20. 霍玉芬：《信托法要论》，中国政法大学出版社 2003 年版。

21. 沈达明：《衡平法初论》，对外经济贸易大学出版社 1997 年版。

22. 陈向聪：《信托法法律制度研究》，中国检察出版社 2007 年版。

23. 高凌云:《被误读的信托——信托法原论》,复旦大学出版社 2010 年版。

24. 卞耀武:《中华人民共和国信托法释义》,法律出版社 2002 年版。

25. 席月民:《国有资产信托法研究》,中国法制出版社 2008 年版。

26. 余卫明:《信托受托人研究》,法律出版社 2007 年版。

27. 金锦萍:《非营利法人治理结构研究》,北京大学出版社 2005 年版。

28. 季奎明:《组织法视角下的商事信托法律问题研究》,法律出版社 2014 年版。

29. 于朝印:《特定目的信托法律规制研究》,厦门大学出版社 2013 年版。

30. 彭插三:《信托受托人法律地位比较研究》,北京大学出版社 2008 年版。

31. 于海涌:《英美信托财产双重所有权在中国的本土化》,中国政法大学出版社 2011 年版。

32. 孟强:《信托登记制度研究》,中国人民大学出版社 2012 年版。

33. 中国信托业协会编著:《信托法务》,中国金融出版社 2012 年版。

34. 中国信托业协会编著:《信托基础》,中国金融出版社 2012 年版。

35. 方嘉麟:《信托法之理论与实务》,中国政法大学出版社 2004 年版。

36. 王志诚:《信托法》,五南图书出版公司 2015 年版。

37. 赖源河、王志诚:《现代信托法论》,中国政法大学出版社 2002 年版。

38. 谢哲胜:《信托法》,元照出版公司 2009 年版。

39. 潘秀菊:《信托法之实用权益》,永然文化出版股份有限公司 1996 年版。

40. 尤英夫:《信托与你》,新学林出版股份有限公司 2007 年版。

41. [日] 能见善久:《现代信托法》,赵廉慧译,中国法制出版社 2011 年版。

42. [日] 道垣内弘人:《信托法入门》,姜雪莲译,中国法制出版社 2014 年版。

43. [日] 三菱日联信托银行编著:《信托法务与实务》,张军建译,中国财政经济出版社 2010 年版。

44. [美] D. J. 海顿:《信托法》,周翼、王昊译,法律出版社 2004 年版。

中文论文：

1. 许冬琳：《环境公益信托制度的构建》，载《人民论坛》2016 年第 14 期。

2. 李喜燕：《慈善信托近似原则在美国立法中的发展及其启示》，载《比较法研究》2016 年第 3 期。

3. 刘迎霜：《我国公益信托法律移植及其本土化——一种正本清源与直面当下的思考》，载《中外法学》2015 年第 10 期。

4. 金锦萍：《论公益信托之界定及其规范意义》，载《华东政法大学学报》2015 年第 6 期。

5. 王涛：《论公益信托受托人的忠实义务》，载《社会科学战线》2015 年第 6 期。

6. 吴华、刘志刚、李晓玉：《中国减贫公益信托的实践发展》，载《武汉大学学报（社科版）》2014 年第 4 期。

7. 倪受彬：《现代慈善信托的组织法特征及其功能优势——与慈善基金会法人的比较》，载《学术月刊》2014 年第 7 期。

8. 赵俐：《论公益信托制度法律价值取向》，载《新疆社会科学》2013 年第 7 期。

9. 徐孟洲：《论我国公益信托的设立》，载《广东社会科学》2012 年第 5 期。

10. 李政辉：《公益信托与基金会的关系：基于融合的视角》，载《甘肃政法学院学报》2012 年第 4 期。

11. 胡卫萍、杨海林：《我国公益信托法律制度的完善》，载《江西社会科学》2012 年第 7 期。

12. 赵俐：《完善我国公益信托制度的法制环境》，载《中共中央党校学报》2012 年第 4 期。

13. 张娜：《我国公益信托基金设立研究》，载《河南社会科学》2012 年第 3 期。

14. 胡卫萍、田田：《慈善资金的信托运营研究》，载《企业经营》2012 年第 9 期。

15. 乔文湘、夏瑜杰：《准公益信托的可行性研究》，载《现代管理科学》2011 年第 5 期。

16. 王建军、燕翀、张时飞：《慈善信托法律制度运行机制及其在我国发展的障碍》，载《环球法律评论》2011 年第 4 期。

17. 许多奇、杨州：《公益信托灾害救济的税法扶持与规制》，载《法学》2010 年第 9 期。

18. 郝琳琳：《我国公益信托发展中的税法缺失》，载《河北法学》2010 年第 12 期。

19. 薛智胜、王海涛：《论我国公益信托监察人制度的完善》，载《天津大学学报（社科版）》2009 年第 2 期。

20. 李子顺：《公益信托的性质与税收优惠》，载《法律适用》2009 年第 2 期。

21. 金锦萍：《论公益信托制度与两大法系》，载《中外法学》2008 年第 6 期。

22. 朱志峰：《公益信托的法律特征及我国模式的探索》，载《当代法学》2008 年第 6 期。

23. 赵磊、崔利宏：《基金会与公益信托关系探析——兼论公益事业组织形式的选择》，载《西南民族大学学报（社科版）》2008 年第 9 期。

24. 李青云：《我国公益信托发展中存在的问题及对策》，载《经济纵横》2007 年第 16 期。

25. 康锐、吴俐：《公益信托法律保障机制研究》，载《中国市场》2007 年第 44 期。

26. 王忠：《我国公益信托发展受阻的法律分析》，载《特区经济》2006 年第 9 期。

27. 中野正俊：《中国民事信托发展的可能性》，载《法学》2005 年第 10 期。

28. 李群星：《信托的法律性质与基本理念》，载《法学研究》2000 年第 3 期。

29. 李群星：《论信托法的基本原则》，载《法商研究》1999 年第 6 期。

英文书籍：

1. J. E. Penner, The Law of Trusts, fourth edition, Oxford Universtity Press, 2005.

2. Lusina Ho, Trust Law in China, Sweet&Maxwell Asia, 2003.

3. Philip H. Petti, Equity and the Law of Trusts, 11thed. , Oxford University

Press, 2009.

4. Sarah Wilson, Todd&Wilson's textbook on trusts, 8thed Oxford; New York: Oxford Universtity Press, 2007.

5. George G. Bogert, Cases and Text on the Law of Trusts, Eighth edition, Foundation Press, 2008.

6. Scott A. W. , Abrigement of the law of Trust. Boston: Little Brown and Company, 1960.

7. Gorge G. Bogert, Dalin H. Oaks, H. Reese Hansen, Stanley D. Neeleman, Cases and Text on the Law of Trusts, ninth edition , Foundation Press, 2012.

8. Bogert& Bogert, Handbook of the Law of Trusts, West Pub. Co. , 1973.

9. George T. Bogert, Trusts, sixth edition, West Pub. Co. , 1987.

10. Jill E. Martin, Modern Equity, 17th edition, Sweet& Maxwell Ltd, 2005.

11. Jill E. Martin, Modern Equity, 19th edition, Sweet& Maxwell Ltd, 2005.

12. Edward C. Halbach, Jr, Trusts, Gilbert Law Summaries, Thomas/West, 2008.

13. Frank H. Easterbook, Daniel R. Fischel, The Economic Sturcture of Corporat Law, Harverd University Press, 1996.

14. Maurizio Lupoi, Trusts: A Comparative Study, Translated by Simon Dix, Cambridge University Press, 2000.

15. Parker& Mellows, The Modern Law of Trusts, 8th edition, Sweet & Maxwell, 2003.

16. Charles Mitchel, Hayton&Mitchell: Commentary and Cases on the Law of Trusts and Equitable Remedies, 13th edition, Sweet & Maxwell, 2010.

17. Dukeminier, Jesse, Robert H. Sitkoff& James Lindgren. Wills, Trusts, and Estates, Aspen Publishers 8th ed. 2009.

18. Henry Hansmann, The Ownership of Enterprise, Harverd University Press, 1996.

19. Gary Watt, Trust, Oxford Universtiy Press, 2004.

20. Gary Watt, Trust and Equity, 5th edition, Oxford University Press, 2012.

21. Todd& Watt's: Cases & Materials on Equity and Trusts, 5th edition, Ox-

ford University Press, 2005.

22. Andrew Iwobi, Essential Trusts,《信托法基础》(影印本), 武汉大学出版社 2004 年版。

23. Jess Dukeminier & Stanley M. Johanson, Wills, Trust, and Estates (影印本), 中信出版社 2003 年版。

24. Gerry W. Beyer, Wills, Trusts, and Estates (影印本), 中信出版社 2003 年版。

25. Richard Edwards & Nigel Stockwell, Trust and Equity (影印本), 法律出版社 2003 年版。

英文论文:

1. Henry Hansmann, Reinier Kraakman, "The Essential Role of Organizational Law", The Yale Law Journal, Vol. 110, No, 3 (Dec., 2000).

2. Henry Hansmann, Reineier Kraakman and Richard Squire, "Law and the Rise of the Firm", Harvard Law Review, vol. 119 (2006) No. 5.

3. Henry Hansmann, "The Role of Trust in Nonprofit Enterprise", Chapter 6 in Helmut Anheier and Avner Ben – Ner, eds., The Study of Nonprofit Enterprise: Theories and Approaches (Kuwer Academic Publisher, 2003).

4. Hansmann&Mattei, "The Functiong of Trust Law: A Comparative Legal and Economic Analysis", 73 N. Y. U. L. Rev. at 475 – 478. (1998).

5. Langbein, "The Secret Life of the Trust: The Trust as an Instrument of Commerce", 107 Yale L. J. 165 (1997).

6. Langbei, "The Contractarian Basis of the Law of Trust", 107 Yale L. J. 625 (1995).

7. Sitkoff, Robert H, "Trust as 'Uncorporation': A Research Agenda. University of Illinois Law Review", 2005.

后 记

2015年从清华毕业后不久，博士导师韩世远教授曾赐我他的论文集《民法的解释论与立法论》，并在扉页题字“学好民法，用好民法”。转眼间，自博士毕业加入百瑞信托博后站已足足4年了，我有时扪心自问自己是否算学好了民法、用好了民法，细思极恐。但有一点我是有点把握的，即之前反复修炼的法学方法论的功夫尚未荒废，拿来分析距离稍远的慈善信托相关法律，照样有用武之地，而绝非当时认为的屠龙之技。

霍姆斯在《普通法》一书中曾说：法律的生命不在于逻辑，而在于经验。博后站学习期间，我重点关注了慈善信托与家族信托两个方向，同时也身体力行地做了几单慈善信托业务。可《慈善法》毕竟刚生效不久，虽然也出台了“民发〔2016〕151号文”及《慈善信托管理办法》，但整体来看尚有值得斟酌之处，尤其是与《信托法》相关章节的衔接，甚至是《信托法》与传统民法尤其是《合同法》的接洽仍有阻塞不畅之处。同时实践的发展却是日新月异，截至2019年8月25日，全国备案的慈善信托已达208单，且各有不同。任何新颁布的法律必然自生效之日起就已落后于实践，这也是制定法的宿命，此时若求救于立法无异临渴挖井，缓不济急，如何能够在现行法的表述下解释客观现实、解答客观问题、满足客观需要，则是解释论作业的分内之事。

法律的成长若人类之进化，短期内可能看不出什么苗头，但经年日久、日积月累，无数智慧的持续跟进与海量投入，无数判例的锱铢必较与精益求精，必然会缓慢且持续地推动法律的进步，这种进步不仅表现在文字表面之上，也可能表现在文字表面之下，并在积累到势不可挡的程度时必然地推动立法旧貌换新颜，慈善信托相关法律、法规也必然存在这样的路径依赖。本书立法论的部分是笔者结合个人理解、比较法分析、案例整理等提出的些许建议，真知灼见实不多，管窥蠡测常有，也算对慈善信托的未来立法贡献一份智慧。

在这里我要重点感谢百瑞信托总裁苏小军先生、执行总裁罗靖博士、业务总监高志杰博士，无论从哪个角度，他们都是我职业上的榜样，没有他们的信任、指导、督促、鞭策，我是不能憋出来这本书的。

感谢对外经贸大学刘亚教授对我博士后学习期间的耐心细致的教导，让我认识到经济思维与法律思维的大不同。

感谢清华大学韩世远教授、崔建远教授、申卫星教授，在博士期间认真倾听了各位老师的所有研究生课程，初步领略了方法论的功夫，受益匪浅！

感谢陈进博士、于韫珩博士、麻爱琴博士、董瀛飞博士、马琳博士、李永辉博士、孔慧芳博士、方丁博士、谷晓明博士，谈笑有鸿儒、往来无白丁，不同学科、不同知识结构的碰撞往往会有很不一样体验！

感谢百瑞家族与慈善办公室团队成员苗培、张羽、闫雨、李想、李文璐，没有团队的共同努力，一切实操经验都是无本之木、无源之水！

立法总是滞后于实践，学术研究又何尝不是，就像读《红楼梦》一样，总是常看常新，唯有不断思考才能使智慧之树长青。吾生也有涯，而知也无涯。目前这本书只是我现阶段的一些思考，新的实践必然会引发新的思考、判断，诚恳接受各位同道的批评指教，使我能够在思考的过程中有更多的视角来检视过往的认知。说到底，在追求知识与勇于实践的道路上，你我都是同路人！

张永

2019 年 8 月 25 日

郑州市中原广发金融大厦

图书在版编目（CIP）数据

慈善信托的解释论与立法论／张永著．—北京：中国法制出版社，2019.8（2019.10重印）

ISBN 978－7－5216－0421－4

Ⅰ．①慈…　Ⅱ．①张…　Ⅲ．①慈善事业－信托法－研究－中国　Ⅳ．①D922.282.4

中国版本图书馆 CIP 数据核字（2019）第166750号

责任编辑　程思　　封面设计　周黎明

慈善信托的解释论与立法论

CISHAN XINTUO DE JIESHILUN YU LIFALUN

著者/张永

经销/新华书店

印刷/北京京华虎彩印刷有限公司

开本/710 毫米×1000 毫米　16 开　　印张/ 17　字数/ 227 千

版次/2019 年 9 月第 1 版　　2019 年10月第 2 次印刷

中国法制出版社出版

书号 ISBN 978－7－5216－0421－4　　定价：56.00 元

北京西单横二条 2 号

邮政编码 100031　　传真：66031119

网址：http：//www.zgfzs.com　　**编辑部电话：010－66066620**

市场营销部电话：010－66033393　　**邮购部电话：010－66033288**

（如有印装质量问题，请与本社印务部联系调换。电话：010－66032926）